Lambacher Schweizer 7

Mathematik für Gymnasien

Nordrhein-Westfalen

Lösungen

bearbeitet von

Dieter Greulich
Thomas Jörgens
Thorsten Jürgensen-Engl
Wolfgang Riemer
Reinhard Schmitt-Hartmann

Ernst Klett Verlag
Stuttgart • Leipzig

1. Auflage 1 12 11 10 | 15

Alle Drucke dieser Auflage sind unverändert und können im Unterricht nebeneinander verwendet werden.
Die letzte Zahl bezeichnet das Jahr des Druckes.

Autoren: Dr. Dieter Brandt, Dieter Greulich, Thomas Jörgens, Thorsten Jürgensen-Engl, Rolf Reimer, Dr. Wolfgang Riemer, Reinhard Schmitt-Hartmann, Dr. Peter Zimmermann

Redaktion: Hartmut Günthner, Herbert Rauck
Herstellung: SMP Oehler, Remseck

Bildkonzept Umschlag: Soldan Kommunikation, Stuttgart
Umschlagfotos: Plainpicture GmbH & Co. KG RF Andreas Pieper (Johner); Masterfile Deutschland GmbH RF
Umschlaggestaltung: KOMA AMOK, Stuttgart
Grafiken: Petra Götz, Augsburg; media office gmbh, Kornwestheim; Imprint, Zusmarshausen; SMP Oehler, Remseck
Satz: SMP Oehler, Remseck
Druck: Medienhaus Plump, Rheinbreitbach

Printed in Germany
ISBN 978-3-12-734433-2

9 783127 344332

Inhaltsverzeichnis

I Prozente und Zinsen

Lösungshinweise Kapitel I – Erkundungen

Seite 10

1. Schnäppchen gesucht

Günstigstes Angebot
Bei einem Verkaufspreis unter 13,33 € ist das Angebot „Jeder Kunde erhält bei Vorlage des Gutscheins einen Rabatt von 10 €" am günstigsten. Bei einem höheren Verkaufspreis ist das Angebot „Alle Preise auf 1/4 reduziert" am günstigsten.

Vergleich der Angebote

Angebote	Ersparnis
„Alle Preise auf 1/4 reduziert"	75 %
„Rabatt-Woche im Schlussverkauf, Samstag"	60 %
„Rabatt-Woche im Schlussverkauf, Freitag"	50 %
„Wegen Räumungsverkauf alle Preise halbiert"	50 %
„Rabatt-Woche im Schlussverkauf, Donnerstag"	40 %
„Jetzt zugreifen!!! Beim Kauf von zwei T-Shirts erhalten Sie ein drittes gratis!"	33 %
„Rabatt-Woche im Schlussverkauf, Mittwoch"	30 %
„Alle Preise um 1/4 reduziert"	25 %
„Rabatt-Woche im Schlussverkauf, Dienstag"	20 %
„20 % auf alles (außer bereits reduzierte Ware)"	20 %
„Am kommenden Montag sparen Sie bei uns die Mehrwertsteuer!"	19 %
„Rabatt-Woche im Schlussverkauf, Montag"	10 %
„Alle Preise um 4 % reduziert"	4 %
„Jeder Kunde erhält bei Vorlage des Gutscheins einen Rabatt von 10 €"	nicht möglich

Rabatte in Prozente
Werden die Rabatte in Prozenten angegeben, so lassen sie sich besonders leicht vergleichen.

Seite 11

3. Prozente im Straßenverkehr

Wichtigkeit der Schilder für den Straßenverkehr.
Steigt eine Straße stark an, so muss man mit langsam fahrenden Lkw rechnen. Außerdem weiß man als Fahrradfahrer, dass die weitere Fahrt (je nach Steigung) sehr anstrengend sein wird. Fällt eine Straße stark ab, muss man mit einem längeren Bremsweg rechnen.

Verkehrsschilder zu Fig. 2: 12 %; 14 %; 40 %; 25 %.
Eine Straße mit einer Steigung von 100 % hat einen Steigungwinkel von 45°.

Bestimmt in einem Experiment, welcher Winkel zu welcher Prozentangabe gehört.

Winkel	0°	5°	10°	15°	20°	25°	30°
Prozente	0	9 %	18 %	27 %	36 %	47 %	58 %

Winkel	35°	40°	45°	50°	55°	60°
Prozente	70 %	84 %	100 %	119 %	143 %	173 %

4. Zinsen

Wenn man 1200,– € zu den genannten Konditionen anlegen würde, ergäbe sich nach einem Jahr folgendes Guthaben:
Prima Sparplan:
1200 € + (1 + 2 + 3 + … + 12) € = 1278 €
2 x Weihnachten:
1200 € + 12 € + 12,12 € = 1224,12 €
Sparen ohne Schnickschnack:
1200 € + 24 € = 1224 €

1 Prozente – Vergleiche werden einfacher

Seite 13

1 Anteile in Prozent

a) 7 %	b) 27 %	c) 6 %	d) 94 %
e) 5 %	f) 16 %	g) 25 %	h) 60 %
i) 70 %	j) 5 %	k) 0,5 %	l) 37,5 %

2

	a)	b)	c)	d)	e)	f)
Prozent	23 %	10 %	75 %	99 %	60 %	72 %
Bruchzahl	$\frac{23}{100}$	$\frac{1}{10}$	$\frac{3}{4}$	$\frac{99}{100}$	$\frac{3}{5}$	$\frac{18}{25}$
Dezimalzahl	0,23	0,1	0,75	0,99	0,6	0,72

	g)	h)	i)	j)	k)	l)
Prozent	11 %	70 %	120 %	0,5 %	300 %	7,2 %
Bruchzahl	$\frac{11}{100}$	$\frac{7}{10}$	$\frac{6}{5}$	$\frac{1}{200}$	$\frac{3}{1}$	$\frac{9}{125}$
Dezimalzahl	0,11	0,7	1,2	0,005	3,0	0,072

m) Individuelle Lösung.

3 a) $\frac{7}{10} = 70\,\%$ b) $\frac{19}{20} = 95\,\%$
c) $\frac{22}{25} = 88\,\%$ d) $\frac{80}{400} = \frac{20}{100} = 20\,\%$
e) $\frac{40}{100} = \frac{2}{5} = 40\,\%$ f) $\frac{35}{25} = \frac{7}{5} = 140\,\%$
g) $\frac{18}{20} = \frac{9}{10} = 90\,\%$ h) $\frac{3}{25} = 12\,\%$

4 a) 50 % b) 20 % c) 200 % d) 1 %
e) 5 % f) 4 % g) 100 % h) 300 %

5 Anteile der gefärbten Flächen in Prozent:
$75\,\% - 60\,\% - 40\,\% - 50\,\% - 25\,\% - 66\frac{2}{3}\,\% - 66\frac{2}{3}\,\%$.
Der Größe nach geordnet: $25\,\% - 40\,\% - 50\,\% - 60\,\% - 66\frac{2}{3}\,\% - 66\frac{2}{3}\,\% - 75\,\%$

Lösungswort: TREFFER

6 Prozentangaben, gerundet auf eine Dezimalstelle:
a) 22,5 % b) 75 % c) 0,6 % d) 23,75 %
e) 16,7 % f) 77,8 % g) 3,3 % h) 42,9 %
i) 140 % j) 66,7 % k) 33,3 % l) 120 %
m) (a) 22,5 % sind 22,5 cm = 225 mm
(b) 75 % sind 75 cm = 750 mm
(c) 0,6 % sind 0,6 cm = 6 mm
(d) 23,75 % sind 23,75 cm = 237,5 mm
(e) 16,7 % sind 16,7 cm = 167 mm
(f) 77,8 % sind 77,8 cm = 778 mm
(g) 3,3 % sind 3,3 cm = 33 mm
(h) 42,9 % sind 42,9 cm = 429 mm
(i) 140 % sind 1,4 m = 140 cm = 1400 mm
(j) 66,7 % sind 66,7 cm = 667 mm
(k) 33,3 % sind 33,3 cm = 333 mm
(l) 120 % sind 1,2 m = 120 cm = 1200 mm

7 a) Zehn Prozent der Westfalen sind zwischen 6 und 15 Jahren alt.
b) 50 Prozent der Bergunfälle sind Lawinenunglücke.
c) Ein Meisterschütze trifft bei 90 Prozent seiner Schüsse ins Schwarze.
d) 3,75 % der Eisberge, die jährlich von Westgrönland ausgehen, driften in den Nordatlantik und gefährden dort die Schifffahrt.

8 a) 60 % < 65 % b) 75 % > 74 %
c) 27,5 % < 28 % d) 99 % < 99,5 %

9

Klasse	7a	7b	7c
Schüler	30	32	28
Stimmen	Tanja 16	Daniel 17	Steffi 15
Anteil	53,3 %	53,1 %	53,6 %

Steffi hat mit 53,6 % den größten Stimmenanteil.

Seite 14

10 Jeff: $\frac{5}{11} \approx 45{,}45\,\%$
Luca: $\frac{4}{7} \approx 57{,}14\,\%$
Ron: $\frac{8}{13} \approx 61{,}54\,\%$
Ron hat mit 61,54 % die beste Trefferquote.

11 a) 5 % < 8 % b) $20\,\% < \frac{1}{4}$ c) $0{,}65 < \frac{5}{6}$
d) $\frac{4}{5} > \frac{7}{11}$ e) 5,6 % < 5,6 f) $\frac{9}{11} < 99\,\%$

12 Der Mandelanteil bei der 100-g-Tafel Schokolade beträgt 23 %, der bei dem 30-g-Knusperriegel 23,3 %, also ist der Anteil der Mandeln bei dem Riegel größer.

13 a) Ausverkauf: 30 %; 50 %
Sparkasse: 2,5 %; 1,5 %; 4 %
b) 2,5 % = 25 m: im ersten Teil der ersten Kurve
30 % = 300 m: am Anfang der Gegengeraden
50 % = 500 m: am Anfang der Zielgeraden
99 % = 990 m: 10 m vor dem Ziel
1,5 % = 15 m: 15 m vom Start entfernt
200 % = 2000 m: am Start
4 % = 40 m: fast auf halber Höhe der ersten Kurve
1000 % = 10 000 m: am Start

14 Individuelle Lösung.

15 Individuelle Lösung.

2 Prozentsatz – Prozentwert – Grundwert

Seite 16

1 a)

W	5	5	5	30	12	50	2	7	14	1	37
G	10	20	25	40	40	40	40	35	35	8	37
p	50 %	25 %	20 %	75 %	30 %	125 %	5 %	20 %	40 %	12,5 %	100 %

b) z. B. W = 20 und G = 100, W = 10 und G = 50, W = 5 und G = 25 oder W = 40 und G = 200.

2 a) 15,8 % b) 60 % c) 9,7 % d) 95 %
e) 105,3 % f) 50 % g) 90,9 % h) 100 %
i) Individuelle Lösung, z. B.:
a) W = 9,5 und G = 60 b) W = 6 und G = 10
c) W = 3,1 und G = 32

3 Kirschen: $\frac{65}{500} = 0{,}13 = 13\,\%$
Orangen: $\frac{13{,}8}{150} = 0{,}092 = 9{,}2\,\%$
Nudeln: $\frac{360}{500} = 0{,}72 = 72\,\%$

4 a)

	a)	b)	c)	d)	e)	f)
W	8	9	18	18	12,5	8
G	10	25	40	18	50	100
p	80%	36%	45%	100%	25%	8%

b)

	a)	b)	c)	d)	e)	f)
W	10	25	40	18	50	8
G	8	9	18	18	200	100
p	125%	277,8%	222,2%	100%	25%	8%

Seite 17

5

	a)	b)	c)	d)	e)
x	15	6	7	12	1,1
y	10	5	4	7	1
„x > y"	50%	20%	75%	71,4%	10%
„y < x"	33,3%	16,7%	42,9%	41,7%	9,1%

	f)	g)	h)	i)	j)
x	50	30	1,3	1400	8
y	33	29,9	1,25	500	10
„x > y"	51,5%	0,3%	4%	280%	−20%
„y < x"	34%	0,3%	3,8%	64,3%	−25%

6 1. Aussage: „je größer".
2. Aussage: „je kleiner".

7 a) 33,3% der Schüler haben Angst anderen bei Gewaltübergriffen zu helfen. 20% wurden selbst schon mal angegriffen, 25% geben an, dass ihre Mitschüler bei Gewalt wegsehen.
b) 33,3% entsprechen 333 Schüler.
20% entsprechen 200 Schüler.
25% entsprechen 250 Schüler.

8 Mögliche Werte für Prozent- und Grundwert:
a) Daniels Taschengeld erhöht sich z.B. um W = 1€ von G = 5€ auf G = 6€.
b) Der Preis der Jeans wird z.B. von G = 50€ um W = 20€ reduziert.
c) Wenn z.B. G = 20 Millionen zu der betreffenden Zeit ferngesehen haben, dann haben W = 2,4 Millionen die Spielshow angeschaut.

9 a) Noemis Quote beträgt 31,25%, Roberts Quote 31,7%. Also ist Roberts Comics-Quote etwas höher.
b) Bei Anna beträgt der Anteil von „a" 6,56%, der Anteil von „n" 9,75%. Nena zählte 2850 Buchstaben; bei ihr beträgt der Anteil von „a" 6,60%, der Anteil von „n" 9,82%, der Anteil von „e" 17,12%.

10 a) Bekannt sind W = 16 Millionen und p% = 20%... 30%.
b) Überprüfung der Prozentangabe, falls man von 80 Millionen Deutschen ausgeht: $\frac{16}{80}$ = 20%, also passt die Angabe zu den Daten.
c) Da die Anzahl der Schüler einer Klasse relativ klein ist, können durchaus Abweichungen auftreten.

11

	p	W	G
Käse	45%	Fettgewicht in der Trockenmasse	Gewicht vom gesamten Käse
Stiefel	50%	halber Preis	ganzer Preis
Verurteilte	45%	Zahl der Verkehrssünder	Zahl der Verurteilten

3 Grundaufgaben der Prozentrechnung

Seite 19

1 a) 14% von 72 = 10,08
b) 9% von 700 = 63
c) 1,5% von 2345 = 35,175
d) 16% von 450€ = 72€
e) 99% von 620€ = 613,8€
f) 0,15% von 400 kg = 0,6 kg
g) 0,4% von 18 ha = 0,072 ha
h) 110% von 2 dm^3 = 2,2 dm^3

Seite 20

2 a) 106; 212; 530; 10 600 ist um 6% größer als 100; 200; 500; 10 000
b) 15; 30; 75; 1500 ist um 85% kleiner als 100; 200; 500; 10 000

3 a)

	800	92	3,5	7100
5%	40	4,6	0,175	355
9%	72	8,28	0,315	639
15%	120	13,8	0,525	1065
45%	360	41,4	1,575	3195

b)

	20	70	0,8	13
7%	1,4	4,9	0,056	0,91
0,7%	0,14	0,49	0,0056	0,091
14%	2,8	9,8	0,112	1,82
77%	15,4	53,9	0,616	10,01

4

	a)	b)	c)	d)	e)	f)	g)	h)	i)	j)
p	50 %	25 %	10 %	5 %	1 %	5,3 %	1,5 %	5 %	1,2 %	125 %
W	100	40	33	5	22	44	123	1,75	12	120
G	200	160	330	100	2200	830,2	8200	35	1000	96

5

	a)	b)	c)	d)	e)
p	4 %	4 %	4 %	8 %	16 %
W	0,48	0,24	0,72	1,92	0,48
G	12	6	18	24	3

	f)	g)	h)	i)	j)
p	3 %	6 %	9 %	10 %	11 %
W	0,69	1,38	2,07	2,3	1,32
G	23	23	23	23	12

	k)	l)	m)	n)	o)
p	4 %	4 %	8 %	16 %	8 %
W	4	2	2	2	1
G	100	50	25	12,5	12,5

	p)	q)	r)	s)	t)
p	23 %	23 %	23 %	24 %	25 %
W	134	268	67	134	134
G	582,61	1165,2	291,31	558,33	536

6 a) 39,99 € b) 54,99 €

7 a) Einkaufspreis: 125 €
b) Preis vor Preissenkung: 187,50 €

8 1971 gab es etwa 217 000 Gymnasiasten.

9 a) 694,18 € b) 691,49 € c) 3,08 %

Seite 21

10 a) Der Kühlschrank kostet 307,38 €.
b) Bei Barzahlung kostet der Kühlschrank 303,79 € und ist damit billiger als bei Jehle.

11 a) 403,59 € b) 384,60 €
c) 399 € d) 452,20 €
Angebot b) ist am günstigsten.

12 a) 89,9 %; 88,2 %; 93,2 %; 80,3 %
b) Die prozentuale Einsparung, also die Einsparung im Vergleich zum alten Preis, ist bei dem Angebot mit dem alten Preis 1,22 € am größten. Insofern hat Lisa recht. Es kommt natürlich beim Einkauf darauf an, wie viel man einkauft. Die absolute Einsparung ist zum Beispiel viel größer bei dem Artikel mit dem alten Preis 169 €, wenn man je einen der reduzierten Artikel vergleicht.

13 a) 24 kg
b) 17,1 kg. Es ist nicht genügend Zink vorhanden. Das Kupfer würde für 21,5 kg genügen.

14 a) 600 g
b) Erste Möglichkeit: Es kommen nochmals 120 g hinzu, also hat man 840 g. Als Grundwert wurde die ursprüngliche Packungsgröße gewählt.
Zweite Möglichkeit: Es kommen 144 g hinzu, also hat man 864 g. In diesem Fall wurde die neue Packungsgröße (720 g) als Grundwert gewählt.

15 a) Rechnung Autohaus Sayler

Menge	Bezeichnung	Preis	Summe
4	Reifenmontage	14,20	**56,80**
4	Winterräder	**81,59**	326,36
1	Mehrwertsteuer 19 %		**72,80**
	Summe		**455,96**
	Nachlass Barzahlung 2,0 %		**9,12**
	zu zahlen		**446,84**

b) Rechnung Autohaus Sauter

Menge	Bezeichnung	Preis	Summe
4	Reifenmontage	**13,00**	**52,00**
4	Winterräder	**79,83**	**319,32**
1	Mehrwertsteuer 19 %		**70,55**
	Summe		**441,87**
	Nachlass Barzahlung **3,0 %**		**13,26**
	zu zahlen		**428,61**

Autohaus Sauter ist in allen Posten günstiger und gewährt auch noch mehr Rabatt.

Seite 22

16 a) 60 % Kohlehydrate entsprechen 1200 kcal Kohlehydrate = 300 g Kohlehydrate
30 % entsprechen 600 kcal Fett = 66,7 g Fett
10 % Eiweiß entsprechen 120 kcal Eiweiß = 30 g Eiweiß.
b) Kohlehydrate: 47,5 g, entspricht 15,8 % der Tagesdosis
Fett: 37,8 g, entspricht 56,7 % der Tagesdosis
Eiweiß: 37,4 g, entspricht 124,7 % der Tagesdosis.
c) Wenn man z. B. 150 g Müsli, 50 g Marmelade, 300 g Vollkornbrot und 300 g Äpfel zu sich nimmt, ist der Tagesbedarf aller Inhaltsstoffe gedeckt, allerdings hat man dann deutlich mehr Eiweiß zu sich genommen als notwendig.

17 a)

	Eiweiß	Kohlenhydrate	Fett
Anteil vorher (in %)	11,7	73,7	1,4
Anteil nachher (in %)	4,2	25,5	0,5
Abnahme (in %)	64,1	65,4	64,3

Die Spaghetti nehmen beim Kochen viel Wasser auf.
b) 400 g (gekochte Spaghetti)

18 Spiel

19 Individuelle Lösung.

Seite 23

20 Mögliche Fragen mit Antworten:
a) Wie viel Prozent der deutschen Grenze beträgt die Grenze mit Frankreich? Etwa 11,9 %.
b) Wie viel Prozent wurden für Schüler von Gymnasien mehr ausgegeben als im Durchschnitt? Etwa 21,4 %.
c) Wie viele Lehrer wurden etwa im Schuljahr 2000/2001 in Deutschland beschäftigt? Etwa 792 500 Lehrer.
d) Wie groß war der Anteil der Türken im Jahre 2001 in Deutschland an der ausländischen Bevölkerung mindestens? Etwa 27 %.
e) Wie weit ist der Jupiter etwa von der Sonne entfernt? Etwa 780 Millionen km.

21 Individuelle Lösung.

22 Individuelle Lösung.

23 A(1,5 | 2,5), B(2,5 | 1,5), C(−2,5 | 0,5), D(2 | −2), E(−3 | −2,5)

24 A′(1,5 | −2,5), B′(−2,5 | 1,5)

25

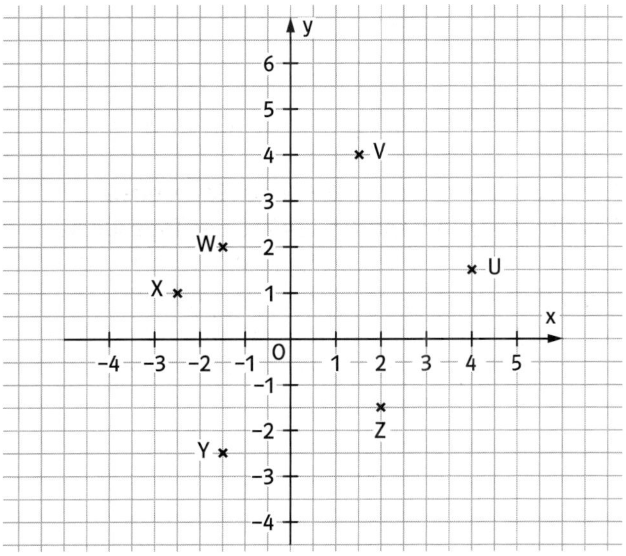

4 Zinsen

Seite 25

1

	a)	b)	c)	d)
Guthaben (in €)	500	500	4000	2400
Zinssatz (in %)	3	4	5	2,5
Jahreszinsen (in €)	15	20	200	60

	e)	f)	g)
Guthaben (in €)	7124	4866	15,86
Zinssatz (in %)	1,5	3,5	2,75
Jahreszinsen (in €)	106,86	170,31	0,44

2 a) 2,5 % b) 4 %
c) 8,61 €; 86,10 € d) 3000 €
e) 6000 €; 2500 €

3

	a)	b)	c)
Guthaben (in €)	1200	150	70 000
Zinssatz	3 %	1,5 %	3,5 %
Tage	100	70	1
Zinsen (in €)	10	0,44	6,81

	d)	e)	f)
Guthaben (in €)	7000	7000	7700
Zinssatz	3,5 %	7 %	7 %
Tage	10	50	10
Zinsen (in €)	6,81	68,06	14,97

4 a) 4 % b) 4 %

5 a) 19,69 € b) 131,25 €
c) 721,88 € d) 4068,75 €

6 618,75 € bzw. 360 €

7 a) 3,34 € b) 1,62 €

Seite 26

8 a) Zinsen 2005: 4,77 €; Guthaben: 154,77 €
b) 157,09 € c) Zinsen 2005: 5,53 €

9 Preis mit 2 % Nachlass: 1176 €
Kosten für Überziehungszinsen: 2,38 €
Es ist eindeutig günstiger, den Barzahlungsrabatt zu nehmen und das Konto dafür zu überziehen.

10 Kosten bei Ratenzahlung beim Käufer: 904,99 €
Die Kreditzinsen betragen rund 16,59 €. Die Ratenzahlung beim Händler ist also wesentlich günstiger.

11 23,12 €

12 a) 40,63 € b) 1,70 €
c) Ja. Die Überziehungszinsen sind wesentlich geringer als die Guthabenzinsen.

5 Zinseszinsen

Seite 28

1 a) bei 3 % Zinsen:

Jahr	Guthaben ohne Zinsen	Zinsen	Guthaben mit Zinsen
2006	1500,00 €	45,00 €	1545,00 €
2007	1545,00 €	46,35 €	1591,35 €
2008	1591,35 €	47,74 €	1639,09 €
2009	1639,09 €	49,17 €	1688,26 €
2010	1688,26 €	50,65 €	1738,91 €

b) bei 6 % Zinsen:

Jahr	Guthaben ohne Zinsen	Zinsen	Guthaben mit Zinsen
2006	1500,00 €	90,00 €	1590,00 €
2007	1590,00 €	95,40 €	1685,40 €
2008	1685,40 €	101,12 €	1786,52 €
2009	1786,52 €	107,19 €	1893,71 €
2010	1893,71 €	113,62 €	2007,33 €

c) bei 1,5 % Zinsen:

Jahr	Guthaben ohne Zinsen	Zinsen	Guthaben mit Zinsen
2006	1500,00 €	22,50 €	1522,50 €
2007	1522,50 €	22,84 €	1545,34 €
2008	1545,34 €	23,18 €	1568,52 €
2009	1568,52 €	23,53 €	1592,05 €
2010	1592,05 €	23,88 €	1615,93 €

d) bei 4,5 % Zinsen:

Jahr	Guthaben ohne Zinsen	Zinsen	Guthaben mit Zinsen
2006	1500,00 €	67,50 €	1567,50 €
2007	1567,50 €	70,54 €	1638,04 €
2008	1638,04 €	73,71 €	1711,75 €
2009	1711,75 €	77,03 €	1788,78 €
2010	1788,78 €	80,50 €	1869,28 €

2

	a)	b)	c)	d)	e)
Kapital (in €)	300	1000	5000	1200	3000
Zinssatz	3,5 %	1,5 %	4,12 %	2,8 %	4 %
Jahre	2	3	4	6	4,5
Endkapital (in €)	321,37	1045,68	5876,34	1416,25	3579,77

3 Die Zunahme beträgt in jedem Fall 21,55 %.

Kapital (in €)	1450	270	9999
Zinssatz	5,00 %	5,00 %	5,00 %
Jahre	4	4	4
Endkapital (in €)	1762,48	328,19	12 153,85

4 Spartakus-Bank: 2121,80 €
Rhodos-Bank: 2112,68 €
Das Angebot der Spartakus-Bank ist besser.

Seite 29

5 a) Falsch. Bereits ohne Zinseszinsen würde sich das Kapital verdoppeln. Mit Zinseszinsen kommt man auf 259,37 €.
b) 15 Jahre (24 Jahre)
c) 14,9 %

6 Im Verlauf der 5. Generation würde das Guthaben auf mehr als eine Million Euro anwachsen.

7 Nach etwas mehr als 20 Jahren verdoppelt sich das Kapital unabhängig vom Anfangskapital.
Begründung: Wenn man eine Gleichung zur Lösung des Problems aufstellt, kann man auf beiden Seiten durch das Anfangskapital dividieren und erhält immer die Gleichung $1{,}035^x = 2$.

8 a) Bei der blauen Kurve werden die Zinsen ebenfalls verzinst.
b) Mit zunehmender Zeitdauer wächst das Kapital bei der blauen Kurve durch den Zinseszinseffekt immer schneller.
c) Der Zinseszinseffekt macht 289,79 € aus.

9

Jahr	Zinssatz	Kapital
0. Jahr		5000,00 €
1. Jahr	0,50 %	5025,00 €
2. Jahr	1,25 %	5087,81 €
3. Jahr	2,00 %	5189,57 €
4. Jahr	2,75 %	5332,28 €
5. Jahr	3,50 %	5518,91 €
6. Jahr	4,00 %	5739,67 €
7. Jahr	4,00 %	5969,26 €

Hannah bekommt 5969,26 € zum 1.1.2016 ausbezahlt.

6 Überall Prozente

Seite 31

1 Etwa 60,2 Millionen Autos werden im Jahre 2030 auf deutschen Straßen fahren.

2 a) etwa 21,2 % b) etwa 23,3 %

3 a) 25 % b) 20 %

4 alter Preis: 255 €; neuer Preis: 191,72 €; gespart: etwa 24,8 %

5 a) Etwa 40,3 Millionen Einwohner in Deutschland sind männlich (Quelle: Statistisches Bundesamt, Daten von 2001). Es leiden dann etwa 2,8 Millionen männliche Bundesbürger an Dichromasie.
b) Um zu schätzen, wie viele Schülerinnen und Schüler die Schule hat, geht man davon aus, dass an der Schule der Anteil derjenigen, die an Dichromasie leiden, ungefähr der gleiche ist wie in der gesamten Bevölkerung.
Für die Schätzung der Anzahl männlicher Schüler gehen wir also davon aus, dass 7% der Jungen an Dichromasie leiden. Der Prozentwert beträgt $W_J = 35$, der Prozentsatz $p_J = 7\%$, gesucht ist der Grundwert G_J (Anzahl der männlichen Schüler).
$G_J = 35 : 0{,}07 = 500$
(die Schule hat ungefähr 500 männliche Schüler).
Für die Schätzung der Anzahl der weiblichen Schüler gehen wir davon aus, dass 1% der Mädchen an Dichromasie leiden. Der Prozentwert beträgt $W_M = 6$, der Prozentsatz $p_M = 1\%$, gesucht ist der Grundwert G_M (Anzahl der Schülerinnen).
$G_M = 6 : 0{,}01 = 600$
(die Schule hat ungefähr 600 Schülerinnen).
Die Schule hat folglich etwa 1100 Schülerinnen und Schüler. Die Schätzung ist jedoch sehr ungenau, da die Anteile, der Schülerinnen und Schüler der Schule, die an Dichromasie leiden, von denen in der Gesamtbevölkerung abweichen können.

Seite 32

6 a) bei z. B. 30 Schülern etwa 8
b) bei z. B. 800 Schülern: 208
c) etwa 104 000

7 a)

Zahl der Tore	0	1	2	3	4	5
Zahl der Spiele	18	42	79	68	52	28
Prozente	5,9 %	13,7 %	25,8 %	22,2 %	17,0 %	9,2 %

Zahl der Tore	6	7	8	9	10
Zahl der Spiele	7	8	2	1	1
Prozente	2,3 %	2,6 %	0,7 %	0,3 %	0,3 %

Bei den insgesamt 306 Spielen fielen durchschnittlich 2,9 Tore pro Spiel.
b) Die Prozentzahlen der Tabelle sind ähnlich. Dahinter steckt eine statistische Gesetzmäßigkeit (Poissonverteilung).

8 Die Schulterhöhen werden durch Abmessen bestimmt: Equus: 6,0 cm; Merychippus: 2,0 cm; Eohippus: 0,9 cm.
a) etwa 220 % b) etwa 650 % c) etwa 300 %

9 Siehe Seite L8

Seite 33

10 a) 44,10 € b) 12 € c) 150 €

11 etwa 36,2 %

12 a) Das Nettogewicht beträgt 80 % des Bruttogewichtes, die Tara 20 % des Bruttogewichtes.
b) 12,5 kg

13 a) Die Mehrwertsteuer beträgt
$W = 4800\,€ \cdot 0{,}19 = 912\,€$.
Der Rechnungsbetrag beträgt 5712 €.
b) Von $G = 5712\,€$ werden 3 % abgezogen.
$W = 5712\,€ \cdot 0{,}03 = 171{,}36\,€$.
Es werden 171,36 € von 5712 € abgezogen.
Es sind bei Barzahlung 5540,64 € zu zahlen.
c) Das Ergebnis ist jeweils gleich.
d) Gegeben sind der Grundpreis $G = 4800\,€$ und der Prozentwert $W = 5540{,}64\,€$. Gesucht ist der Prozentwert p.
$p = W : G = 1{,}1543 = 115{,}43\,\%$.
Der Endpreis ist somit 15,43 % höher als der Grundpreis.

14 Eine Flasche Bier enthält etwa 0,025 Liter Alkohol, ein Körper mit 80 kg Masse enthält etwa 64 Liter Wasser. Wenn der Alkohol sich gleichmäßig im gesamten Körperwasser verteilt, beträgt der Alkoholanteil $\frac{0{,}025}{64} = 0{,}00039 \approx 0{,}4\,‰$. Man darf sich also nicht nur auf die 5 Liter Blut beziehen.

15 a) $5 \cdot (7 + 13) = 5 \cdot 20 = 100$
oder $5 \cdot (7 + 13) = 5 \cdot 7 + 5 \cdot 13$
ausmultipliziert, weiter bei b)
b) $5 \cdot 7 + 5 \cdot 13 = 35 + 65 = 100$
c) $5 \cdot (7 \cdot 13) = 5 \cdot 91 = 455$
d) $(5 \cdot 7) \cdot 13 = 35 \cdot 13 = 455$
e) $(5 \cdot 7) \cdot (5 \cdot 13) = 35 \cdot 65 = 2275$

16 Rechenbaum zu dem Term $12 \cdot (5 + 3 \cdot 8) - 27$

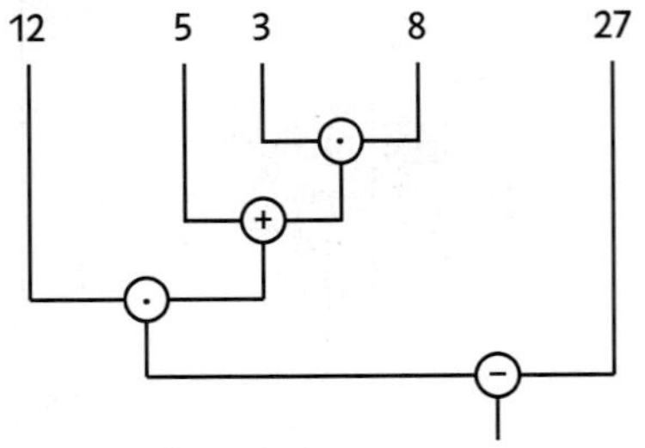

17 a) $(35 - 19) \cdot 5 = 35 - 19 \cdot 5$ ist falsch ausmultipliziert
b) $35 - 19 \cdot 5 = (7 - 19) \cdot 5$ ist richtig ausgeklammert, denn $35 = 5 \cdot 7$
c) $(13 + 15) + 17 = 13 + 17 + 15$ ist richtig, da AG und KG angewendet wurden.

Wiederholen – Vertiefen – Vernetzen

Seite 34

1

	a)	b)	c)	d)	e)	f)	g)	h)	i)	j)
p	3 %	41,7 %	25 %	25 %	1,75 %	1,75 %	32 %	16 %	105 %	116 %
W	6	250	350	1,8	4,9	4,9	448	448	294	870
G	200	600	1400	7,2	280	280	1400	2800	280	750

2 a) 6,89 € b) 54 €
c) G = 52 €
Der Rucksack von Jana war 11,7 % billiger.
Der Rucksack von Jan war 13,3 % teurer.

3 a)

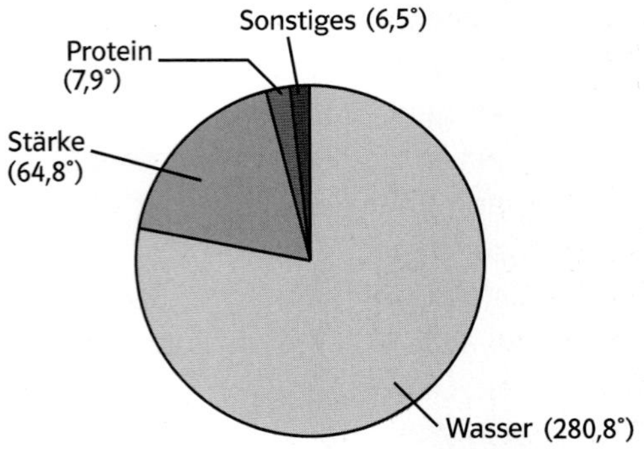

b) 1,95 kg Wasser; 0,45 kg Stärke; 0,055 kg Protein
c) 1,28 kg Kartoffeln enthalten 1 Liter Wasser.

zu Aufgabe **9**

Textstelle	a) Angabe in Prozent	b) Andere Formulierung
„…, dass sie nur vierzig Prozent der Freiwürfe verwandelt hätten,…"	–	„… nur 3 von 5…"; „… nur 6 von 10…" „… nur 3 Fünftel…"
„Schon der dritte von fünf Freiwürfen, den der nicht reinbekommen hat!"	„Er hat schon 60 % der Freiwürfe nicht reinbekommen."	–
„Nach dem dritten Viertel…"	„Nach 75 % der Spielzeit…"	–
„Mit links aus dem vorderen Mittelfeld kommen bei dem nur dreißig Prozent aller Flanken an."	–	„… nur 3 von 10…" „… nur 6 von 20…" „… nur etwa ein Drittel…"
„Mit dem Kopf trifft er das Tor nur in achtzig Prozent der Fälle."	–	„Bei 10 Kopfstößen hat er nur 8 Mal das Tor getroffen." „Nur vier Fünftel der Kopfstöße gehen aufs Tor."
„… bei Fastbreaks habe, nur siebzig Prozent Trefferquote…"	–	„… nur 7 von 10 Fastbreaks erfolgreich abgeschlossen habe…" „… nur sieben Zehntel der Fastbreaks verwerten konnte…"
„… hundertprozentige Chancen."	–	„Chancen, die man verwerten muss."
„…, dass die 37 schon sieben von 13 Angriffen geblockt habe."	„…etwa 54% der Angriffe geblockt hat."	
„Hundert Pro."		Auf jeden Fall.

c) Individuelle Lösungen.

4 Werte vor dem Umbau:
U = 40 m; A = 96 m^2; V = 624 m^3;
Werte nach dem Umbau:
U′ = 49 m; A′ = 117,5 m^2; V′ = 699,25 m^3
a) 22,5 % b) 22,4 % c) 12,1 %

5 a) 0,25 % von 35 % von 510 Mio. km^2 = 0,25 % von 178,5 Mio. km^2 = 0,45 Mio. km^2.
b) 38,8 %
c) etwa 258 %
d) (35 % von 510 Mio. km^2) · 4,282 km = 764 Mio. km^3;
e) 764 Mio. km^3 : 357 000 km^2 = 2140 km.
Der See wäre 2140 km (!) tief.

Seite 35

6 a) In einer $2\frac{1}{2}$-kg-Packung sind 0,625 kg Heu, 1 kg Gerste, 0,5 kg Trockengemüse und 0,375 kg Mais enthalten.
b)

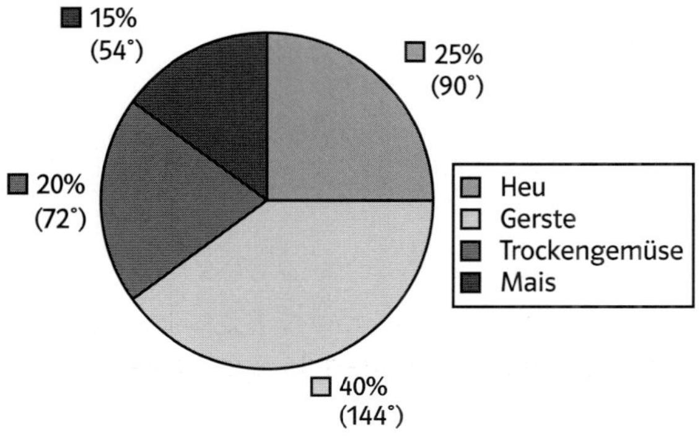

7 Kreisdiagramm

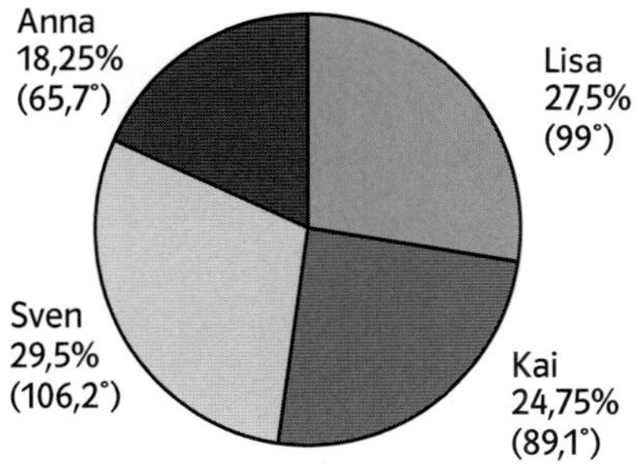

Kandidat	Stimmen
Lisa	110
Kai	99
Sven	118
Anna	73
Summe	400

8 a) Winkel durch Ausmessen bestimmt; Anteile in Prozent:

	Haferflocken	Rosinen	Haselnüsse	Sonnenblumenkerne
Winkel	100°	40°	140°	80°
Anteil	27,8 %	11,1 %	38,9 %	22,2 %

b) Etwa 308 g Müsli ist in dem Glas.
c) Etwa 68 g Sonnenblumenkerne.
d) Man kann die Winkel (oder die Prozentzahlen) als Teile zählen. Dann sind noch 320 Teile da, also $\frac{100}{320}$ = 31,25 % Haferflocken, $\frac{140}{320}$ = 43,75 % Haselnüsse und $\frac{80}{320}$ = 25 % Sonnenblumenkerne.

9 a) Gesamtzahl der Sitze: 187

	Kreisausschnitt	Anteil	Anzahl Sitze
SPD	143°	39,7%	74
CDU	171°	47,5%	89
Grüne	23°	6,4%	12
FDP	23°	6,4%	12

b) Zum Beispiel:

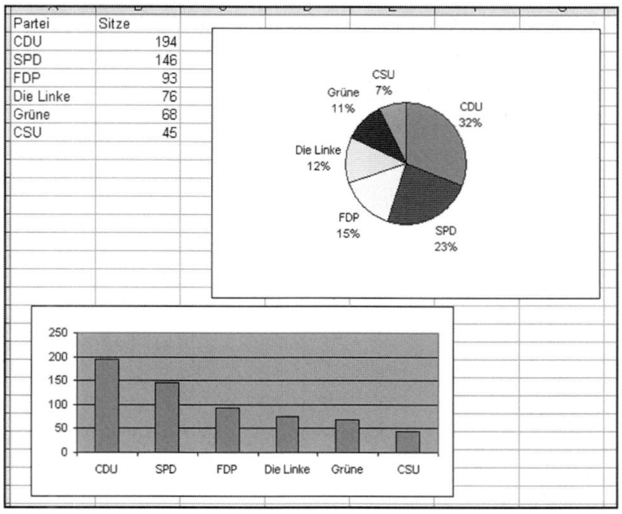

Seite 36

10

Ballspiel	Fußball	Basketball	Tennis	Eishockey
Zeit netto	58 min	40 min	39 min	60 min
Zeit brutto	94 min	88 min	168 min	133 min
Lösungen	62 %	120 %	331 %	122 %

11 Wochenpost:
Das Wort „sogar" deutet auf mehr hin, aber $\frac{1}{3} > \frac{1}{4}$!
Süddeutsche Zeitung:
$\frac{1}{10} < \frac{1}{5}$, also wäre die Zahl der zu schnellen Fahrer gestiegen. Offenbar wird $\frac{1}{10}$ mit 10 %, $\frac{1}{5}$ mit 5 % identifiziert (vgl. b), c)).
Badische Neueste Nachrichten:
69 % + 52,4 % = 121,4 %
Die Summe müsste 100 % ergeben.
Leipziger Volkszeitung:
Gemeint ist wohl: Der Zustand eines 70-Jährigen war der eines 10 Jahre jüngeren.

12 Mögliche Lösung:
a) Das Auto kostet bei Auto-Meier 10 999 €.
Bei Auto-Kayser kostet es
12 999 € · 0,85 = 11 049,15 €.
Das Auto ist bei Auto-Meier günstiger. Denkbar ist auch, dass in der Lösung von a) die Finanzierungsangebote für die Begründung verwendet werden.

b) Auto-Meier: Familie Schmidt zahlt
$48 \cdot 270\,€ = 12\,960\,€$.
Auto-Kayser: Familie Schmidt zahlt
$11\,049{,}15\,€ \cdot (1 + 0{,}04)^4 \approx 12\,925{,}94\,€$.
Es ist günstiger, das Finanzierungsangebot von Auto-Kayser in Anspruch zu nehmen als bei Auto-Meier die 48 Monatsraten zu zahlen.
c) Der Prozentwert beträgt $W = 180\,€$. Der Prozentsatz beträgt $p = 35\,\%$. Gesucht ist der Grundwert G.
$G = \frac{W}{p} = 180 : 0{,}35 = 514{,}29\,€$.
Der Versicherungsbeitrag würde etwa 514,30 € betragen, wenn man 100 % des Beitrags zahlen muss.
d) Der Wert des Autos beträgt, wenn man von einem Neupreis von 12 999 € ausgeht:
nach einem Jahr: $12\,999\,€ \cdot 0{,}9 = 11\,699{,}10\,€$
nach 2 Jahren: $12\,999\,€ \cdot 0{,}9^2 = 10\,529{,}19\,€$
nach 3 Jahren: $12\,999\,€ \cdot 0{,}9^3 \approx 9476{,}27\,€$
nach 4 Jahren: $12\,999\,€ \cdot 0{,}9^4 \approx 8528{,}64\,€$
nach 5 Jahren: $12\,999\,€ \cdot 0{,}9^5 \approx 7675{,}78\,€$
nach 6 Jahren: $12\,999\,€ \cdot 0{,}9^6 \approx 6908{,}20\,€$
nach 7 Jahren: $12\,999\,€ \cdot 0{,}9^7 \approx 6217{,}38\,€$
Nach der Faustregel ist das Auto nach 7 Jahren weniger als die Hälfte des ursprünglichen Preis wert. Das Ergebnis ist unabhängig davon von welchem Preis man als Neupreis ausgeht.
e) Individuelle Lösung.

Exkursion: Von großen und kleinen Tieren

Seite 38

1 a) 20 %
b) 0,6 m (mittelgroßer Hund)

2 Elefant: 78 %, Strauß: 92 %, Krokodil: 57 %

3 180 cm

4 a) Es sind etwa 45 000 Arten von Wirbeltieren bekannt.
b) 20 700 Fischarten, 5400 Säugetierarten, 8550 Vogelarten, 7200 Kriechtierarten und 3150 Lurcharten.

Seite 39

5 56 % der Säugetiere sind Nagetiere und 14 % der Säugetiere sind Fledertiere.

6 In den Wäldern leben 25 % der Säugetiere auf den Bäumen, 67 % am Boden und 8 % unterirdisch.
In den Steppen leben 0 % der Säugetiere auf den Bäumen, 51 % am Boden und 49 % unterirdisch.
In den Wüsten leben 0 % der Säugetiere auf den Bäumen, 28 % am Boden und 72 % unterirdisch.

7 a) 7 °C
b) Die Anzahl der Herzschläge geht um etwa 99 %, die des Atemholens um etwa 95 % zurück.

8

Tier	Geburtsgewicht bezogen auf das Gewicht der Mutter	Zunahme bezogen auf das Geburtsgewicht
Afrikanischer Elefant	4 %	2400 %
Riesenkänguru	0,003 %	ca. 3 000 000 %
Zwergfledermaus	20 %	400 %
Seehund	10 %	900 %
Mensch	5,7 %	ca. 1700 %

II Relative Häufigkeiten und Wahrscheinlichkeiten

Lösungshinweise Kapitel II – Erkundungen

Seite 44

1. Euro im Gitternetz

Der Druchmesser der Euromünze beträgt 2,325 cm. Wenn ihr Mittelpunkt in einem Quadrat mit der Seitenlänge 3 cm – 2,325 cm = 0,675 cm (Flächeninhalt 0,456 cm²) liegt, verschwindet die ganze Euromünze in einem Quadrat mit Flächeninhalt 9 cm² des Wurfgitters („Treffer").
Die Trefferwahrscheinlichkeit beträgt also ca. $\frac{0{,}456}{9} = 0{,}05 = 5\,\%$
Wenn man das Quadratgitter auf einen Abstand von 3,5 cm vergrößert, erhöht sich die Trefferwahrscheinlichkeit auf $\frac{(3{,}5 - 2{,}325)^2}{3{,}5^2} = 11{,}3\,\%$
Wenn man das Quadratgitter auf einen Abstand von 2,5 cm verkleinert, vermindert sich die Trefferwahrscheinlichkeit auf $\frac{(2{,}5 - 2{,}325)^2}{3{,}5^2} = 0{,}25\,\%$.

2. Würfelentscheidungen

Beim ersten Forschungsauftrag gewinnen Janina und Nina jeweils mit 45,8 %. Mit 8,3 % endet das Würfeln unentschieden.
Beim zweiten Forschungsauftrag gewinnt Mario nur mit 42,1 %. Mario sollte also nicht auf Ullas Vorschlag eingehen.

Seite 45

3. Schlechte Noten

Beim Würfeln der Klassenarbeitsnoten ist die Wahrscheinlichkeit, dass das Ergebnis „unter 4" liegt, $\frac{2}{6} = \frac{1}{3}$.
Wenn man fünf Münzen wirft (32 Ergebnismuster, z. B. ZZWZW → 2 Wappen → Note 3) führen sechs Muster auf eine Note „unter 4", nämlich fünf Muster (WWWWZ … ZWWWW) zur Note 5 und ein Muster (WWWWW) zur Note 6. Damit sinkt die Wahrscheinlichkeit auf $\frac{6}{32} = 18{,}75\,\%$.

1 Wahrscheinlichkeiten

Seite 48

1 a) Schätzung 1: Lego-Vierer, da die Augenzahlen 1, 2, 5 und 6 gleich wahrscheinlich sind.
Schätzung 2: Lego-Achter, da die Augenzahlen 2 und 5 unwahrscheinlicher sind als beim Lego-Sechser.
Schätzung 3: Lego-Sechser
b) Pauls Schätzung ist brauchbar, denn die relativen Häufigkeiten liegen in der Nähe der angenommenen Wahrscheinlichkeiten.
c) und d) Individuelle Lösung.

2 a)

	Würfe	davon Kopf	
Helena	250	177	70,8 %
Susanne	500	342	68,4 %
Pascal	750	446	62,1 %
Schätzung	1500	985	65,7 %

Pascal addiert die absoluten Häufigkeiten und bestimmt die relative Häufigkeit für Kopf des gesamten Experiments. Pascals Vorgehen ist sinnvoll.
b) Die (unbekannte) Wahrscheinlichkeit hängt nicht vom Zufall (den experimentellen Ergebnissen) ab, aber die Schätzwerte für die unbekannte Wahrscheinlichkeit orientieren sich an den beobachteten relativen Häufigkeiten.

3 a)

Quader	1	2	3	4	5	6	
Fläche (in cm²)	2,99	2,6	4,6	4,6	2,6	2,99	20,38
Anteile an der Gesamtfläche (in %)	14,7	12,8	22,6	22,6	12,8	14,7	100,0

b)

Dreieckswürfel	1	2	3	4	5	
Fläche (in cm²)	3,46	1,60	1,60	1,60	3,46	11,73
Anteile an der Gesamtfläche (in %)	29,5	13,6	13,6	13,6	29,5	100,0

c) Weder beim Quader noch beim Dreieckswürfel sind die nach Jakobs Flächenidee berechneten Wahrscheinlichkeiten zur Vorhersage der relativen Häufigkeiten brauchbar.

4 Die Angaben sind relative Häufigkeiten, da sie in einem Versuch (bzw. einer Umfrage) ermittelt wurden. Die Symmetrieüberlegung ist hier unsinnig.

Seite 49

5 Kleine Anfangsziffern 1, 2, 3,... sind in Hausnummern viel wahrscheinlicher als große 7, 8, 9. Die 10 Endziffern treten dagegen mit gleichen Wahrscheinlichkeiten auf. Die folgenden Häufigkeiten stammen aus über 5000 verschiedenen Hausnummern.

Anfangsziffern	
1	33 %
2	17 %
3	11 %
4	9 %
5	7 %
6	6 %
7	6 %
8	5 %
9	5 %

Endziffern	
0	9 %
1	11 %
2	11 %
3	10 %
4	10 %
5	11 %
6	10 %
7	9 %
8	9 %
9	9 %
	100 %

6 a) Der Anteil $\frac{5}{22}$ = 22 % von 13 Kugeln sind 2,9 Kugeln. Man wird also auf 3 blaue Kugeln tippen. Es könnten aber genauso gut auch 2 oder 4 Kugeln blau sein.
b) Der Anteil $\frac{31}{100}$ = 31 % von 13 Kugeln sind 4,03 Kugeln. Man wird wohl doch auf 4 blaue Kugeln tippen, weil die 100 Versuche eine größere Aussagekraft haben als die 22.
c) Individuelle Lösung.

7 Individuelle Lösung.

2 Laplace-Wahrscheinlichkeiten, Summenregel

Seite 51

1 a) linkes Glücksrad: $\frac{1}{6}$;
mittleres Glücksrad: $\frac{1}{8}$;
rechtes Glücksrad: $\frac{1}{12}$
b) linkes Glücksrad: $\frac{1}{6}$; 40-mal
mittleres Glücksrad: $\frac{1}{8}$; 30-mal
rechtes Glücksrad: $\frac{1}{12}$; 20-mal

2 a)

linkes Glücksrad:	rechtes Glücksrad:
blau: $\frac{1}{2}$	blau: $\frac{1}{4}$
gelb: $\frac{1}{6}$	gelb: $\frac{1}{4}$
grün: $\frac{1}{3}$	grün: $\frac{1}{2}$

b) Man addiert die Wahrscheinlichkeiten für gelb und blau.
linkes Glücksrad: $\frac{2}{3}$; rechtes Glücksrad: $\frac{1}{2}$

3 a) Durch 5 teilbar sind 5 und 10, die Wahrscheinlichkeit ist $\frac{1}{6}$.
b) Gerade Zahlen sind 2, 4, 6, 8, 10 und 12, die Wahrscheinlichkeit beträgt $\frac{1}{2}$.
c) ebenfalls $\frac{1}{2}$
d) Primzahlen sind 2, 3, 5, 7 und 11, die Wahrscheinlichkeit beträgt also $\frac{5}{12}$.

Seite 52

4 a) $\frac{1}{32}$ b) $\frac{1}{2}$ c) $\frac{1}{4}$
d) $\frac{3}{4}$ e) $\frac{12}{32} = \frac{3}{8}$

5

	Würfel	Lego-Achter	Quader
a)	16,7 %	0,5 %	8,0 %
b)	83,3 %	99,5 %	92,0 %
c)	33,3 %	57,0 %	42,0 %
d)	66,7 %	43,0 %	58,0 %

6 a) Ca. $\frac{2}{6}$ von 300, also ca. 100-mal müsste Michael zahlen, Svea müsste ca. 200-mal zahlen.
b) Michael müsste bei „kleiner als 4" zahlen.
c) Michael müsste in 10,5 % von 300 Spielen, also in ca. 31,5 Spielen zahlen.

7 Wenn alle drei Unternehmungen mit der gleichen Wahrscheinlichkeit $\frac{1}{3}$ gemacht werden sollen, könnte man so entscheiden:

	Eis	Kino	Rad
Dodekaeder	1, 2, 3, 4	5, 6, 7, 8	9, 10, 11, 12
Würfel	1, 2	3,4	5,6

8

		Würfel	Lego-Achter
a)	3 oder 4	$\frac{1}{3}$ = 33,3 %	79 %
b)	5 oder 6	$\frac{1}{3}$ = 33,3 %	10,5 %
c)	1 oder 2	$\frac{1}{3}$ = 33,3 %	10,5 %

Seite 53

9 Es gibt 36 mögliche Würfelkombinationen, von denen folgende zur angegebenen Situation gehören:
a) 2 – 1; 3 – 2; 4 – 3; 5 – 4; 6 – 5
Die Wahrscheinlichkeit beträgt $\frac{5}{36}$ = 13,9 %.

b) 2 –2; 2 – 3; 2 – 4; 2 – 5; 2 – 6; 3 – 3; 3 – 4; 3 – 5; 3 – 6; 4 – 4; 4 – 5; 4 – 6; 5 – 5; 5 – 6; 6 – 6;
Die Wahrscheinlichkeit beträgt $\frac{15}{36} = 41{,}7\,\%$.
c) Wenn Jan zwei Positionen Vorsprung hat, gehören zu den fraglichen Situationen folgende Ergebnisse: 3 – 1; 4 – 2; 5 – 3; 6 – 4.
Die Wahrscheinlichkeit beträgt $\frac{4}{36} = 11{,}1\,\%$.
3 – 2; 3 – 3; 3 – 4; 3 – 5; 3 – 6; 4 – 3; 4 – 4; 4 – 5; 4 – 6; 5 – 4; 5 – 5; 5 – 6; 6 – 5; 6 – 6
Die Wahrscheinlichkeit beträgt $\frac{14}{36} = 38{,}9\,\%$.

10 a) Es können 12 Worte mit zwei Buchstaben entstehen.
b) Die Wahrscheinlichkeit beträgt $\frac{1}{12}$.
c) Es können 24 Worte mit drei Buchstaben enstehen. Die Wahrscheinlichkeit beträgt $\frac{1}{24}$.

11 a) Bei Socke 1 ist die Wahrscheinlichkeit für „EI" = $\frac{1}{2}$ (eines von zwei möglichen Worten)
Bei Socke 2 ist die Wahrscheinlichkeit für „EI" = $\frac{1}{3}$ (2 von 6 möglichen Worten)
Bei Socke 3 ist die Wahrscheinlichkeit für „EI" = $\frac{1}{3}$ (4 von 12 möglichen Worten)
b) Bei Socke 1 ist die Wahrscheinlichkeit für „EI" = $\frac{1}{4}$ (eines von vier möglichen Worten)
Bei Socke 2 ist die Wahrscheinlichkeit für „EI" = $\frac{2}{9}$ (2 von 9 möglichen Worten)
Bei Socke 3 ist die Wahrscheinlichkeit für „EI" = $\frac{1}{4}$ (4 von 16 möglichen Worten)

12 Viviane hat Recht, denn die 21 von Patrick notierten Ergebnisse sind nicht gleich wahrscheinlich. Während 11 nur auf eine Weise realisiert werden kann, steht 12 auch für 21. 12 ist doppelt so wahrscheinlich $\left(\frac{2}{36}\right)$ wie 11 $\left(\frac{1}{36}\right)$.

13 a) Annähernd gerechtfertigt, da die Monate nicht alle die gleiche Anzahl an Tagen haben.
b) Die Laplace-Annahme ist nicht gerechtfertigt. Mitunter (insbesondere in Problemfällen) wird die Geburt vor dem Wochenende eingeleitet, da dann die medizinische Versorgung besser gewährleistet ist.
- Gerechtfertigt, da die Wochentage der Geburtstage jährlich wechseln.
- Nicht gerechtfertigt, da der erste Advent immer auf einen Sonntag fällt.

c) Annähernd gerechtfertigt, aber die Butter-Seite ist etwas schwerer.
d)
- Nein, die Laplace-Annahme ist nicht gerechtfertigt. Wörter sind keine zufällige Aneinanderreihung von Buchstaben. Einige Buchstaben treten häufiger auf.
- Auch hier ist die Laplace-Annahme nicht gerechtfertigt. Vokale treten aufgrund der Sprechbarkeit von Wörtern häufiger auf als ihrer Anzahl im Alphabet entsprechend.

e) Nein, Groß- und Kleinschreibung von Buchstaben tritt nicht zufällig auf, sondern ist an Regeln geknüpft. Damit lässt sich keine Aussage über Wahrscheinlichkeiten treffen.

Seite 54

14 Individuelle Lösung.

15 a) 15 Drehungen: Man erwartet Blau ca. 8-mal, Rot und Grün je ca. 4-mal.
60 Drehungen: Man erwartet Blau 30-mal, Rot und Grün je 15-mal.
b) – d) Individuelle Lösung.

16 Individuelle Lösung.

17 Ja, denn $25 \cdot 0{,}72\,t + 25 \cdot 0{,}045\,t = 19{,}125\,t < 20\,t$

18 a) 488,36 € b) 420 €

19 Setze A als Endpunkt einer Kreisdiagonalen. Trage an diese beidseitig jeweils einen Winkel von 50° an. Die Schnittpunkte der Schenkel mit dem Kreis ergeben B und C (gleichschenkliges Dreieck $\beta = \gamma = 40°$).

3 Boxplots

Seite 56

1 a)
- Die Sechstklässler springen im Mittel weiter als die Fünftklässler.
- Es gibt „viele" Fünftklässler, die weiter springen als Sechstklässler.
- Die Sechstklässler springen zwischen 2,50 m und 4,25 m weit, die Fünftklässler zwischen 2,10 m und 3,90 m.
- Der Hauptteil der Sechstklässler springt zwischen 3,20 m und 3,75 m.
- Bei den Fünftklässlern liegt der Hauptteil der Sprungweiten zwischen 3,10 m und 3,50 m.
- Bei den Sechstklässlern liegt das arithmetische Mittel über, bei den Fünftklässlern unter dem Median.
- Der Median beträgt bei den fünften Klassen ca. 3,3 m, bei den sechsten Klassen ca. 3,4 m.
- Über die Klassenstärke kann man keine Aussage machen.

b) Ein Boxplot der 7. Jahrgangsstufe würde ähnlich wie die der 5. und 6. Jahrgangsstufe aussehen. Dabei würde er im Vergleich zur 6. Jahrgangsstufe etwas weiter nach oben verschoben sein.
c) Wenn der beste Springer noch einen Meter weiter gesprungen wäre, würde das Maximum um 1 zunehmen. Die obere Antenne würde sich daher verlängern. Der Mittelwert würde größer, der Median bliebe unverändert.
Wenn ein mittelguter Springer einen Meter weiter gesprungen wäre, würden sich weder die Antenne noch die Box verändern. Nur der Mittelwert und evtl. auch der Median würden sich vergrößern.
Wenn alle Springer einen Meter weiter gesprungen wären, würde sich der gesamte Plot um 1 m nach oben verschieben.

2 a) Die Antennen gehen bis 1 bzw. 15; der Median ist 4. Die Box geht von 2 (unteres Quartil) bis 6,5 (oberes Quartil).
b) Die Box geht nun von 2,17 (Mittelwert der unteren Datenhälfte) bis 8 (Mittelwert der oberen Datenhälfte). Im Inneren der Box wird 5,08 (als Mittelwert aller Daten) markiert.

3 a) Die Box und die Enden der Antenne verschmelzen zu einem einzigen Strich.
b) Die Box geht von 20 bis 30; es gibt keine Antennen und der Median liegt bei 25.
c) 0 10 10 10 10 10 10 20
Unteres und oberes Quartil müssen gleich groß sein. Das Minimum um 10 kleiner, das Maximum um 10 größer.

Seite 57

4 a)

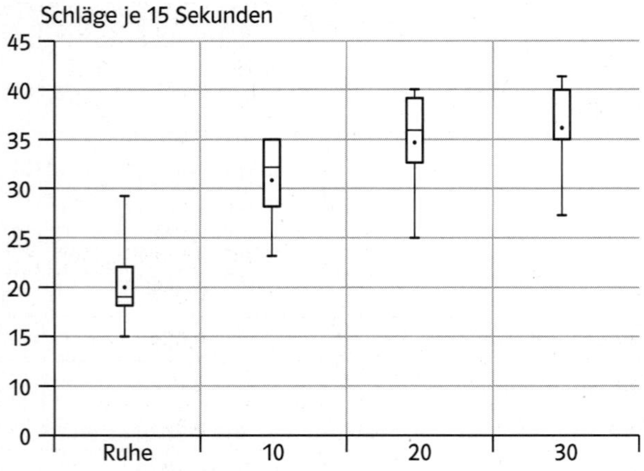

b) Der Pulsschlag nimmt unterschiedlich stark zu. (Nach 10 Kniebeugen steigt er durchschnittlich um 10,8; nach 20 Kniebeugen um 3,6; nach 30 Kniebeugen um 2,3)
c) individuelle Lösung

5 a) Für den Erlös der Pralinenfirma ist Einstellung 1 am günstigsten, da die Packungen hier am leichtesten sind. Es wird aber Reklamationen geben wegen zu geringer Verpackungsgewichte. Möchte die Firma dies ausschließen, wird sie Einstellung 4 wählen.
b) Am meisten Ware können Kunden bei Einstellung 2 bekommen. Allerdings ist da auch das Risiko relativ groß, zu wenig Ware zu erhalten. Soll dieses Risiko ausgeschlossen werden, so bietet sich Einstellung 3 an.
c) Für die Firma wäre eine Maschine ideal, bei der alle Packungen exakt 500 g wiegen. Die Box hätte dann die Länge 0 und keine Antennen.

6 **Säulendiagramm (1):**
a) Der Test ist in dieser Klasse am besten ausgefallen, da das arithmetische Mittel am höchsten ist. Keiner der Schüler hat weniger als 6 Punkte in dem Test erhalten. Die erzielten Punktzahlen liegen im Vergleich mit den anderen Klassen sehr nah beieinander, da sie nur zwischen 6 und 14 variieren. Das Maximum ist daher 14, das Minimum 6.
b) Das Säulendiagramm entspricht aufgrund obiger Beschreibung Boxplot (B1).
Säulendiagramm (2):
a) Die Punktzahlen, die erreicht wurden, haben eine Spanne von 0 bis 14 Punkte. Das Maximum ist daher 14, das Minimum 0. Das arithmetische Mittel ist gering im Vergleich zu den beiden anderen Klassen.
b) Das Säulendiagramm entspricht aufgrund obiger Beschreibung Boxplot (B2).
Säulendiagramm (3):
a) In dieser Klasse gab es keine Schüler, die im Test zwischen 6 und 9 Punkte geschrieben haben. Die Ergebnisse teilen sich auf in fast gleich große Gruppen, von denen eine zwischen 1 und 5 Punkten (mit größter Häufigkeit von 3 Punkten) und die andere zwischen 10 und 14 Punkten (mit größter Häufigkeit von 12 Punkten) liegt. Das Maximum liegt bei 14 Punkten, das Minimum bei einem Punkt.
b) Das Säulendiagramm entspricht aufgrund obiger Beschreibung Boxplot (B3).

4 Simulation, Zufallsschwankungen

Seite 59

1 a) Für Rot muss eine Augenzahl des Würfels stehen, für Grün zwei Augenzahlen und für Blau drei Augenzahlen. Zum Beispiel: 1 steht für Rot, 2 und 3 stehen für Grün und 4, 5, 6 für Blau.
b) Bei 30 Drehungen erwartet man ca. 5-mal Rot, 10-mal Grün und 15-mal Blau.
Im Mittel wird man 6-mal probieren müssen, bis Rot kommt.
c) und d) Individuelle Lösungen.

2 a) Man könnte einen normalen Würfel benutzen und bei 5 und 6 einfach weiterwürfeln.
b) Man schreibt 1, 2, 3, 4 auf vier Zettel, mischt und zieht dann.
c) Individuelle Lösung.

3 Die Wartezeiten schwanken um $1 + \frac{3}{2} + 3 = 5{,}5$.

4 Individuelle Lösung.
a) Beim Würfeln könnten 1 und 2 bedeuten: Unentschieden; 3 und 4: Mo gewinnt; 5 und 6: Britta gewinnt.
b) Man benötigt im Mittel 6,2 Knobelschritte bis zur Entscheidung.
Auf der Begleit-CD zum Schülerbuch findet man eine Excel-Simulation zu dieser Aufgabe.

5 Individuelle Lösung.
a) Im Mittel haben solche Familien 6 Kinder.
b) Die Wahrscheinlichkeit, dass schon die ersten drei Kinder sämtlich Mädchen sind, beträgt $\frac{1}{8}$.
Auf der Begleit-CD zum Schülerbuch findet man eine Excel-Simulation zu dieser Aufgabe.

Seite 60

6 a)
(1) Es werden Zufalls-Dezimalzahlen zwischen 0 und 1 erzeugt.
(2) Es werden 0 oder 1 je mit der Wahrscheinlichkeit $\frac{1}{2}$ geliefert.
(3) Es werden 0 und 1 je mit der Wahrscheinlichkeit $\frac{1}{2}$ erzeugt.
2*Zufallszahl liefert Dezimalzahlen zwischen 0 und 2, davon wird der ganzzahlige Anteil, also entweder 0 oder 1 genommen.
(4) Es wird 0 mit der Wahrscheinlichkeit 0,7 und 1 mit der Wahrscheinlichkeit 0,3 geliefert.
(5) Zufallsziffern 0, 1, …, 9 je mit der Wahrscheinlichkeit $\frac{1}{10}$.
(6) Es wird ein Würfel simuliert, der 1, …, 6 je mit Wahrscheinlichkeit $\frac{1}{6}$ liefert.

b) Es werden nun nicht mehr die Ziffern 0 und 1, sondern die Worte „Wappen" oder „Zahl" ausgegeben. Die Wahrscheinlichkeit für „Zahl" nimmt verschiedene Werte (0 %, 100 %, 1 % …) an.
c) = Ganzzahl (5*Zufallszahl( ))
= Ganzzahl (5*Zufallszahl( )) + 1
d) In jeder Zelle der Tabelle steht die Formel (5).

7 Die Lösungsdatei ist auf der Begleit-CD zum Schülerbuch zu finden.
Die Augensumme von zwei Würfeln ist „dreiecksförmig" verteilt, die von mehr als 2 Würfeln ist glockenförmig verteilt.

Seite 61

8 Individuelle Lösung.

9 Die Lösungsdatei ist auf der Begleit-CD zum Schülerbuch zu finden.
Wenn man den Versuchsumfang vervierfacht, halbiert sich die Länge der Box (also der Quartilabstand.
Kurz: Vervierfachen des Stichprobenumfanges halbiert die Zufallsschwankungen.

Wiederholen – Vertiefen – Vernetzen

Seite 62

1 a) Die oberen Angaben gehören eher zu Anjas Rundholz, weil ein höherer Zylinder leichter umfällt.
b) Siehe Tabelle. Es ist dabei wegen der Symmetrie der Zylinder sinnvoll, für A und B gleiche Werte zu nehmen.
Mögliche Schätzwerte:

	A	B	R
Anja	0,29	0,29	0,42
Nico	0,14	0,14	0,72

2 a)

	Wahrscheinlichkeiten
Plein	0,027
Cheval	0,054
Carré	0,11
Kolonne	0,32
Rouge	0,49
Impair	0,49

b) Man könnte 37 Zahlen auf Zettel schreiben und einen Zettel zufällig ziehen.

3

a) 512, 513, 514, 516
521, 523, 524, 526
531, 532, 534, 536
541, 542, 543, 546
561, 562, 563, 564

b) $\frac{1}{120}$ c) $\frac{1}{30}$

4 Individuelle Lösung.

Seite 63

5 a) Sie entspricht der Prozentzahl der Haushalte, die Niedersachsen von der Gesamtbevölkerung hat, auf die Gesamtzahl der angeschlossenen Haushalte gerechnet. Anteil Niedersachsen an den Haushalten Deutschlands: $\frac{453}{5640} = 8\,\%$.
b) Der Prozentanteil der befragten Haushalte wird auf alle Haushalte übertragen.
c) 18,5 % von 12 Millionen = 2,22 Millionen, davon 8 % in Niedersachsen sind etwa 177 600.
d) Ein Haushalt steht stellvertretend für 2128 andere Haushalte und für ca. 5000 Personen.

6 a) Man könnte die Zahlen auswürfeln oder auf Zettel schreiben und zufällig ziehen.
b) und c) Individuelle Lösung.
d) Man nimmt an, die letzte Kombination wäre die richtige, dann erhält man:

10 mögliche Kombinationen		4 – 5 richtig
1	2	0
1	3	0
1	4	1
1	5	1
2	3	0
2	4	1
2	5	1
3	4	1
3	5	1
4	5	2

	Wk	Gewinn	erwartete Einnahmen bei 1000 Besuchern
0 Treffer	0,3	1	300,00 €
1 Treffer	0,6	0	0,00 €
2 Treffer	0,1	–3	–300,00 €
			0,00 €

Im Mittel werden die Abiturienten gar nichts einnehmen
e) Individuelle Lösung.

f)

15 mögliche Kombinationen:		2 aus 6 5 – 6 richtig
1	2	0
1	3	0
1	4	0
1	5	1
1	6	1
2	3	0
2	4	0
2	5	1
2	6	1
3	4	0
3	5	1
3	6	1
4	5	1
4	6	1
5	6	2

	Wahrscheinlichkeit	Gewinn	erwartete Einnahmen bei 1000 Besuchern
0 Treffer	$\frac{6}{15}$	1	400,00 €
1 Treffer	$\frac{8}{15}$	0	0,00 €
2 Treffer	$\frac{1}{15}$	–4	–266,7 €
	1		133,3 €
Im Mittel werden die Abiturienten 133,3 € einnehmen			

7 Eine Simulation findet sich auf der Begleit-CD zum Schülerbuch. 5 oder 6 Würfel sind optimal.

Würfelzahl	mittlere Punktezahl
1	2,5
2	4,2
3	5,2
4	5,8
5	6,0
6	6,0
7	5,9
8	5,6
9	5,2
10	4,8

Exkursion: Schokotest

Seite 65

W-keit 0 Treffer: $\frac{9}{24}$

W-keit 1 Treffer: $\frac{8}{24}$

W-keit 2 Treffer: $\frac{6}{24}$

W-keit 3 Treffer: 0

W-keit 4 Treffer: $\frac{1}{24}$

III Zuordnungen

Lösungshinweise Kapitel III – Erkundungen

Seite 70

1. An der Obst- und Gemüsewaage

- Neben der Obstsorte und dem Datum findet man auf dem Etikett den Preis für 1 kg, das Nettogewicht sowie den Preis für das Nettogewicht. Unter dem Nettogewicht versteht man das Obstgewicht (ohne Verpackung oder Aufkleber).
- Bei einem Nettogewicht von 3,136 kg würde ein Preis von 15,65 € angegeben sein.
- Da 1 kg Kirschen knapp 5,00 € kosten, wird man für 2,50 € die Hälfte, also 0,5 kg Kirschen erhalten.
  Um den Preis für 1,5 kg Kirschen zu bestimmen, muss man den Preis für 1 kg Kirschen mit 1,5 multiplizieren. Gerundet erhält man $4{,}9 \cdot 1{,}5 \approx 7{,}49$, also einen Preis von 7,49 €.

Seite 71

2. Wenn ein Rechteck „die Kurve kratzt"

- Mögliche Lösung:

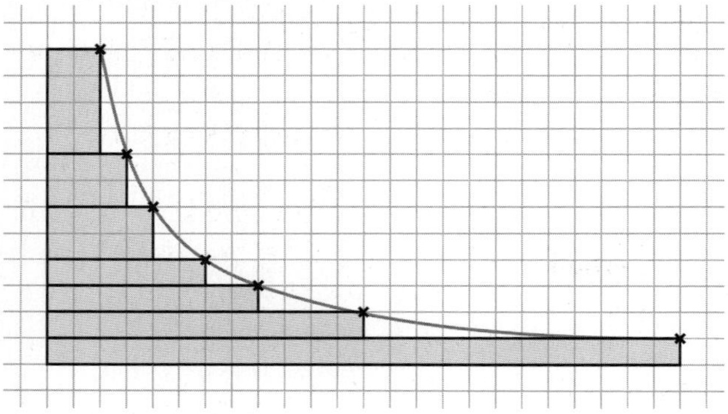

- Durch Veränderung der Seitenlänge passiert Folgendes: Wenn die eine Seitenlänge ein halbes Kästchen lang ist, muss die andere Seite 48 Kästchen lang sein; bei einem Viertelkästchen wäre die zweite Seite 96 Kästchen lang.
- Der Zusammenhang zwischen den Seitenlängen besteht über das Produkt dieser, welches dem jeweils vorgegebenen Flächeninhalt entsprechen muss.
- Folgende Formel beschreibt den Zusammenhang zwischen Seitenlängen und Flächeninhalt: Man erhält die zweite Seitenlänge, indem man 24 durch die erste Seitenlänge teilt.
  Als Formel ergibt sich $b = \frac{24}{a}$ (a: erste Seitenlänge; b: zweite Seitenlänge.)
- Bei 36 Kästchen wäre die Formel: $b = 36/a$ und bei 20 Kästchen entsprechen $b = 20/a$ (a: erste Seitenlänge; b: zweite Seitenlänge.)

1 Zuordnungen und Graphen

Seite 73

1 a)

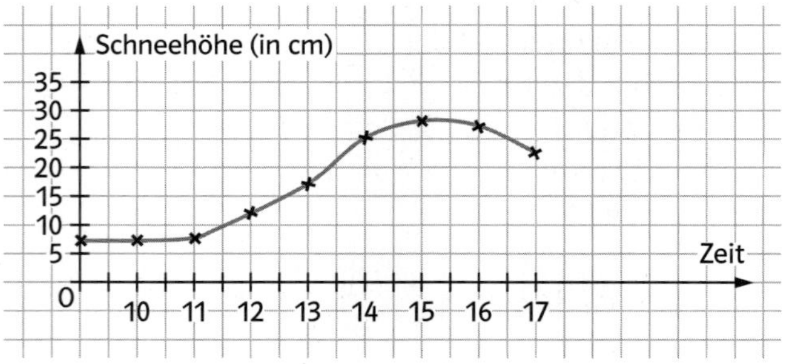

b) Um 12.30 Uhr wird der Schnee etwa 14 cm hoch gelegen haben.
c) Da die Schneehöhe zwischen 11.00 Uhr und 15.00 Uhr ansteigt, wird es vermutlich in diesem Zeitraum geschneit haben.
d) Graph wie bei Teilaufgabe a), allerdings um 7 Einheiten nach unten verschoben.

Seite 74

2 a)

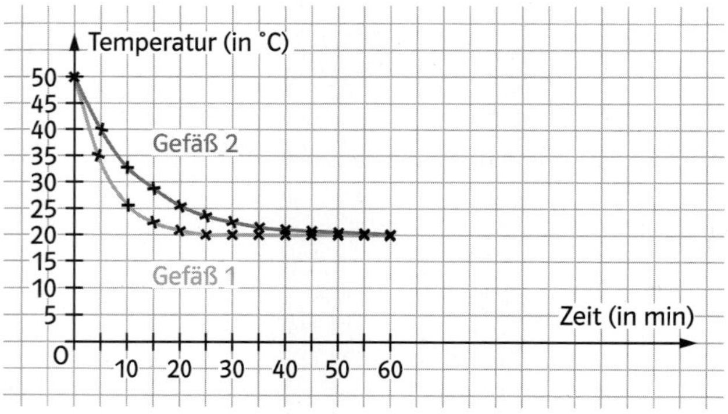

b) Nach 22 Minuten beträgt die Temperatur des Wassers im ersten Gefäß etwa 21 °C und im zweiten Gefäß etwa 25 °C.
c) Da die Temperatur im zweiten Gefäß langsamer abnimmt, könnte es z. B. besser isoliert sein.
Die Umgebungstemperatur wird vermutlich 20 °C betragen.

3 a) Mögliche Lösung:
Da es zwischen den Messwerten auch Zwischenwerte gegeben hat, ist die Verbindung der Punkte sinnvoll. Im Graphen von Fig. 2 wurden die Punkte allerdings nur gerade verbunden; der dazugehörige Geschwindigkeitsverlauf wäre sehr unwahrscheinlich. Der Graph von Fig. 3 stellt die Zuordnung daher am besten dar.
b) Aus einer Tabelle lassen sich die Werte exakt ablesen. Allerdings kann man beim Graphen hingegen auf einem Blick erkennen, in welchen Bereichen die zugeordneten Werte
- positiv oder negativ sind,
- am größten oder kleinsten sind,
- ansteigen oder abfallen.

Ein Nachteil des Graphen ist es, dass einzelne Werte nur umständlich und meist ungenau abgelesen werden können.
c) Individuelle Lösung.

4 Individuelle Lösung.

5 Graph a) gehört zu Gefäß 3,
Graph b) zu Gefäß 2,
Graph c) zu Gefäß 4,
Graph d) zu Gefäß 1.

Seite 75

6 a) Möglicher Text für den roten Weg: „Zunächst beschleunigt man den Wagen in Stadt A und fährt dann auf der Straße bis kurz vor Stadt B mit konstanter Geschwindigkeit. In Stadt B fährt man langsamer, um dann wieder bis zu den Serpentinen schneller zu fahren. Nachdem man die Kurven langsamer durchfahren hat, fährt man auf dem letzten Stück wieder schneller."
b) Mögliche Graphen:

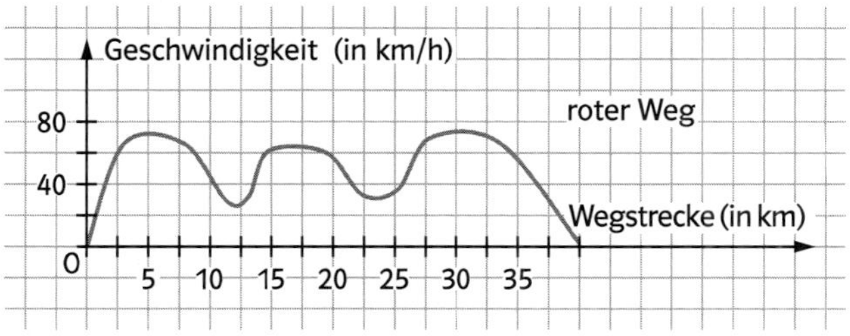

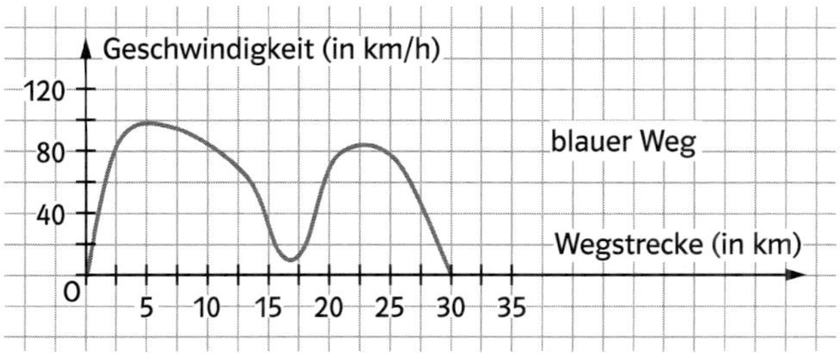

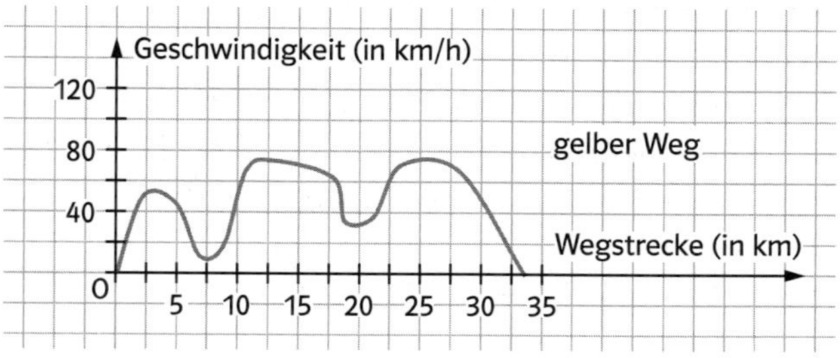

7 Individuelle Lösung.

8 a) Um 21.00 Uhr betrug der Wasserverbrauch etwa 1,6 m^3/h, um 19.15 Uhr etwa 3,8 m^3/h.
b) Das Spiel begann vermutlich um 19.30 Uhr, Halbzeit wäre dann von 20.15 Uhr bis 20.30 Uhr gewesen. Da der Wasserverbrauch nach der regulären Spielzeit um 21.15 Uhr stark anstieg, wird es vermutlich keine Verlängerung gegeben haben.
c) Mögliche Graphen:

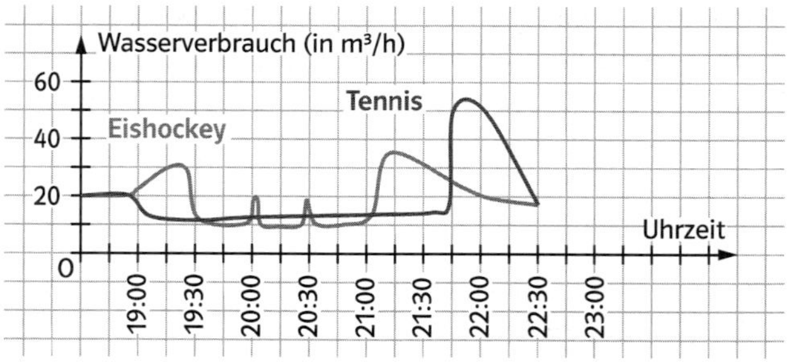

9 a) Der Busfahrer hat seine Fahrt um 4.45 Uhr begonnen und um 11.05 Uhr beendet.
Der Busfahrer hat zwischen 9.45 Uhr und 10.20 Uhr eine Pause eingelegt.
Die Höchstgeschwindigkeit betrug etwas mehr als 100 km/h.
Der Bus fuhr vermutlich zwischen 7.45 Uhr und 9.30 Uhr auf der Autobahn, da die Geschwindigkeit in dieser Zeit durchgehend sehr hoch war.
b) Individuelle Lösung.

Seite 76

10 a) Der Graph des tatsächlichen Temperaturverlaufs dürfte keine Knicke haben.
b) Möglicher Graph:

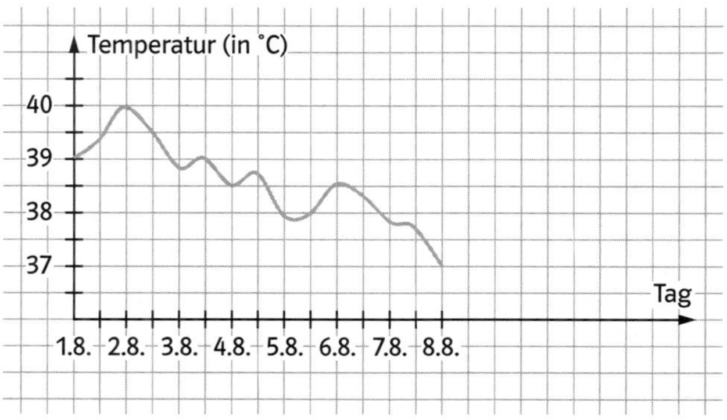

11 Lässt man die Kugel im höchsten Punkt los, so beschleunigt sie zunächst, bremst nach der Mulde etwas ab um dann im letzten Abschnitt der Bahn wieder zu beschleunigen. Zur Zuordnung *Zeit t → Geschwindigkeit v* gehört der rechte Graph.

12 Linker Graph:
1) Die Zuordnung *Zeit t → Geschwindigkeit v* bei einer Kugel, die durch eine Mulde rollt.
2) Die Zuordnung *Zeit t → Höhe h* eines Wanderers, der über einen Berg läuft.
Mittlerer Graph:
1) Die Zuordnung *Zeit t → Geschwindigkeit v* bei einer Kugel, die mit Schwung eine Anhöhe hoch rollt.
2) Die Zuordnung *Zeit t → Höhe h* eines Skifahrers, der einen Hang hinunterfährt.
Rechter Graph:
Die Zuordnung *Zeit t → Geschwindigkeit v* bei einem Auto, das anfährt, kurz bremst und dann weiter beschleunigt.

13 Individuelle Lösung.

14 a) Fig. 5: A' = B; B' = A; C' = C
Fig. 6: A' = B; B' = A; C' = D; D' = C
Fig. 7: A' = A bzw. A' = C; B' = D bzw. B' = B
C' = C bzw. C' = A; D' = B bzw. D' = D
b) Fig. 5: $\overline{AC} = \overline{BC}$ und die Winkel bei A und B sind gleich groß.
Fig. 6: $\overline{AB} = \overline{CD}$, $\overline{BC} = \overline{AD}$ und alle Winkel sind gleich groß.
Fig. 7: $\overline{AB} = \overline{BC} = \overline{CD} = \overline{AD}$ und gegenüberliegende Winkel sind gleich groß.
c) Fig. 5: Keine weiteren Symmetrieachsen, keine Punktsymmetrie
Fig. 6: Es gibt eine weitere Symmetrieachse, Punktsymmetrie liegt vor
Fig. 7: Keine weiteren Symmetrieachsen, Punktsymmetrie liegt vor
Fig. 8: Unendlich viele weitere Symmetrieachsen, Punktsymmetrie
d) Fig. 5: Gleichschenkliges Dreieck
Fig. 6: Rechteck
Fig. 7: Raute
Fig. 8: Kreis

2 Gesetzmäßigkeiten bei Zuordnungen

Seite 78

1 a) Fig. 1: $A = 3 \cdot s^2$; Fig. 2: $A = 2 \cdot s$
b) Fig. 1:

s (in cm)	1	2	3	4	5
A (in cm²)	3	12	27	48	75

Fig. 2:

s (in cm)	1	2	3	4	5
A (in cm²)	2	4	6	8	10

c) Individuelle Lösung.

2 a) $A = k^3$
b)

k (in cm)	0,5	1	2	3	4
V (in cm³)	0,125	1	8	27	64

c) Bei einer Kantenlänge von etwa 2,71 cm beträgt das Volumen des Würfels etwa 20 cm³.

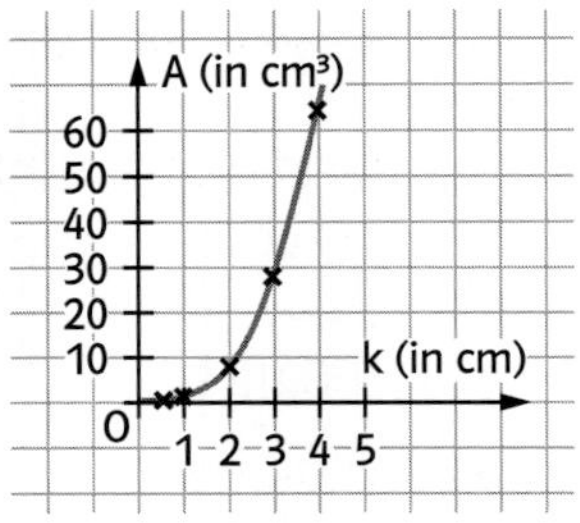

d) Olivers Aussage ist falsch. Wenn man die Kantenlänge eines Würfels verdoppelt, wird das Volumen des Würfels achtmal so groß.

3 a)

l (in cm)	150	155	160	165	170	175	180	185	190	195
g (in kg)	50	55	60	65	70	75	80	85	90	95

b) $g = l - 100$
Für Menschen deren Körpergröße unter einem Meter ist, kann die Formel nicht gelten.
c) Der Body-Mass-Index (BMI) ist eine Maßzahl für die Bewertung des Körpergewichts eines Menschen: Er berechnet sich mit der Formel
$\text{BMI} = \frac{\text{Körpergewicht}}{(\text{Körpergröße})^2}$.
Ein 20-jähriger Erwachsene mit einem „Normalgewicht" hat einen BMI von 20 kg/m².

4 a) $s = \frac{v}{10} \cdot \left(\frac{v}{10} = \frac{v}{10}\right)^2$
b)

v (in km/h)	20	30	50	100
s (in m)	4	9	25	100

Entsprechend dem Graphen müsste ein Bremsweg in einer 30er-Zone höchsten 9 m lang sein, in einer geschlossenen Ortschaft höchstens 25 m und auf einer Landstraße höchstens 100 m lang sein.

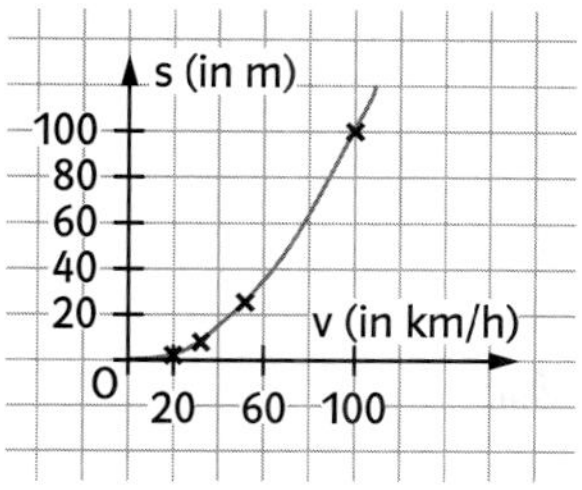

c) Da der Bremsweg mit 12 m länger als der in b) bestimmte Bremsweg für 30 km/h ist, muss der Fahrer zu schnell gefahren sein. Am Graphen lässt sich ablesen, dass der Fahrer mindestens mit einer Geschwindigkeit von 34 km/h gefahren sein dürfte.

5 a) Der y-Wert lässt sich mit der Formel $y = 6 \cdot x$ berechnen:

x	0	1	2	3	4	5
y	0	6	12	18	24	30

b) Der y-Wert lässt sich mit der Formel $y = x^2$ berechnen:

x	1	2	3	4	5	9
y	1	4	9	16	25	81

Seite 80

6 y-Werte sind auf eine Dezimale nach dem Komma gerundet; Graphen sind korrekt gezeichnet.

a)

x	−5	−4	−3	−2	−1	0	1	2	3	4	5
y	−15	−12	−9	−6	−3	0	3	6	9	12	15

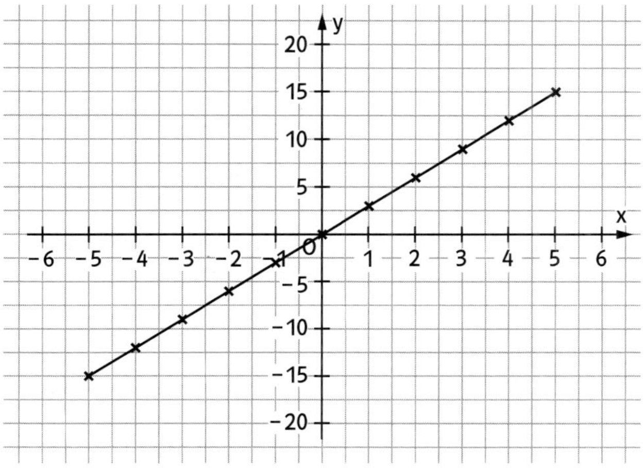

b)

x	−5	−4	−3	−2	−1	0	1	2	3	4	5
y	5	4	3	2	1	0	−1	6	−2	−4	−5

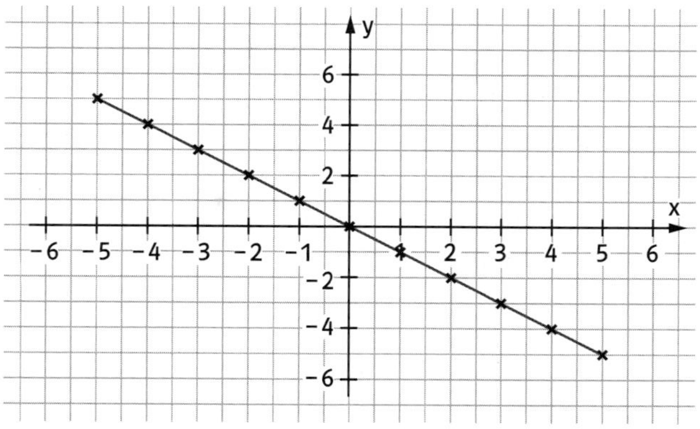

c)

x	−5	−4	−3	−2	−1	0	1	2	3	4	5
y	−0,2	−0,3	−0,3	−0,5	−1		1	0,5	0,3	0,3	0,2

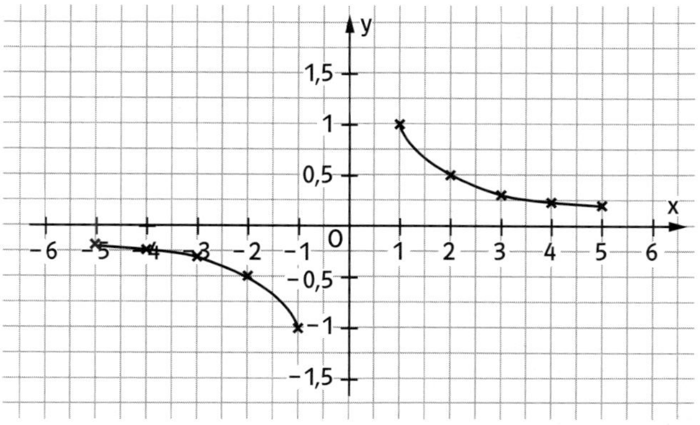

d)

x	−5	−4	−3	−2	−1	0	1	2	3	4	5
y	0	0,1	0,1	0,3	1		1	0,3	0,1	0,1	0

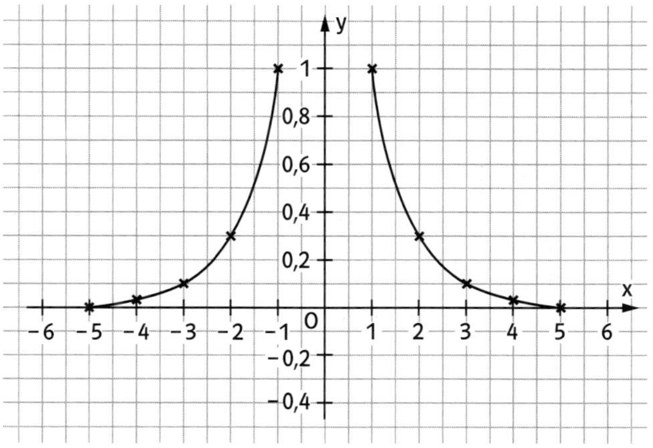

e)

x	−5	−4	−3	−2	−1	0	1	2	3	4	5
y	−21	−12	−5	0	3	4	3	0	−5	−12	−21

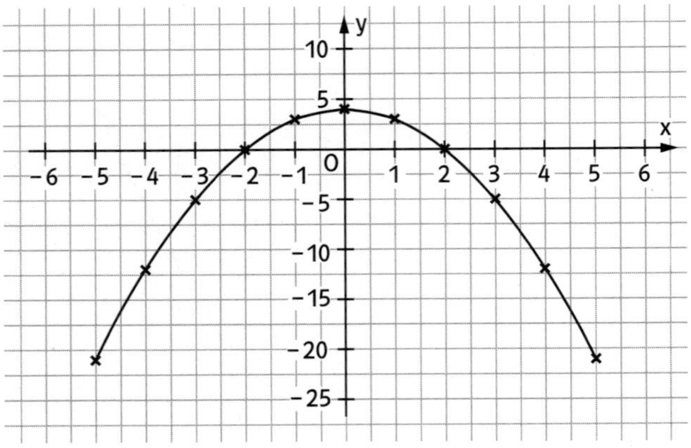

f)

x	−5	−4	−3	−2	−1	0	1	2	3	4	5
y	−125	−64	−27	−8	−1	0	1	8	27	64	125

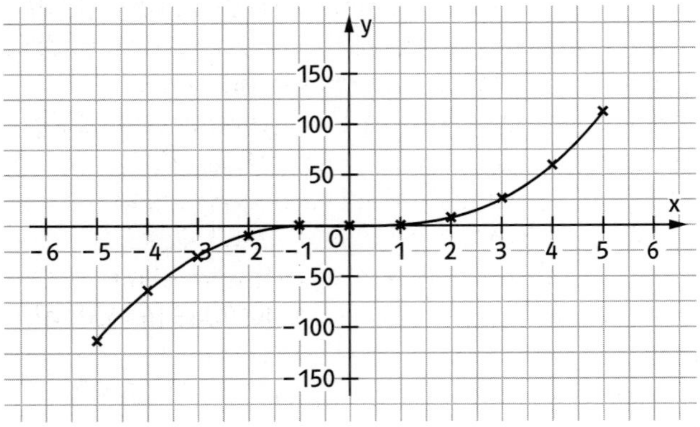

g)

x	−5	−4	−3	−2	−1	0	1	2	3	4	5
y	625	256	81	16	1	0	1	16	81	256	625

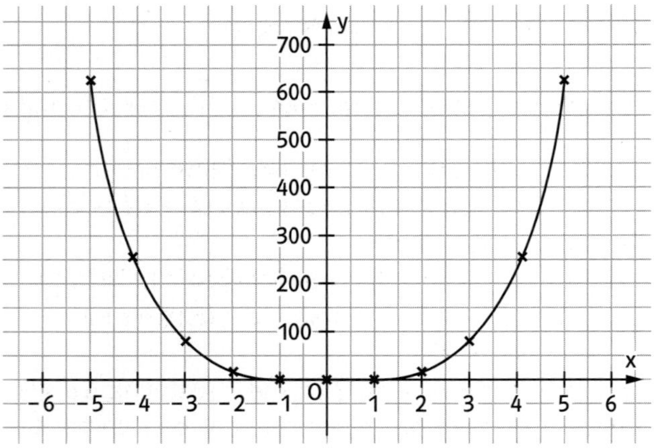

h)

x	−5	−4	−3	−2	−1	0	1	2	3	4	5
y	−95	−40	−9	4	5	0	−5	−4	9	40	95

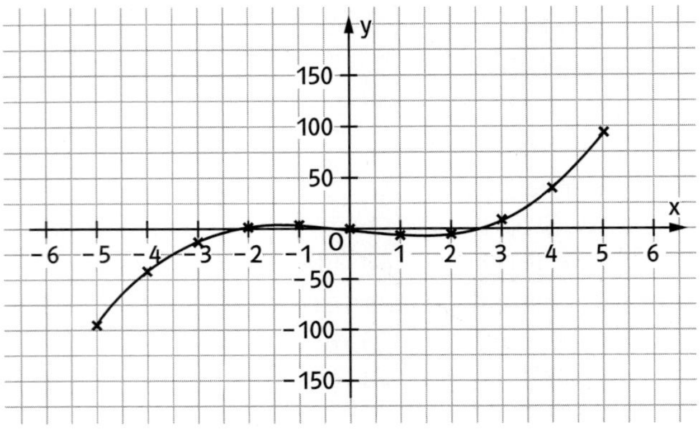

i) Individuelle Lösung.

7 a) Für den Flächeninhalt F (in cm^2) gilt:
$F = 100 - x^2$
b) zum Beispiel

x (in cm)	1	2	3	4	5
F (in cm^2)	99	96	91	84	75

c)

x	0	1	2	3	4	5	6	7	8	9	10
F	100	99	96	91	84	75	64	51	36	19	0

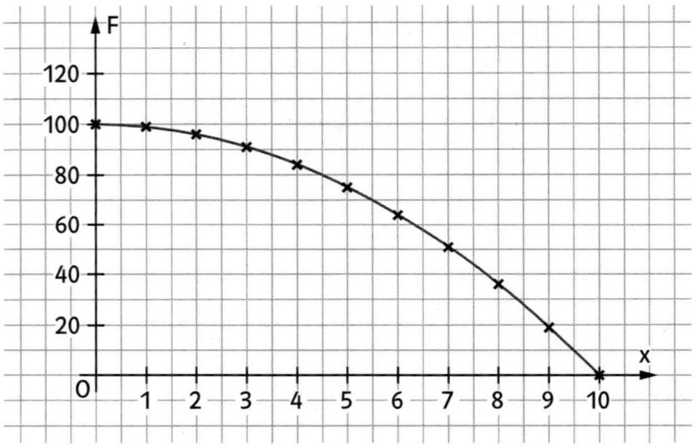

d) Zum y-Wert 50 kann man am Graphen den zugehörigen x-Wert ≈ 7 ablesen.

8 a) r → U

r	0	1	2	3	4	5	6	7	8	9	10
U	0	6,3	13	19	25	31	38	44	50	57	63

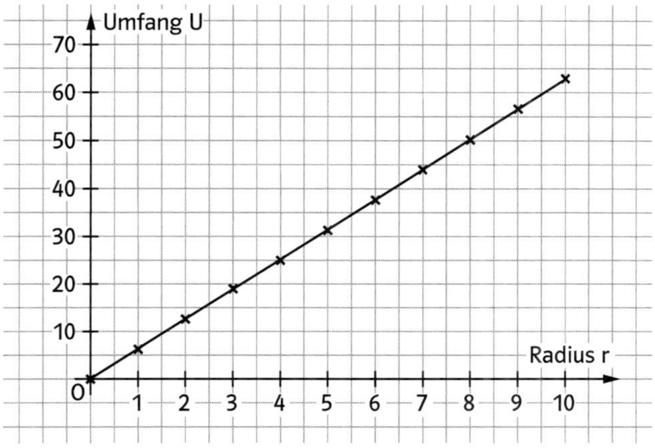

r → F

r	0	1	2	3	4	5	6	7	8	9	10
F	0	3,1	13	28	50	79	113	154	201	254	314

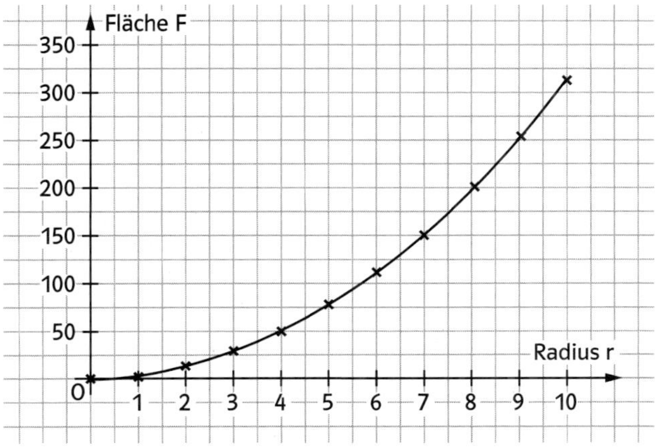

r → O

r	0	1	2	3	4	5	6	7	8	9	10
O	0	12,6	50,3	113	201	314	462	616	804	1018	1257

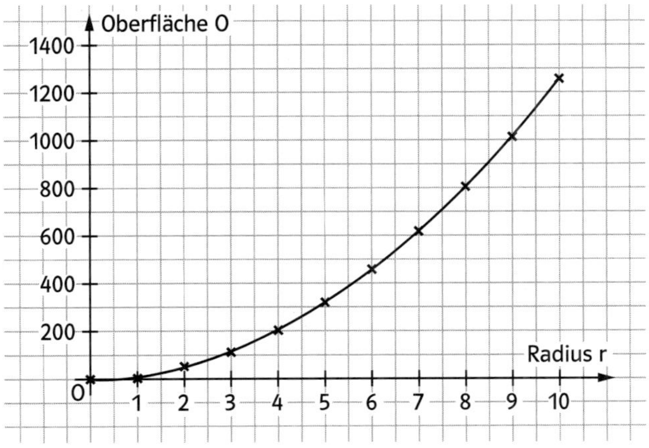

r → V

r	0	1	2	3	4	5	6	7	8	9	10
V	0	4,19	33,5	113	268	524	905	1437	2145	3054	4189

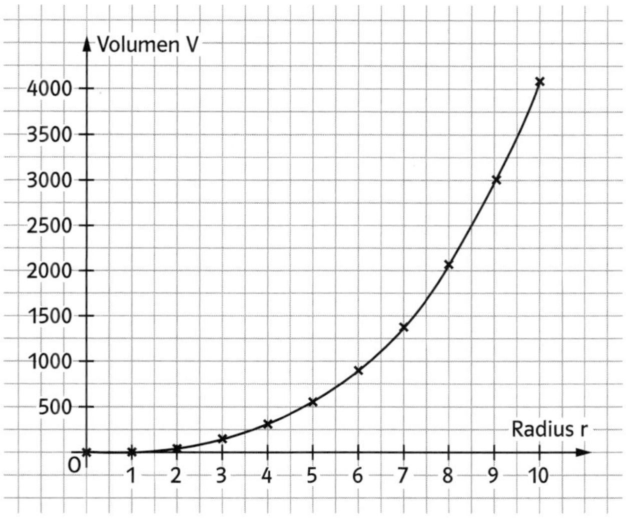

b) Alle vier Graphen gehen durch den Punkt (0 | 0). Außerdem nehmen bei allen vier Zuordnungen die zugeordneten Werte mit dem Radius r zu.
Der erste Graph liegt auf einer Geraden, die übrigen drei Graphen sind „nach oben gebogen".
c) Für einen Fußball (r = 11 cm) erhält man etwa: O = 1520,53 cm² und V = 5575,8 cm³.
Für die Erde (r = 6371 km) erhält man etwa:
O = 510 064 472 km² und V = 1 083 206 916 845 km³.

9 a) 14,5 b) 12 c) 6,5 d) $\frac{196}{13}$

10 a) 200 a = 2 ha b) 27,5 %; 60 %; 12,5 %
c) 54 a

3 Proportionale Zuordnungen

Seite 82

1 a) Da jedes Blatt die gleiche Dicke besitzt, ist die Zuordnung *Anzahl der Blätter → Höhe des Stapels* proportional.
b) Die Zuordnung *Alter → Körpergewicht* ist nicht proportional. Mit 40 ist man nicht doppelt so schwer wie mit 20.
c) Bei einem Holzquader ist die Zuordnung *Oberfläche → Gewicht* nicht proportional, da sich bei einer Verdopplung der Oberfläche das Gewicht nicht verdoppelt.
Die Zuordnung *Volumen → Gewicht* ist hingegen proportional: ein doppelt so großer Quader hat auch ein doppelt so großes Gewicht.
d) Bei einem Quadrat ist die Zuordnung *Seitenlänge → Umfang* proportional, da sich bei einer Verdopplung der vier Seitenlängen auch der Umfang verdoppelt.

Die Zuordnung *Seitenlänge → Flächeninhalt* ist hingegen nicht proportional: Bei einer Verdopplung der Seitenlängen vervierfacht sich der Flächeninhalt.

Seite 83

2 a)

x	0	1	2	3	5	7
y	0	2	4	6	10	14

b)

x	0	1	2	4	5	8
y	0	1,5	3	6	7,5	12

c)

x	3,5	7	10,5	14	28	35
y	11	22	33	44	88	110

d)

x	0,02	0,05	0,1	0,5	1	8,5
y	25	62,5	125	625	1250	10 625

3

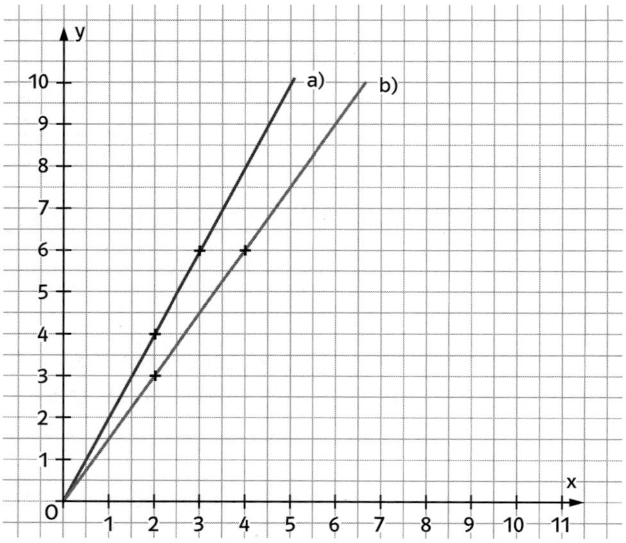

Beide Graphen sind Geraden, die durch den Ursprung gehen. Die Gerade von 4 a) steigt etwas schneller an als die Gerade von 4 b).

4 a) 2400 g Mehl b) ca. 32,66 €
c) 2,73 € d) 450 ml
e) 490 m^2 f) 62,5 ml

5 a)

Zeit (in s)	Volumen (in l)
10	5
8	4
25	12,5

Gewicht (in kg)	Preis (in €)
0,5	0,75
1,2	1,80
4,3	6,45

Länge (in m)	Gewicht (in kg)
5	43
3,8	32,68
6,2	53,32

Zeit (in min)	Strecke (in km)
30	12,5
120	50
125	52,08

b)

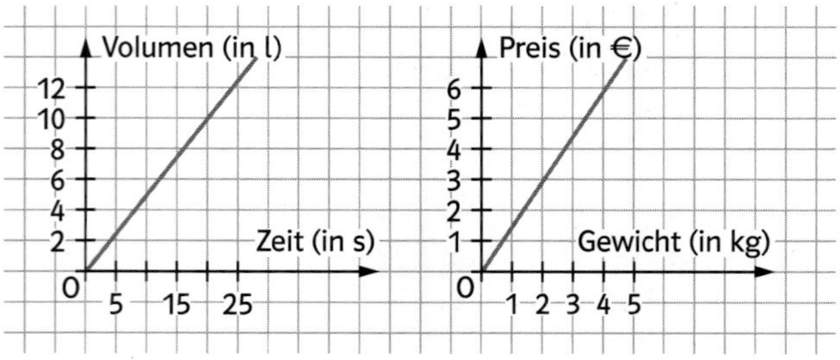

c) $V = 0{,}5 \cdot t$; $P = 1{,}5 \cdot g$; $g = 8{,}6 \cdot l$ und $s = 5/12 \cdot t$

d) Mögliche Lösungen:

1. Zuordnung: Aus einem gleichmäßig fließenden Wasserrohr fließt in 10 Sekunden 5 l Wasser in einen Behälter. Wie viele Wasser fließt in 8 Sekunden oder 25 Sekunden in den Behälter?
2. Zuordnung: 0,5 kg Bananen kosten 0,75 €. Wie viel kosten 1,2 kg Bananen oder 4,324 kg Bananen?
3. Zuordnung: Ein fünf Meter langer Balken wiegt 43 kg. Wie viel wiegt ein Balken mit der Länge 3,8 m oder 6,2 m?
4. Zuordnung: Ein Mofa fährt in 120 Minuten eine Strecke von 50 km. Wie weit kommt er in 30 Minuten bzw. 125 Minuten, wenn er genauso schnell fährt?

6 Individuelle Lösung.

7 Der Dreisatz für proportionale Zuordnungen lässt sich bei den Kartoffeln und der Wurst anwenden.
Je-mehr-desto-weniger-Dreisatz: Meerschweinchenfutter.

Seite 84

8 a) Die Zuordnung *Anzahl der Heftklammern → Gewicht* ist proportional. 80 Heftklammern wiegen 4 g.
b) Die Zuordnung ist nicht proportional.
Aus einem doppelt so großen Fenster wird man vermutlich ebenfalls 300 m weit sehen können.

c) Die Zuordnung *Gewicht* → *Anzahl der Bonbons* ist näherungsweise proportional, wenn die Bonbons gleich groß sind. Eine 400 g-Packung wird vermutlich 96 Bonbons enthalten.
d) Die Zuordnung ist nicht proportional. Vermutlich werden sie zu viert genauso lang brauchen wie zu dritt.
e) Die Zuordnung *Gewicht* → *Kalorien* ist proportional. 125 g enthalten 543,75 Kalorien

9 a) Alle Brezeln müssen gleich viel kosten.
b) Familie Glück muss mit ihrem Auto etwa gleichschnell fahren.
c) Der Grundstückspreis muss für jeden Quadratmeter gleichgroß sein.
d) Lara muss während des 5000-m-Laufes gleichschnell laufen.

10 Birnen: Preis/kg = 2,98 €;
Nettogewicht = 2,145 kg; Preis: 6,39 €.
Bananen: Preis/kg = 1,59 €;
Nettogewicht = 1,144 kg; Preis: 1,82 €.
Kirschen: Preis/kg = 4,49 €;
Nettogewicht = 0,6414 kg; Preis: 2,88 €.
Äpfel: Nicht eindeutig. Mögliche Lösung:
Preis/kg = 1,29 €;
Nettogewicht: 2,000 kg; Preis: 2,58 €.

Seite 85

11 a) 1,50 € b) 8 Minuten

12 Berechnete Zeiten:
für 500 m: 0:36,92 min
für 1500 m: 1:50,75 min
für 5000 m: 6:09,15 min
Je länger die Strecke ist, desto „schlechter" ist der Weltrekord, da die Läuferinnen ihre Kräfte einteilen müssen.
Der 500 m Weltrekord ist „schlechter" da hier die langsame Startphase stärker zu Buche schlägt.

13

Schwarze Johannisbeere:	ca. 42,4 g
Erdbeere:	ca. 117,2 g
Rote Johannisbeere:	ca. 208,3 g
Stachelbeere:	ca 214,3 g
Himbeere:	300 g
Blaubeere:	ca. 340,9 g
Brombeere:	ca. 441,2 g

14 a) $y = 0{,}625\,x$

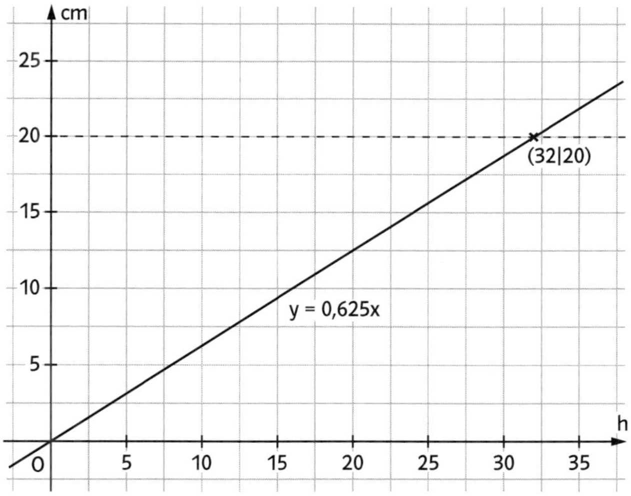

b) Der Zeiger hat nach 32 Stunden 20 cm zurückgelegt.

15 a) $y = \frac{7}{3}x$

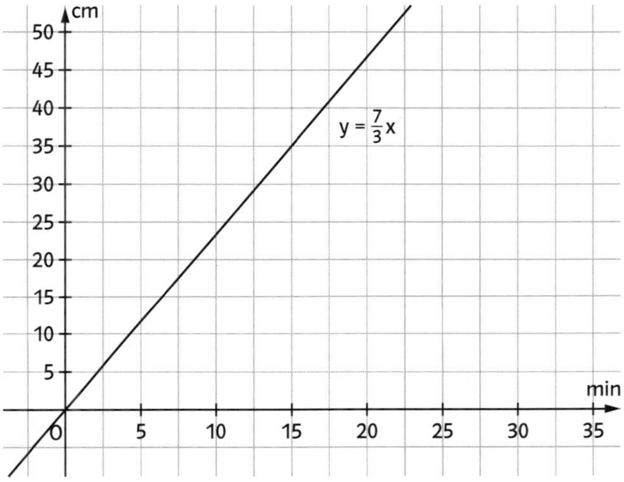

b) Der Wasserspiegel müsste doppelt so schnell ansteigen. Die Gerade zu der Zuordnung ist daher steiler.

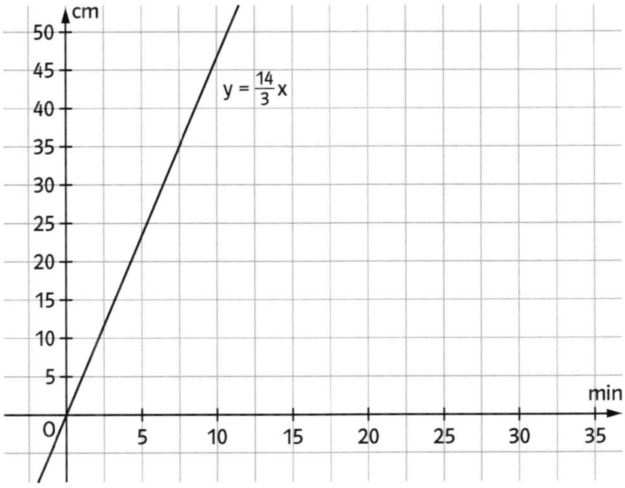

c) Die Graphen werden entsprechend steiler. Bei der doppelten Menge Wasser erhält man bei dem Gefäß aus a) die Gleichung $y = \frac{14}{3}x$; bei der dreifachen Menge Wasser entsprechend $y = 7x$.

16 a) In den USA darf man auf den Highways (je nach Bundesstaat) zwischen 55 und 75 Meilen pro Stunde fahren, was ungefähr 88 bis 120 km pro Stunde entspricht.
b) Der Geschwindigkeit von 100 km/h entspricht etwa der Geschwindigkeit von 62,5 mph.
c) Die Zuordnung *Geschwindigkeit (in km/h) → Geschwindigkeit (in mph)* ist proportional. Die dazugehörige Umrechnungsformel lautet
$g_{mph} = 0{,}625 \cdot g_{km/h}$.
Die Zuordnung *Geschwindigkeit (in mph) → Geschwindigkeit (in km/h)* ist ebenfalls proportional. Die dazugehörige Umrechnungsformel lautet
$g_{km/h} = 1{,}6 \cdot g_{mph}$.

Seite 86

17 Individuelle Lösung.

18 Man betrachte die Quotienten aus Volumen und Gewicht:
Probe I: $\frac{67\,cm^3}{120{,}6\,g} \approx 0{,}56\,\frac{cm^3}{g}$
Probe II: $\frac{93\,cm^3}{223{,}2\,g} \approx 0{,}42\,\frac{cm^3}{g}$
Probe III: $\frac{112\,cm^3}{268{,}8\,g} \approx 0{,}42\,\frac{cm^3}{g}$
Probe IV: $\frac{84\,cm^3}{151{,}2\,g} \approx 0{,}56\,\frac{cm^3}{g}$
Probe V: $\frac{102\,cm^3}{244{,}8\,g} \approx 0{,}42\,\frac{cm^3}{g}$
Die Proben I und IV könnten aus dem gleichen Material sein, ebenso wie die Proben II, III und V, denn die Quotienten aus Volumen und Gewicht sind jeweils gleich.

19 a) Für die Quotienten $\frac{\text{Ausdehnung}}{\text{Gewicht}}$ erhält man:
$\frac{2{,}5}{10} = 0{,}25$; $\frac{3{,}7}{15} \approx 0{,}247$; $\frac{6{,}3}{25} = 0{,}252$; $\frac{10{,}1}{40} = 0{,}2525$;
$\frac{13{,}7}{55} \approx 0{,}249$; $\frac{14{,}8}{60} \approx 0{,}247$; $\frac{16{,}3}{65} \approx 0{,}25$

Alle Quotienten sind annähernd gleich. „Annähernd" bedeutet in diesem Zusammenhang, dass die meisten Quotienten nicht genau 0,25 betragen, sondern nur nahe bei 0,25 liegen.

b)

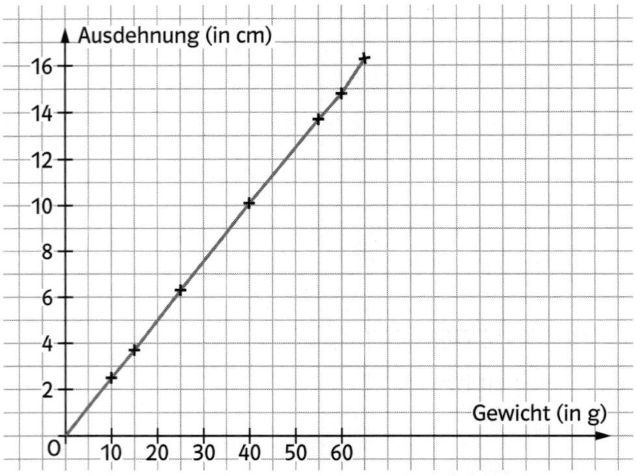

c) Aus dem Graphen kann man ablesen, dass man eine Ausdehnung von 7,5 cm erwarten kann.

20 Individuelle Lösung. In einem bestimmten Bereich, der abhängig vom jeweiligen Gummiband ist, ist die Zuordnung proportional.

4 Antiproportionale Zuordnungen

Seite 88

1 a) Die Zuordnung *Dicke der Brotscheiben → Anzahl der Brotscheiben* ist antiproportional, da bei einer Verdopplung der Dicke einer Brotscheibe die Anzahl der Brotscheiben halbiert wird.
b) Die Zuordnung *zurückgelegte Strecke → verbleibende Strecke* bei einer Wanderung ist nicht antiproportional. Auf der Hälfte der Strecke sind zurückgelegte und verbleibende Strecke gleichgroß. Am Ende der Wanderung hat sich demgegenüber die zurückgelegte Strecke verdoppelt, die verbleibende Strecke aber nicht halbiert.
c) Die Zuordnung *Schrittlänge → Anzahl der Schritte* bei einer Wanderung ist antiproportional, da bei einer Verdopplung der Schrittlänge die Anzahl der Schritte halbiert wird.
d) Die Zuordnung *Gewicht der Kugel → Wurfweite* beim Kugelstoßen ist nicht antiproportional. Wäre die Zuordnung antiproportional, so wäre es auch möglich eine entsprechend kleine Kugel mehrere kilometerweit zu werfen.
e) Die Zuordnung *1. Seitenlänge → 2. Seitenlänge* bei einem Rechteck mit dem Flächeninhalt $1\,dm^2$ ist antiproportional, da bei einer Verdopplung der 1. Seitenlänge die 2. Seitenlänge halbiert werden muss, damit das Produkt (Flächeninhalt) gleich bleibt.

Seite 89

2 a)

x	4	6	8	12	16	24
y	30	20	15	10	7,5	5

b)

x	3	4	6	8	24	60
y	20	15	10	7,5	2,5	1

c) Gleichung zu a): $y = \frac{120}{x}$

Gleichung zu b): $y = \frac{60}{x}$

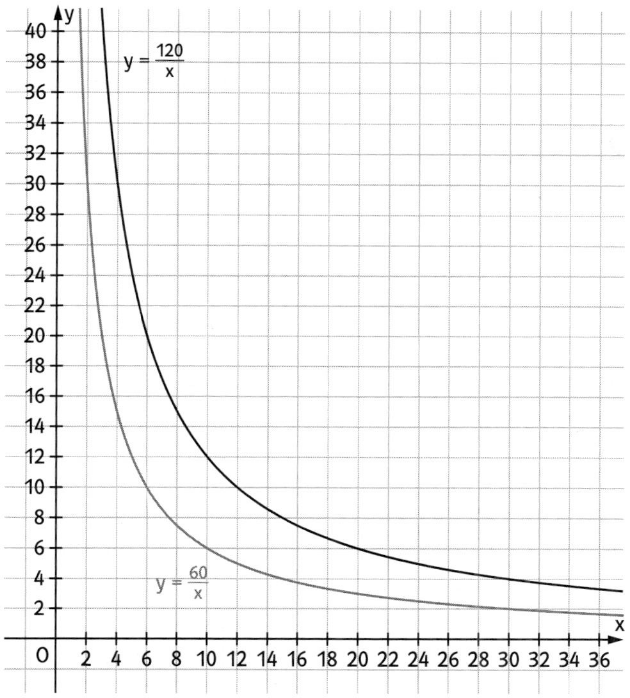

3 a)

a (in cm)	0,5	1	2	3	4	5	6	8	10	12
b (in cm)	24	12	6	4	3	2,4	2	1,5	1,2	1

b) $b = \frac{12}{a}$

c)

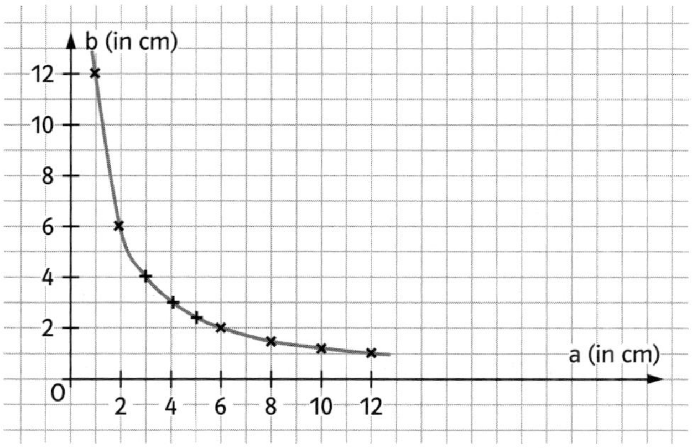

Weitere Wertepaare (gerundet):
(7 | 1,7), (9 | 1,3), (11 | 1,1).

4 a) 3 Gramm b) 160 Tage
c) 8 Stunden d) 435 Seiten
e) 56 Tage f) 480 Flaschen

5 a) Bei einer Breite der Ordner von je 4 cm passen in das Regal 10 Stück hinein.
b) 25 Mathematikbücher würden 20 kg wiegen.
c) Bei einer Füllmenge von 0,25 l pro Glas könnte man 12,5 Gläser füllen.
d) Lara würde mit ihrer Clique etwa drei Minuten benötigen, um die Chipstüte leer zu essen. Wie lange ihre Klasse bzw. die gesamte Schule hierfür benötigen würde, lässt sich nicht berechnen.
e) Die 15 Musiker würden auch 30 Minuten für das Musikstück benötigen.
f) Die Zuordnung *Dicke der Ordner → Anzahl der Ordner* ist antiproportional, da bei einer Verdopplung der Dicke eines Ordners die Anzahl der Ordner halbiert wird. Der Dreisatz für antiproportionale Zuordnungen lässt sich also anwenden.
Die Zuordnung *Anzahl der Mathematikbücher → Gesamtgewicht der Mathematikbücher* ist proportional, da sich bei einer Verdopplung der Anzahl der Mathematikbücher das Gesamtgewicht auch verdoppelt. Der Dreisatz für proportionale Zuordnungen lässt sich also anwenden.

6 a) Da die Wertepaare produktgleich sind ($1 \cdot 48 = 2 \cdot 24 = 3 \cdot 16 = 4 \cdot 12 = 6 \cdot 8 = 8 \cdot 6$), kann diese Zuordnung antiproportional sein.
b) Die Wertepaare sind hingegen nicht produktgleich ($2 \cdot 2{,}5 = 5$ und $20 \cdot 0{,}3 = 6$), die Zuordnung kann also nicht antiproportional sein.
c) Individuelle Lösung.

Seite 90

7 a) Ein Strauß mit 15 (20; 25; 30) Rosen kostet 18,75 € (25,00 €; 31,25 €; 37,50 €). Die Zuordnung *Anzahl der Rosen → Preis des Straußes* ist proportional.
b) Wenn sich 15 (20; 25; 30) Personen zu gleichen Teilen an den Kosten beteiligen, muss jeder 2,00 € (1,50 €; 1,20 €; 1,00 €) bezahlen. Die Zuordnung *Anzahl der Personen → Kosten pro Person* ist antiproportional.

8 Individuelle Lösung.

9 Individuelle Lösung.

10 a) 4 Tage b) 48 km c) $y = \frac{336}{x}$

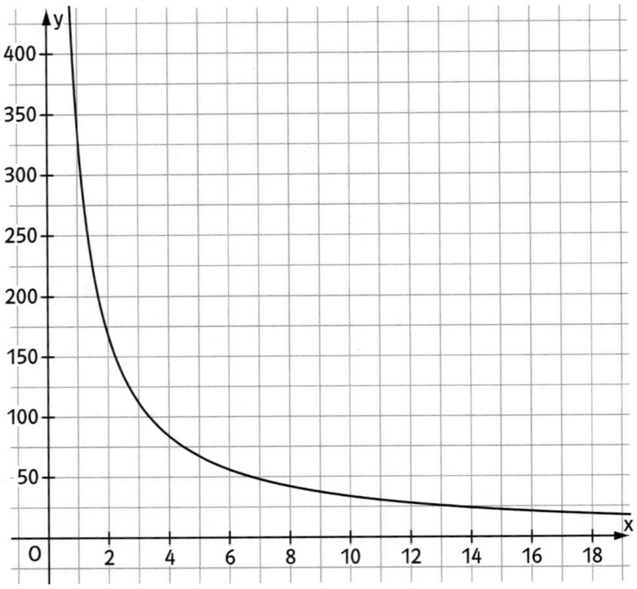

Seite 91

11 a) Als Quotient $\frac{y}{x}$ erhält man stets 1,4. Daher ist die Zuordnung proportional mit $y = 1{,}4x$.
b) Die Zuordnung kann weder proportional noch antiproportional sein, denn die Quotienten $\frac{y}{x}$ sind nicht gleich (z. B. $\frac{4}{1} = 4$ und $\frac{5}{2} = 2{,}5$) und die Produkte $x \cdot y$ sind ebenfalls nicht alle gleich (z. B. $1 \cdot 4 = 4$ und $2 \cdot 5 = 10$).
c) Die Zuordnung ist antiproportional, da die Produkte $x \cdot y$ stets gleich sind. Die zugehörige Gleichung lautet: $y = \frac{180}{x}$.
d) Die Zuordnung kann weder proportional noch antiproportional sein, denn die Quotienten $\frac{y}{x}$ sind nicht gleich (z. B. $\frac{7}{1} = 7$ und $\frac{10}{2} = 5$) und die Produkte $x \cdot y$ sind ebenfalls nicht alle gleich (z. B. $1 \cdot 7 = 7$ und $2 \cdot 10 = 20$).

12 a)

Benzinpreis in € pro l	0,9	0,95	1	1,05	1,1	1,15
Tankmenge in l	27,78	26,32	25,00	23,81	22,73	21,74

Benzinpreis in € pro l	1,2	1,25	1,3	1,35	1,4	1,45
Tankmenge in l	20,83	20,00	19,23	18,52	17,86	17,24

Benzinpreis in € pro l	1,5	1,55	1,6	1,65
Tankmenge in l	16,67	16,13	15,63	15,15

b) Ja, denn das Produkt aus Preis und Tankmenge ergibt stets 25 €. Die zugehörige Gleichung lautet: $y = \frac{25}{x}$

13 a) und b)

1. Wert	1	1,5	2	3	4	6	8	12
2. Wert	5,7	3,84	2,85	1,9	1,425	0,95	0,7125	0,475

Kleinere Abweichungen in der Lösung sind möglich, da die Werte nicht ganz exakt der Grafik entnommen werden können.

14 a) Roter Graph: A(1 | 4,2), also $y = \frac{4{,}2}{x}$
Blauer Graph: B(1 | 3,2), also $y = \frac{3{,}2}{x}$
Grüner Graph: C(1 | 2), also $y = \frac{2}{x}$
b) Roter Graph:

x	1	2	3	4	5	6
y	4,2	2,1	1,4	1,05	0,84	0,7

Dies entspricht ungefähr den Werten in der Grafik. Der rote Graph könnte also zu einer antiproportionalen Zuordnung gehören.
Blauer Graph:

x	1	2	3	4	5	6
y	3,2	1,6	1,07	0,8	0,64	0,53

Dies entspricht ungefähr den Werten in der Grafik. Der blaue Graph könnte also zu einer antiproportionalen Zuordnung gehören.
Grüner Graph:

x	1	2	3	4	5	6
y	2	1	0,67	0,5	0,4	0,33

Dies entspricht ungefähr den Werten in der Grafik. Der grüne Graph könnte also zu einer antiproportionalen Zuordnung gehören.

15 a) $y = \frac{2{,}4}{x}$
b)

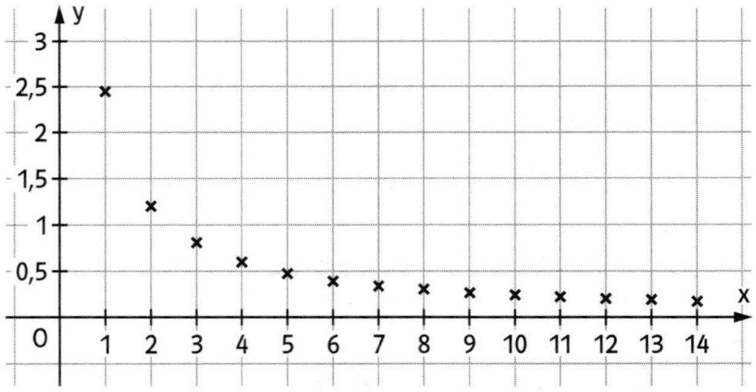

Es ist nicht sinnvoll, die Punkte zu verbinden, denn die Anzah der Stücke, d. h., die x-Werte können nur natürliche Zahlen sein. Daher ist es nicht sinnvoll, z. B. den Wert für x = 1,5 zu berechnen und einzuzeichnen.

16 a) Bei 348 Personen reicht der Vorrat noch für 12 Tage. Bei 426 Personen reicht er dann für nicht ganz 10 Tage.

b) Bei 12 restlichen Tagen könnte man 348 Personen versorgen. Bei 8 restlichen Tagen reicht der Vorrat für 522 Personen. Man könnte also 174 Personen an Bord nehmen.

5 Lineare Zuordnungen

Seite 94

1 a) Die Zuordnung *Sandmenge (in m³) → Kosten* ist linear, weil die Kosten immer um 60 € zunehmen, wenn die Sandmenge um $1\,m^3$ zunimmt.
b) Wenn Familie Kern $8\,m^3$ ($22\,m^3$) Sand bestellt, muss sie 570 € (1410 €) bezahlen.
c) Die Kosten k (in €) lassen sich mit der Sandmenge s (in m^3) mit der Formel $k = 60 \cdot s + 90$ berechnen.
d) Würde das Unternehmen mit einer proportionalen Zuordnung rechnen, so würde es bei kleinen Lieferungen wegen der Anfahrtskosten einen Verlust machen. Mit der Formel aus c) erkennt man, dass das Unternehmen bei einer Lieferung 90 € für die Anfahrt berechnet.

2 a) Die Zuordnung *Zeit t → Füllhöhe h* ist linear, weil die Füllhöhe pro Sekunde immer um 1,4 cm sinkt.
b)

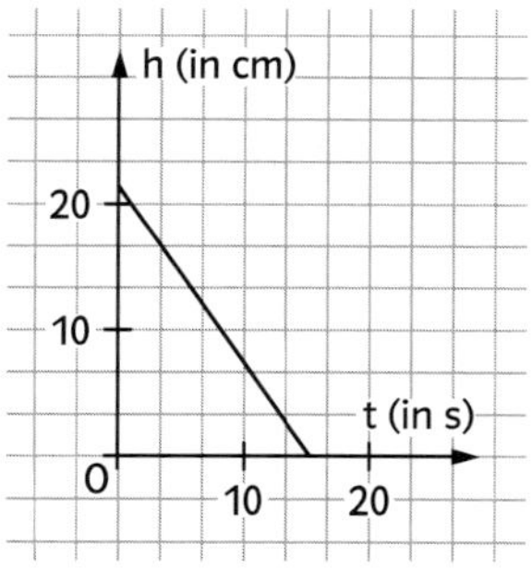

c) $h = -1{,}4 \cdot t + 22$

3 a) In den Gefäßen (1) und (2) steht das Wasser zu Beginn der Messung 2 cm hoch.
b) In Gefäß (3) steigt das Wasser 1 cm pro Sekunde.
c) In Gefäß (4) ist zu Beginn der Messung kein Wasser vorhanden.
d) In Gefäß (2) steigt das Wasser um 2 cm pro Sekunde.
e) In Gefäß (4) steigt Wasser am schnellsten, in Gefäß (3) am langsamsten.

f)

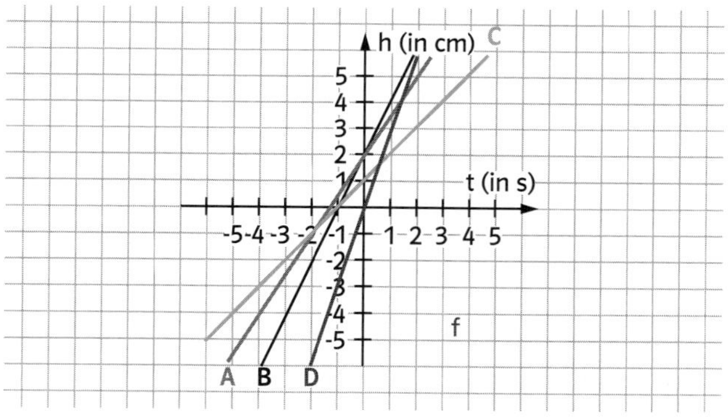

4 Die Zuordnungen b) und f) sind proportional.

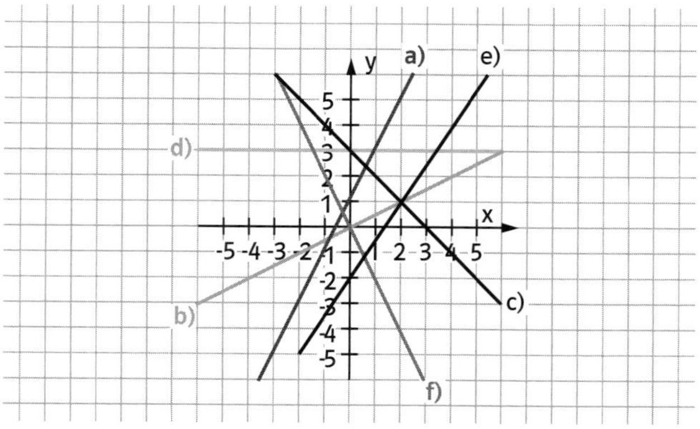

5 a) Bei den Zuordnungen b) und c) nehmen die y-Werte für wachsende x-Werte zu.
b) Bei den Zuordnungen d) und e) nehmen die y-Werte für wachsende x-Werte ab.
c) Bei den Zuordnungen a) und f) sind die y-Werte konstant.
d) Die Zuordnungen a), b) und d) haben für $x = 0$ einen positiven y-Wert.

6 a) $y = -x$ b) $y = \frac{1}{2}x - 2$ c) $y = 2x + 3$
d) $y = -5 \cdot x$ e) $y = -\frac{1}{2} \cdot x - 1$ f) $y = -5$

Seite 95

7 a) $-2 \cdot 5 + 1 = -9$; der Punkt $P(5\,|\,-9)$ liegt also auf dem Graphen.
$-2 \cdot (-3) + 1 = 7$; der Punkt $Q(-3\,|\,6)$ liegt also nicht auf dem Graphen.
$-2 \cdot \frac{3}{4} + 1 = -\frac{1}{2}$; der Punkt $R\left(\frac{3}{4}\,\middle|\,-\frac{1}{2}\right)$ liegt also auf dem Graphen.
$-2 \cdot 2{,}5 + 1 = -4$; der Punkt $S(2{,}5\,|\,-3{,}5)$ liegt also nicht auf dem Graphen.

b)

x	−2	−1	0	1	2	3
y	−1	1	3	5	7	9

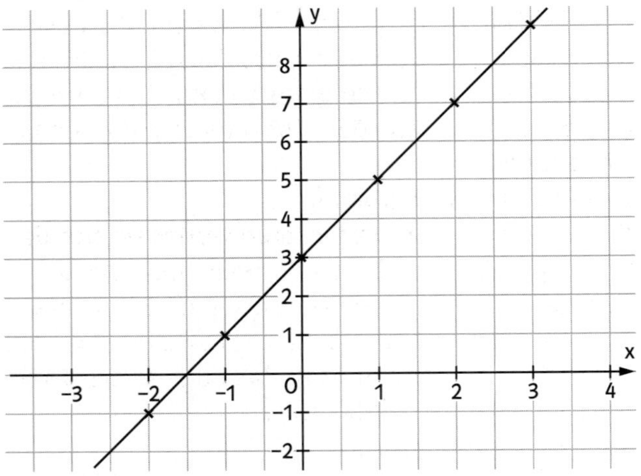

8 a) Ja, denn die Zunahme des Preises pro km ist jeweils gleich.

b) Angebot A: $y = 50 + 0{,}4x$

Angebot B: $y = 70 + 0{,}3x$

c)

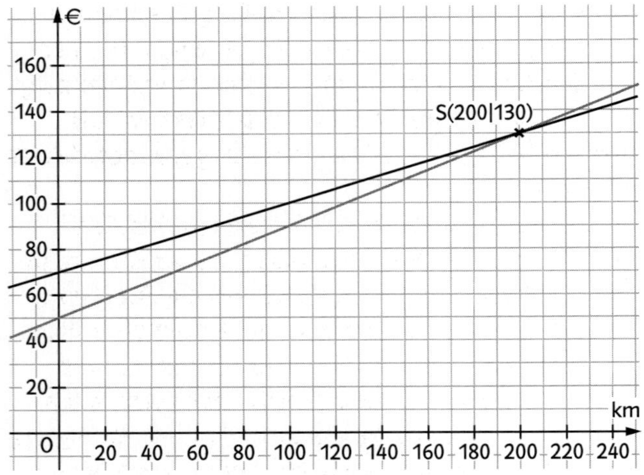

d) Die Graphen schneiden sich in S(200/130). Also ist für 200 gefahrene km der Preis bei beiden Angeboten gleich. Bei mehr als 200 km ist Angebot B günstiger als A.

9

a) und b)

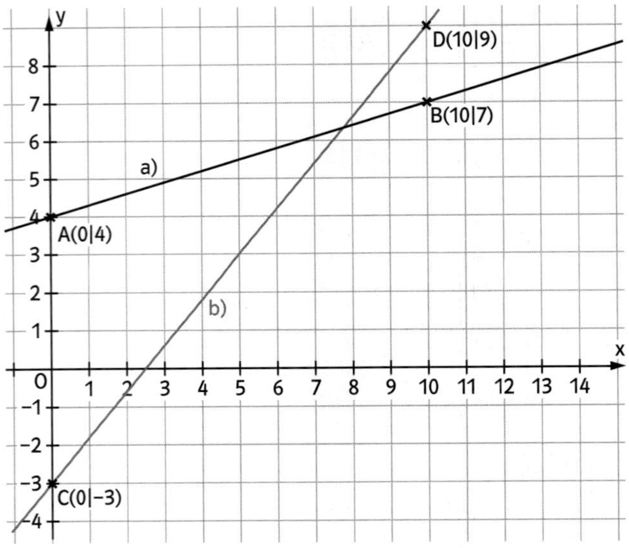

c) und d)

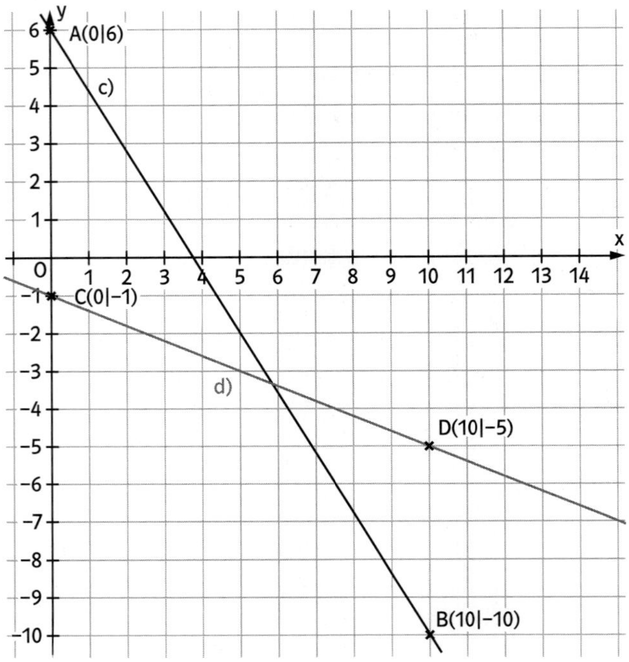

10 a) und b)

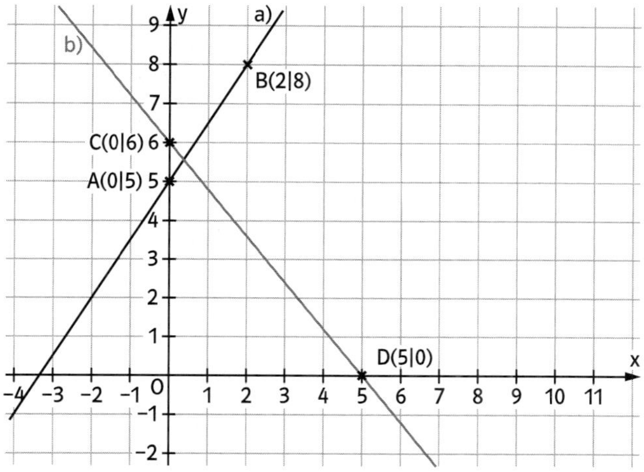

c) und d)

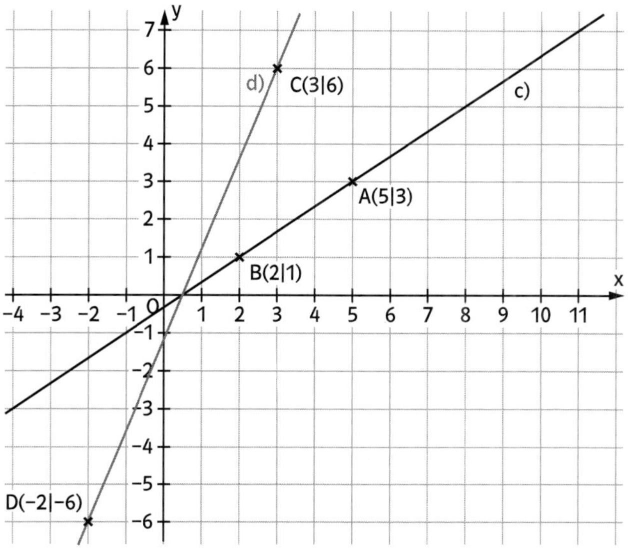

e) und f)

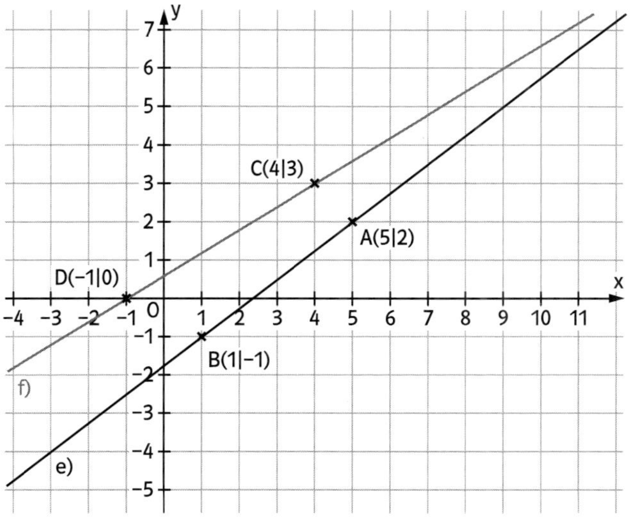

Seite 96

11 a) Keine lineare Zuordnung
Die ersten fünf Wertepaare könnten zwar zu einer linearen Zuordnung gehören, denn der y-Wert erhöht sich um eine Einheit, wenn der x-Wert sich um eine Einheit erhöht. Allerdings stimmt dies nicht für das letzte Wertepaar. Der y-Wert müsste dort dann 21 betragen.
b) Keine lineare Zuordnung.
Bei den ersten vier Wertepaaren verringert sich der y-Wert jeweils um 3 Einheiten, wenn man den x-Wert um eine Einheit erhöht bzw. um 1,5 Einheiten, wenn man den x-Wert um eine halbe Einheit erhöht. Allerdings müsste dann bei dem letzten Wertepaar der y-Wert −14 betragen.
c) Lineare Zuordnung
Wenn man den x-Wert um 0,2 Einheiten erhöht verringert sich der y-Wert um 200 Einheiten. Entsprechend erhöht sich der y-Wert um 200 Einheiten, wenn man den x-Wert um 0,2 Einheiten verkleinert.

12 a) Die Zuordnung ist proportional, also auch linear. Die gefahrene Strecke nimmt bei jeder Umdrehung des Rades um den Umfang des Rades zu. Es können allerdings kleine Ungenauigkeiten bei der Zuordnung sein, denn der Kilometerzähler zeigt die gefahrene Strecke nicht ganz exakt an, z. B. werden bei digitalen Anzeigen nur gerundete Werte angezeigt.
b) Man weiß nicht, ob die Kosten pro Besucher um den gleichen Preis ansteigen, daher kann man keine Aussage darüber machen, ob die Zuordnung linear ist. Vermutlich werden die Kosten aber nicht linear steigen, sondern bis zu einer bestimmten Zahl von Besuchern etwa gleich hoch bleiben, da die Kosten für Heizung, Personal, Wasser, Reinigung etc. nicht unbedingt wachsen, wenn einige Besucher mehr im Schwimmbad sind.
c) Die Zuordnung ist vermutlich nicht linear, denn die Geschwindigkeit des Zuges muss nicht konstant sein. Der Zug hält auch an anderen Bahnhöfen und fährt auf verschiedenen Streckenabschnitten mit unterschiedlicher Geschwindigkeit.

13 a)

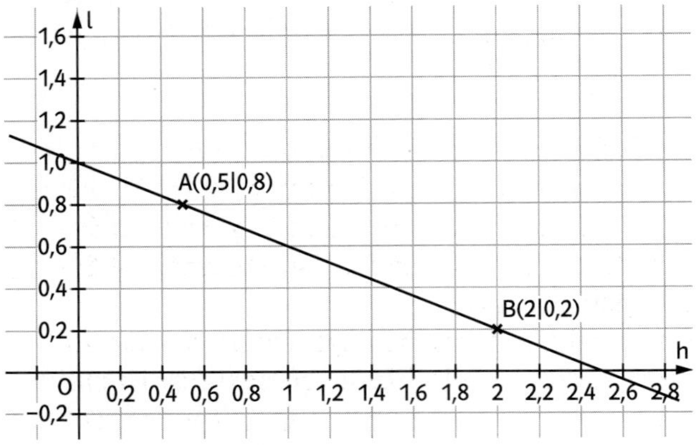

b) Zu Beginn war etwa 1 Liter in der Flasche.
Die Flasche wird nach etwa 2,5 Stunden leer sein.
c) Pro Stunde nimmt der Inhalt etwa um 0,4 Liter ab.
d) $y = -0{,}4x + 1$

14 a) Siehe Teilaufgabe c).
b) Nach 1,5 Stunden ist Freddy Friedlich 135 km gefahren, nach $2\frac{1}{4}$ Stunden etwas mehr als 200 km (202,5 km).
c)

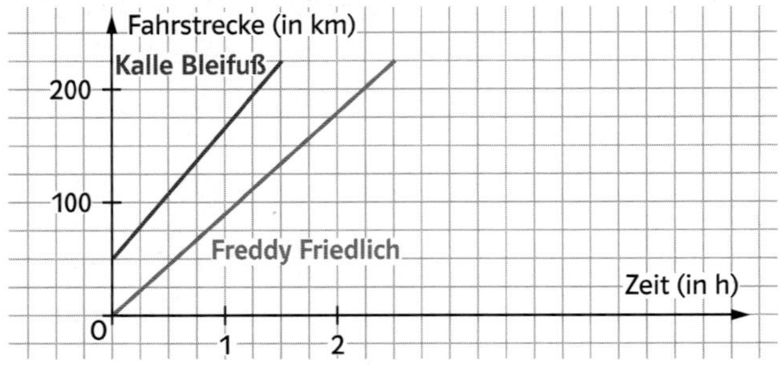

d) Die Gerade von Kalle Bleifuß steigt schneller an; pro Stunde legt er mehr Kilometer als Freddy Friedlich zurück (Freddy: 90 km/h; Kalle: 196,7 km/h).

15 a) 30 m Kabel wiegen 5,1 kg (9,5 − 4,4 = 5,1). Somit wiegen 10 m Kabel 1,7 kg und 20 m entsprechend 3,4 kg. 20 m Kabel mit Trommel wiegen 4,4 kg, somit wiegt die Trommel mit dem Stecker etwa 1 kg.
b) Da 10 m Kabel 1,7 kg wiegen, wiegt 1 m Kabel entsprechend 0,17 kg = 170 g.

16 a) 10,4 b) 2,43 c) $\frac{9}{5} = 1{,}8$ d) 4

17 Bei fehlenden Klammern muss man von links nach rechts rechnen.

a) 4	b) 12,5	c) 15
d) 2,5	e) 1,5	f) 160 €

Wiederholen – Vertiefen – Vernetzen

Seite 97

1 Der Holzbestand beträgt nach 25, 41, 51 und 53 Jahren 300 m³;
der Holzbestand beträgt nach 50, 63, 76 und 84 Jahren 400 m³;
der Holzbestand beträgt nach 24, 26, 38 und 52 Jahren 275 m³.
b) Das erste Mal wurde der Wald nach 25 Jahren durchforstet, das zweite Mal nach 50 Jahren und das dritte Mal nach 75 Jahren. Insgesamt wurden bei den Durchforstungen etwa 400 m³ Holz geschlagen.

2 a) Im Jahre 1800 werden vermutlich 900 Millionen Menschen auf der Erde gelebt haben.
b)

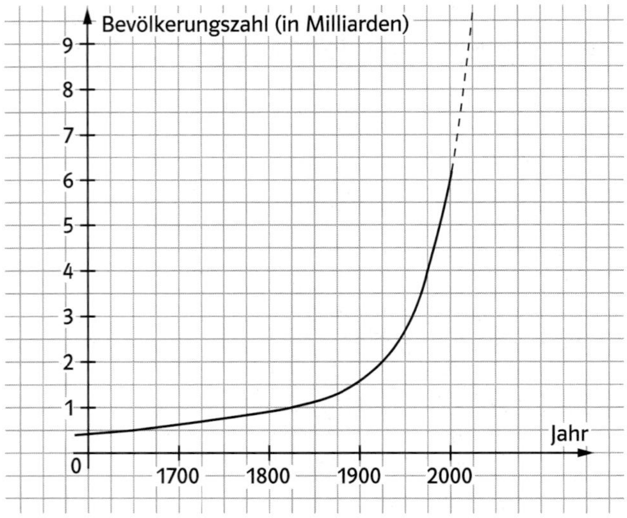

Am Graphen erkennt man, dass die Weltbevölkerung bei etwa gleich bleibendem Verlauf bis zum Jahr 2050 auf sicher 9,3 Milliarden anwachsen kann.

3 Da das Auto in der Kurve abbremsen wird, gehört der dritte Graph zur Zuordnung
Zeit t → Geschwindigkeit v.

4 a) Da keine weiteren Angaben gemacht werden, kann für die Zuordnung *Uhrzeit → Temperatur* keine Gesetzmäßigkeit angegeben werden.
b) Die Zuordnung Anzahl von *Brötchen → Preis* ist proportional.
c) Für die Zuordnung *Alter eines Kindes → Körpergröße* gilt: Je älter das Kind ist, desto größer ist es in der Regel. Allerdings ist die Zuordnung nicht proportional.
d) Die Zuordnung *Anzahl der Arbeiter → Arbeitszeit* ist in den meisten Fällen antiproportional.

5 a)

Zeit (in h)	0	1	2	3	4	5	6
Höhe (in m)	0	2,5	5	4	3	5,5	8

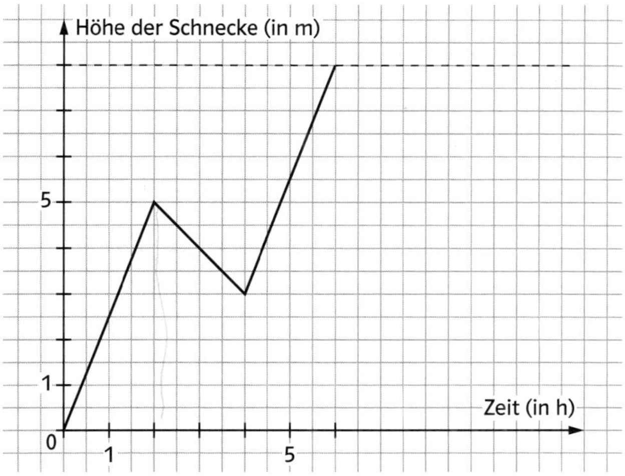

b) Die Schnecke ist nach 6 h oben angekommen.
c) Nach 1,6 h = 1 h 36 min, nach 3 h und schließlich nach 4,4 h = 4 h 24 min befindet sich die Schnecke in einer Höhe von 4 m, der Hälfte der Gesamthöhe.

6

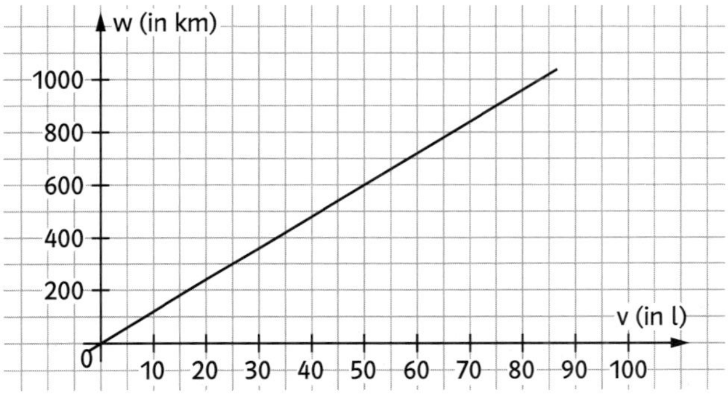

Mögliche Wertepaare:
(5 | 60); (10 | 120); (20 | 240); (30 | 360); (40 | 480)
Wenn Herr Wassenberg energiesparender fährt, müsste die Gerade etwas weniger stark ansteigen.

Seite 98

7 a) Die Zuordnung *Teegewicht → Anzahl der Teebeutel* ist antiproportional, da bei einer Verdopplung des Teegewichtes die Anzahl der Teebeutel halbiert wird. Der Dreisatz für antiproportionale Zuordnungen lässt sich also anwenden.
b) Die Zuordnung *Anzahl der Schüler → Zeit zum Lösen einer Mathematikaufgabe* ist weder proportional noch antiproportional. Wäre die Zuordnung proportional, so müssten doppelt so viele Schüler auch doppelt so lange für die Bearbeitung der Aufgabe benötigen. Wäre die Zuordnung antiproportional, so müssten doppelt so viele Schüler die Aufgabe in der Hälfte der Zeit bearbeiten können. Dies gelingt aber nur bei einer sehr guten Arbeitsteilung, was bei 20 Schülern kaum möglich sein wird.
c) Die Zuordnung *Dieselmenge → Preis* ist proportional. Für die doppelte Dieselmenge muss man auch den doppelten Preis bezahlen. 20 Liter kosten 26,67 €

8 Stefan betrachtet die Zuordnung *Personenanzahl → Pilzmenge (in kg)*. Er nimmt Proportionalität an und erhält ausgehend von 1,6 kg bei zwei Suchenden 0,8 kg je Person, bei insgesamt fünf Suchenden also 4 kg.
Die Annahme ist nur bedingt richtig, weil die zur Verfügung stehende Pilzmenge begrenzt ist und nicht mit der Anzahl von Pilzsuchern anwächst. Der erfolgt beim Pilze-Suchen hängt in erster Linie von anderen Einflussgrößen ab: Witterung, Konkurrenzsituation (Ist bereits abgeerntet?), …

Tom betrachtet die Zuordnung *Personenanzahl → Zeitdauer, um 1,6 kg Pilze zu finden (in h)* und nimmt Antiproportionalität an. Die Annahme ist aus den genannten Gründen ebenso unrealistisch wie Stefans Annahme.

9 a) (1): proportional, (2): lineare Zuordnung, (3): antiproportionale Zuordnung, (4): kein Zuordnungstyp (scheinbar antiproportional, aber (4 | 8) passt nicht)
b)

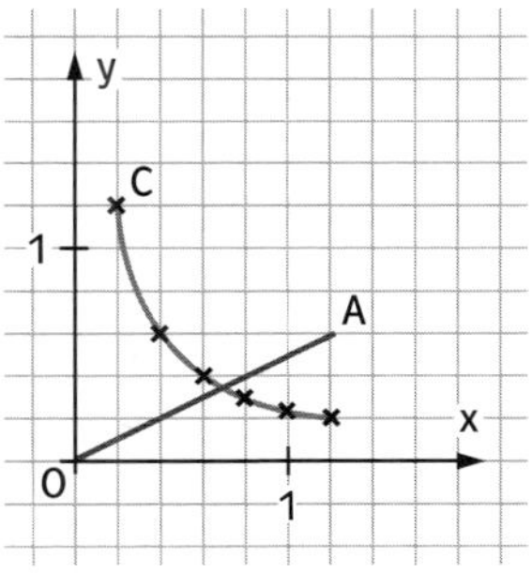

10 a) Es handelt sich um lineare Zuordnungen.
b) F_1: $h = 2 \cdot t + 1000$; F_2: $h = 3 \cdot t + 1000$;
F_3: $h = -4{,}5 \cdot t + 5000$.
c)

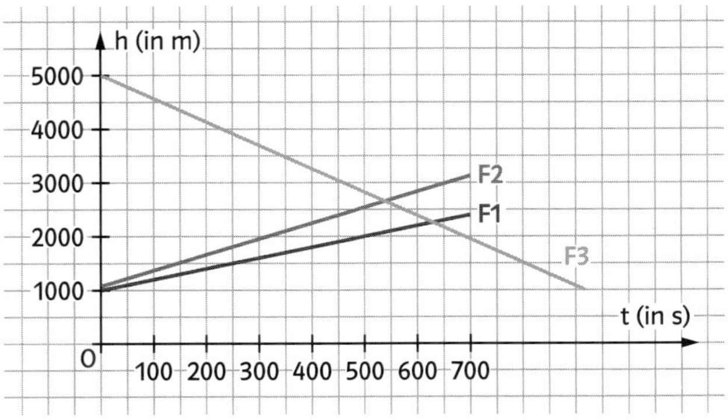

Die Flugzeuge F1 und F3 haben nach etwa 615 s die gleiche Höhe, die Flugzeuge F2 und F3 nach etwa 530 s.

11 a) Die drei Graphen gehören zu einer linearen Zuordnung. Wird der x-Wert um eine Einheit erhöht, so nimmt der y-Wert jeweils um zwei Einheiten zu. Die Graphen unterscheiden sich, weil die Achsen unterschiedlich beschriftet wurden.
b) Der erste Graph stellt die Zuordnung am besten dar. Beim zweiten Graphen ist nur ein kleiner Teil der Gerade abgebildet, beim dritten Graphen wurde die Skalierung auf der y-Achse zu groß gewählt.
c) Individuelle Lösung.

Seite 99

12 a) $y = 3x - 1$ b) $y = \frac{1}{2}x + 2$ c) $y = \frac{2}{3}x + 1$
d) $y = -3x - 6$ e) $y = -\frac{1}{2}x - 3$ f) $y = 0$

13 Der Punkt $P(3\,|\,-5)$ liegt auf den Graphen von b) und c).

14 Individuelle Lösung.

15 a) Da sich die Fahrtkosten pro gefahrenen km immer um 2,50 € erhöhen, ist die Zuordnung *Fahrtstrecke → Fahrkosten* linear.
b) Eine Fahrt von 12 km Länge würde 32 € kosten.
c) Für 22 € könnte man 8 km weit fahren.
d) Individuelle Lösung.

16 a) Das Gefäß wird nach etwa 21,4 min überlaufen.
b) Wenn aus dem Wasserhahn die dreifache Wassermenge in gleicher Zeit tropft, würde das Gefäß nach 7,1 min überlaufen.
Das Gefäß würde nach 10,7 min überlaufen, wenn eine Seite halb so lang ist, und es würde nach 5,35 min überlaufen, wenn beide Seiten halb so lang sind.
c) Es wird sich vermutlich um eine proportionale Zuordnung handeln. Die Gerade geht durch den Ursprung und wurde „nach Augenmaß“ so gewählt, dass sich die Abweichungen der Punkte nach oben und unten möglichst gut ausgleichen. Da der Punkt $P(20\,|\,37)$ weit von der Geraden entfernt liegt, kann man annehmen, dass Lilian hier falsch gemessen hat. Nach 20 Minuten stand das Wasser vermutlich etwa 21,5 cm hoch.
d)

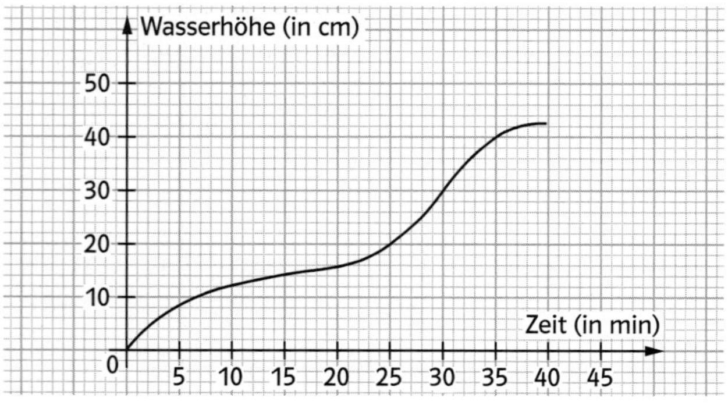

Exkursion: Ausgleichsgeraden

Seite 100

1. Gummiband
Graph:

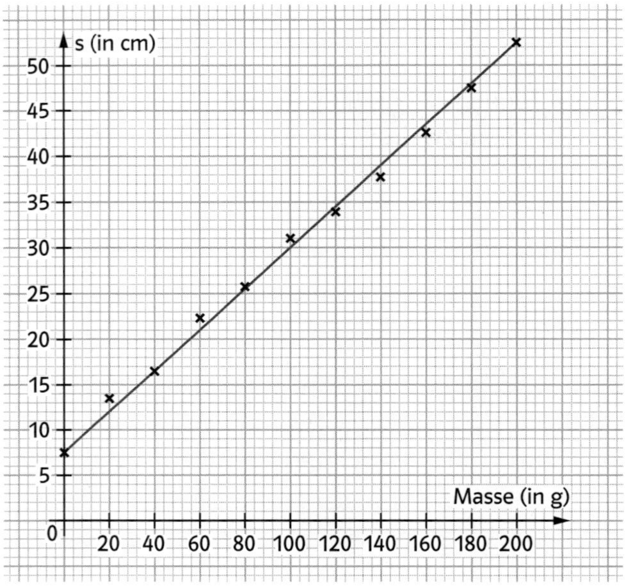

Wertetabelle:

Massen (in g)	0	20	40	60	80	100
Strecke s (in cm)	7,5	13,8	16,5	22,4	25,7	31,2

Massen (in g)	120	140	160	180	200
Strecke s (in cm)	33,9	37,8	42,5	47,5	52,0

2. Gummiband
Graph:

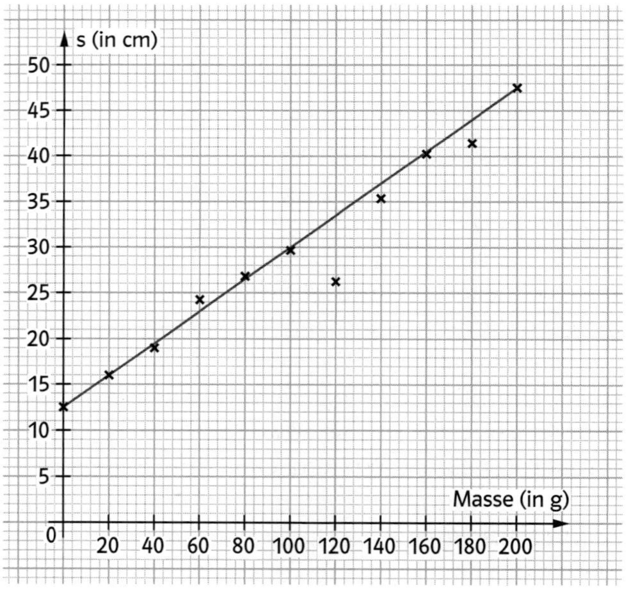

Der Wert (120 | 26,1) wurde für die Ausgleichsgerade nicht berücksichtigt.

Wertetabelle:

Massen (in g)	0	20	40	60	80	100
Strecke s (in cm)	12,5	16,0	19,0	24,1	26,5	29,7

Massen (in g)	120	140	160	180	200
Strecke s (in cm)	26,1	35,1	40,1	41,4	45,0

Aus den Wertetabellen und den Graphen lässt sich entnehmen, dass das erste Gummiband kürzer ist als das zweite Gummiband und dass es sich gegenüber dem zweiten Gummiband leichter dehnen lässt.

Seite 101

Kresse

Zeit (in Tagen)	0	3	4	5	6	7	8	9
Höhe der Blume (in cm)	0	1,6	2	2,6	3,2	3,7	4,0	4,6

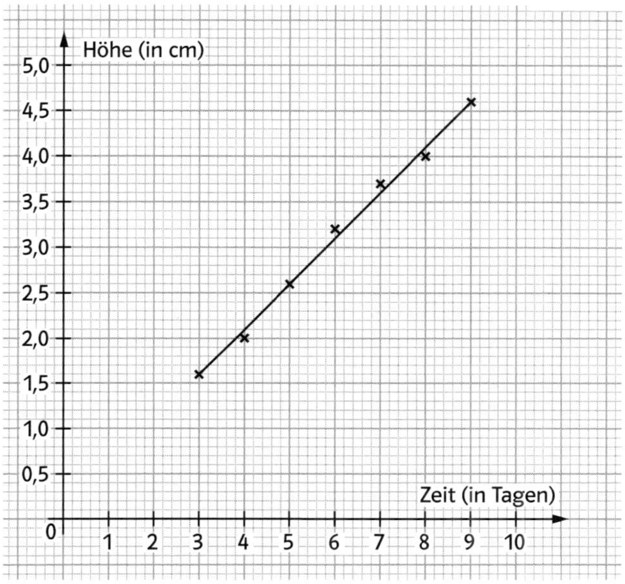

Für den Messraum kann man näherungsweise von einer linearen Zuordnung ausgehen. Wenn man annimmt, dass die Zuordnung auch für den Zeitraum 3. Tag bis 9. Tag gilt, erhält man mithilfe des Graphen für den dritten Tag die Höhe 1,6 cm und für den neunten Tag die Höhe 4,6 cm.
Die Kresse kann allerdings nicht beliebig hoch wachsen. Aus diesem Grund ist der Zeitraum, in der man eine lineare Zuordnung annimmt, begrenzt.

Filmanalyse: Auto

Wertetabelle:

Zeit (in s)	0	0,5	1	1,5	2
Zurückgelegter Weg auf Foto (in cm)	0	0,6	1,3	2,3	3,4
Weg (in m)	0	1,2	2,6	4,6	6,8

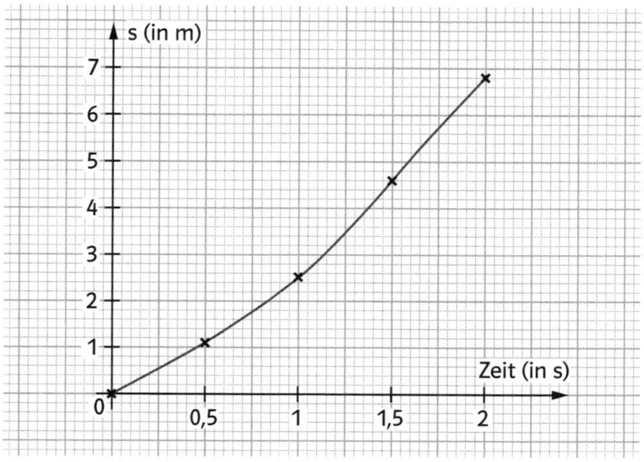

Filmanalyse: Läufer

Wertetabelle:

Zeit (in s)	0	0,5	1	1,5	2
Zurückgelegter Weg auf Foto (in cm)	0,1	1,1	1,8	2,5	3,3
Weg (in m)	0,2	2,2	3,6	5,0	6,6

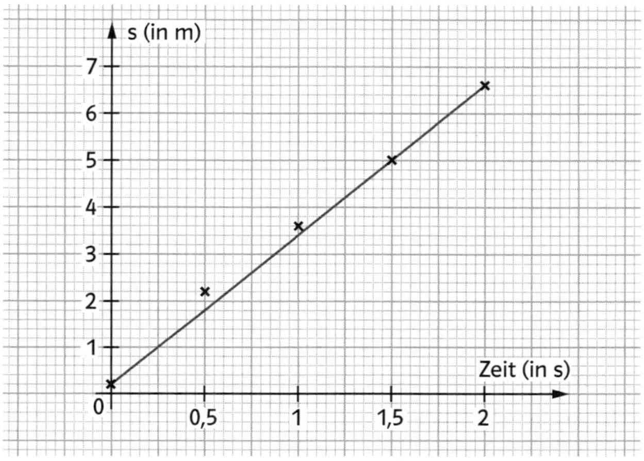

Da der zum Fahrzeug gehörende Graph nicht auf einer Geraden liegt, erkennt man, dass das es nicht mit konstanter Geschwindigkeit gefahren wurde. Während der Messzeit wurde das Fahrzeug leicht beschleunigt. Der Graph des Läufers liegt hingegen annähernd auf einer Gerade, er lief also mit einer konstanten Geschwindigkeit.
Gegen Ende der Messzeit war das Fahrzeug schneller als der Läufer (der Graph des Autos verläuft etwas steiler als der des Läufers).
Die Geschwindigkeit gibt an, welche Strecke pro Zeiteinheit zurückgelegt wird. Dies lässt sich beim Läufer mithilfe der Ausgleichsgeraden bestimmen. In 2 Sekunden legte der Läufer etwa 6,5 m (Wert der Ausgleichsgerade) zurück. Als Geschwindigkeit erhält man:

$v = \frac{s}{t} = \frac{6{,}5\,m}{2\,s} = 3{,}25\,\frac{m}{s}$.

IV Terme und Gleichungen

Lösungshinweise Kapitel IV – Erkundungen

Seite 106

1. Rechengesetze erkunden und anwenden

Bei den einzelnen Aufgaben der drei Karten ist die Anwendung folgender Gesetze hilfreich (Kommutativgesetz – K, Assoziativgesetz – A, Distributivgesetz – D):

Karte 1:

1) K – Lösung: 530	2) D – Lösung: 200
3) K – Lösung: 48900	4) K, D – Lösung: 2200

Karte 2:

1) A – Lösung: 213,5	2) K – Lösung: 1
3) K; D – Lösung: 351	4) K – Lösung: 400

Karte 3:

1) D – Lösung: 40	2) K, A – Lösung: 150
3) D – Lösung: 1	4) K, A – Lösung: 137

Das Kommutativgesetz gilt für die Addition und die Multiplikation, aber nicht nicht für die Subtraktion und Division.
Das Assoziativgesetz gilt ebenfalls nur für die Addition und die Multiplikation.
Die Regeln für das Distributivgesetz können explizit notiert werden.
Beim Einsatz des Taschenrechners könnte man Tastenfolgen notieren lassen. Für die Karten 2 und 3 könnten diese wie folgt aussehen (die abgebildete Symbolfolge soll die Tastenfolge darstellen).

Karte 2:
1) 5 + 2 = : 7 + 212 + 0,5 =
2) 3 : 3 · 9 : 9 · 5 : 5 · 7 : 7 =
3) 13,2 + 12 + 1,8 = · 13
4) 555 – 47 – 45 – 63

Karte 3:
1) 2,25 + 7,5 = · 4 =
2) 2,5 · 1,2 · 10 · 5
3) 7 : 14 + 4,5 · 7 : 63 =
4) 77 – 13 + 4 + 63 + 6 =

Seite 107

2. Knackt die Box

Forschungsauftrag 1: Boxen füllen
Durch Ausprobieren kann man ermitteln, dass in den blauen Boxen jeweils 2 Hölzchen liegen müssen. Um weitere Boxen zu füllen, kann man so vorgehen, dass die Boxen in gewünschter Anzahl zunächst leer aufgestellt werden, um sie dann anschließend mit Hölzchen zu füllen bzw. abschließend fehlende Hölzchen auf den beiden Seiten des Gleichheitszeichens zu ergänzen.

Forschungsauftrag 2: Boxen und Gleichungen
(1) $3 \cdot h = 3 + 2 \cdot h$
oder $h + h + h = 2 + h + 1 + h$
(2) $2 + h + 5 = h + 3 + 2 \cdot h$
oder $h + 7 = 3 \cdot h + 3$
(3) $4 \cdot h = 2 \cdot h + 6$
oder $2 \cdot h + h + h = h + 3 + h + 3$
(4) $2 \cdot h + 7 = 3 \cdot h + 1$
oder $h + 7 + h = 2 \cdot h + 1 + h$
Begründungen:
Durch Abzählen der einzelnen Boxen- und Hölzchenanzahlen kann man die Gleichungen leicht zuordnen.
Ergebnisse:
(1) 3 Hölzchen pro Box
(2) 2 Hölzchen pro Box
(3) 3 Hölzchen pro Box
(4) 6 Hölzchen pro Box
Bei der Situation im Forschungsauftrag 1 muss die Gleichung dann $2h + 5 = 3h + 3$ lauten.

Forschungsauftrag 3: Boxenfolgen legen
Die Ausgangssituation wird nochmals dargestellt. Im 1. Schritt wird auf beiden Seiten des Gleichheitszeichens jeweils ein Hölzchen entfernt. Im 2. Schritt wird auf beiden Seiten des Gleichheitszeichens jeweils eine Box entfernt. Man kann diese Handlungen jeweils durchführen, weil man auf beiden Seiten des Gleichheitszeichens das gleiche durchführt – an der Gleichheit ändert sich nichts. Im 2. Schritt ist daher gleichzeitig das Ergebnis angegeben.

Boxenfolge für den Forschungsauftrag 1:

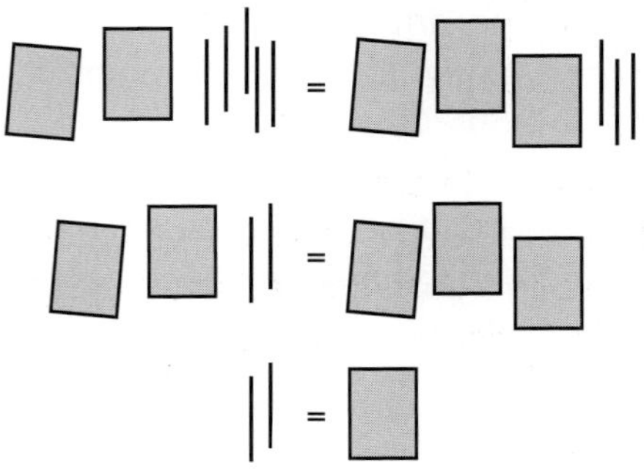

Also sind in einer Box 2 Hölzchen.

Boxenfolge für den Forschungsauftrag 2:
(1)

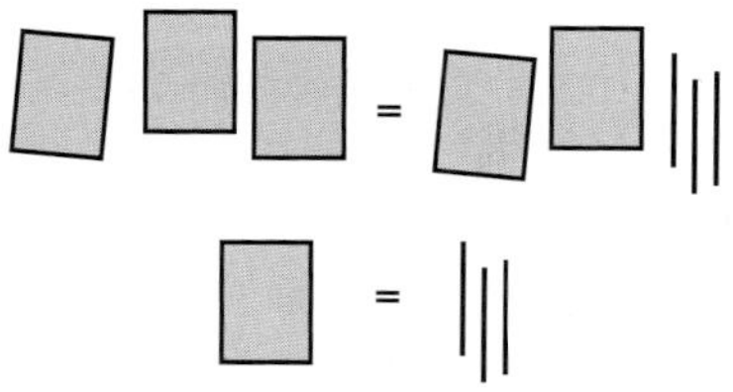

Also sind in einer Box 3 Hölzchen.
(2)

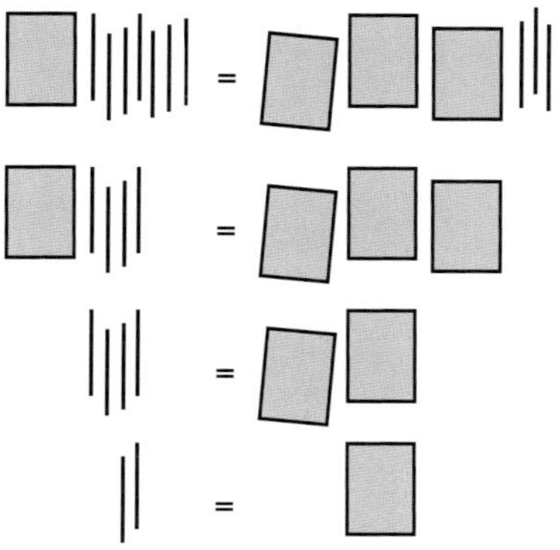

Also sind in einer Box 2 Hölzchen.
(3)

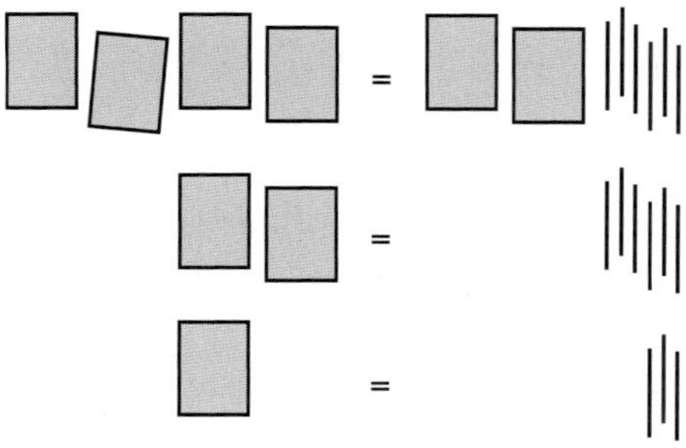

Also sind in einer Box 3 Hölzchen.
(4)

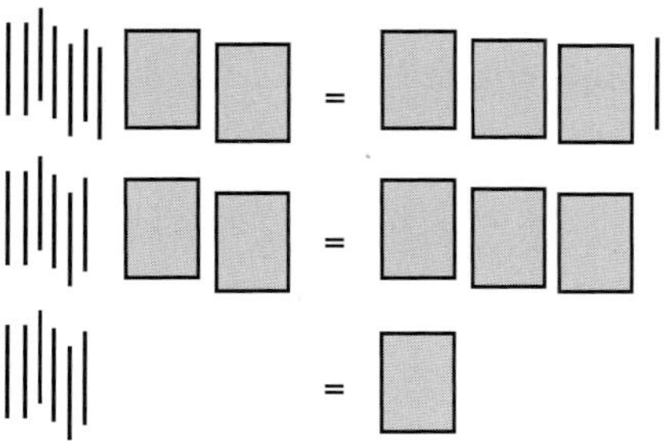

Also sind in einer Box 6 Hölzchen.
Wenn man die Idee der Boxenfolgen auf Gleichungen überträgt, ergeben sich folgende Gleichungsfolgen, indem man die Bilder einfach in Gleichungen überführt:

Forschungsauftrag 3:

$2h + 1 = h + 5$ (Ausgangssituation)
$2h = h + 4$ (1. Schritt)
$h = 4$ (2. Schritt)

Forschungsauftrag 1:

$2h + 5 = 3h + 3$
$2h + 2 = 3h$
$2 = h$

Forschungsauftrag 2:

(1) $3h = 2h + 3$
$h = 3$

(2) $h + 7 = 3h + 3$
$h + 4 = 3h$
$4 = 2h$
$2 = h$

(3) $4h = 2h + 6$
$2h = 6$
$h = 3$

(4) $7 + 2h = 3h + 1$
$6 + 2h = 3h$
$6 = h$

1 Rechnen mit rationalen Zahlen

Seite 110

1

a) −1
1

b) −1
2

c) −2
2

d) −126
−71

e) −84
11

f) −9
−88

2

a) 0
−24

b) −23
−5

c) −4
−1

3 a) 18 b) −5 c) 19
d) ? = 225 e) ? = −39 f) ? = −65

4

a) −84
91

b) −162
260

c) −104
−6600

d) −45
65

e) 180
−1800

5

a) −5
11
9
−5; 9; 11

b) 6
4
−4
−4; 4; 6

c) −10
−11
11
−11; −10; 11

d) −5
−5
0
−5; −5; 0

e) 4
−5
−3
−5; −3; 4

6

	Klammerregel	Ausmultiplizieren	Vergleich
a)	$4{,}2\cdot(7+3)=4{,}2\cdot 10=42$	$4{,}2\cdot(7+3)=4{,}2\cdot 7+4{,}2\cdot 3=29{,}4+12{,}6=42$	Klammerregel einfacher
b)	$12\cdot(30+5)=12\cdot 35=420$	$12\cdot(30+5)=12\cdot 30+12\cdot 5=360+60=420$	Ausmultiplizieren einfacher
c)	$12\cdot\left(\frac{7}{8}-4\right)=12\cdot\left(\frac{7}{2}-\frac{8}{2}\right)=12\cdot\left(-\frac{1}{2}\right)=-6$	$12\cdot\left(\frac{7}{2}-4\right)=12\cdot\frac{7}{2}-12\cdot 4=42-48=-6$	Gleichwertig
d)	$(60-4)\cdot 4=56\cdot 4=224$	$(60-4)\cdot 4=60\cdot 4-4\cdot 4=240-16=224$	Ausmultiplizieren einfacher
e)	$-0{,}4\cdot(20-5)=(-0{,}4)\cdot 15=-6$	$-0{,}4\cdot(20-5)=(-0{,}4)\cdot 20-(-0{,}4)\cdot 5$ $=-8+2=-6$	Ausmultiplizieren einfacher
f)	$\left(\frac{2}{3}-\frac{1}{6}\right)\cdot 4=\left(\frac{4}{6}-\frac{1}{6}\right)\cdot 4=\frac{1}{2}\cdot 4=2$	$\left(\frac{2}{3}-\frac{1}{6}\right)\cdot 4=\frac{2}{3}\cdot 4-\frac{1}{6}\cdot 4=\frac{8}{3}-\frac{2}{3}=2$	Klammerregel einfacher
g)	$1{,}2\cdot(-1{,}4-3{,}6)=1{,}2\cdot(-5)=-6$	$1{,}2\cdot(-1{,}4)-1{,}2\cdot 3{,}6=-1{,}68-4{,}32=-6$	Klammerregel einfacher
h)	$\left(0{,}005-\frac{3}{200}\right)\cdot(-200)$ $=\left(\frac{1}{200}-\frac{3}{200}\right)\cdot(-200)$ $=\left(-\frac{1}{100}\right)\cdot(-200)=2$	$\left(0{,}005-\frac{3}{200}\right)\cdot(-200)$ $=0{,}005\cdot(-200)-\frac{3}{200}\cdot(-200)$ $=-1+3=2$	Ausmultiplizieren einfacher

7

	Ausklammern	Punkt-vor-Strich-Regel	Vergleich
a)	$4{,}2\cdot 6+4{,}2\cdot 4=4{,}2\cdot(6+4)=42$	$4{,}2\cdot 6+4{,}2\cdot 4=25{,}2+16{,}8=42$	Ausklammern einfacher
b)	$15\cdot 20+8\cdot 15=15\cdot(20+8)$ $=15\cdot 28=420$	$15\cdot 20+8\cdot 15=300+120=420$	Punkt-vor-Strich einfacher
c)	$3\cdot(-1{,}2)+(-1{,}2)\cdot 2=(-1{,}2)\cdot(3+2)$ $(-1{,}2)\cdot 5=-6$	$3\cdot 2=-3{,}6-2{,}4=-6$	Gleichwertig
d)	$56\cdot 8-4\cdot 56=56\cdot(8-4)$ $=56\cdot 4=224$	$56\cdot 8-4\cdot 56=448-224=224$	Ausklammern einfacher
e)	$\frac{2}{3}\cdot(-6)-3\cdot\frac{2}{3}=\frac{2}{3}\cdot(-6-3)$ $=\frac{2}{3}\cdot(-9)=-6$	$\frac{2}{3}\cdot(-6)-3\cdot\frac{2}{3}=-4-2=-6$	Punkt-vor-Strich einfacher
f)	$(-7)\cdot 0{,}5-0{,}5\cdot(-11)$ $=0{,}5\cdot((-7)-(-11))=0{,}5\cdot 4=2$	$(-7)\cdot 0{,}5-0{,}5\cdot(-11)$ $=(-3{,}5)+5{,}5=2$	Gleichwertig
g)	$1200\cdot 0{,}3+1200\cdot 0{,}05=1200\cdot(0{,}3+0{,}05)$ $=1200\cdot 0{,}35=420$	$1200\cdot 0{,}3+1200\cdot 0{,}05=360+60=420$	Punkt-vor-Strich einfacher
h)	$1{,}2\cdot 1{,}4-1{,}2\cdot 6{,}4$ $=1{,}2\cdot(1{,}4-6{,}4)=1{,}2\cdot(-5)=-6$	$1{,}2\cdot 1{,}4-1{,}2\cdot 6{,}4=1{,}68-7{,}68=-6$	Ausklammern einfacher
i)	$-22{,}3\cdot 4{,}5+44{,}5\cdot 22{,}3=892$	$-22{,}3\cdot 4{,}5+44{,}5\cdot 22{,}3=$ $-100{,}35+992{,}35=892$	Punkt-vor-Strich einfacher

8

	Ergebnis	Benutzte Regel
a)	$4{,}7 - (1{,}7 + 4{,}7) = -1{,}7$	Minusklammerregel
	$4{,}7 - (1{,}7 - 4{,}7) = 7{,}7$	Klammerregel
	$4{,}7 - (-1{,}7 + 4{,}7) = 1{,}7$	Minusklammerregel
	$4{,}7 + (-1{,}7 - 4{,}7) = -1{,}7$	Plusklammerregel
b)	$15 \cdot 100 - 15 \cdot 4 = 1440$	Punkt-vor-Strich-Regel
	$15 \cdot 104 - 15 \cdot 4 = 1500$	Ausklammern
	$15 \cdot (-100) - 15 \cdot 4 = -1560$	Punkt-vor-Strich-Regel
	$15 \cdot (-96) + 15 \cdot (-4) = -1500$	Ausklammern
c)	$\frac{3}{4} \cdot \left(\frac{5}{7} + \frac{9}{7}\right) = \frac{3}{2}$	Klammerregel
	$\frac{6}{5} \cdot \left(\frac{5}{3} + \frac{5}{2}\right) = 5$	Ausmultiplizieren
	$\frac{3}{4} \cdot \frac{2}{7} + \frac{3}{4} \cdot \frac{5}{7} = \frac{3}{4}$	Punkt-vor-Strich-Regel
d)	$\frac{15}{14} \cdot \left(\frac{7}{10} - \frac{14}{15}\right) = -\frac{1}{4}$	Ausmultiplizieren
	$\frac{15}{14} \cdot \left(\frac{4}{11} - \frac{8}{22}\right) = 0$	2. Faktor = 0
	$\frac{3}{5} \cdot \frac{1}{9} - \frac{4}{9} \cdot \frac{3}{5} = -\frac{1}{5}$	Punkt-vor-Strich-Regel

Ordnen: a) −1,7; −1,7; 1,7; 7,7
b) −1560; −1500; 1440; 1500
c) $\frac{3}{4}$; $\frac{3}{2}$; 5
d) $-\frac{1}{4}$; $-\frac{1}{5}$; 0

9 a) Nein, da man ohne Klammer nur durch 49 dividieren und anschließend dieses Zwischenergebnis mit 56 multiplizieren würde, anstelle durch das Produkt von 49 und 56 zu dividieren.
$78 : (49 \cdot 56) = \frac{78}{2744} \approx 0{,}028$ ist ungleich dem Ergebnis $78 : 49 \cdot 56 = \frac{78}{49} \cdot 56 \approx 89$.
b) Ja, wie bei der Plusklammerregel.
c) Nein, da man ohne die Klammer die 12 nur mit 4 und nicht mit dem Ergebnis der Klammer (14) multiplizieren würde.
$12 \cdot (4 + 23 - 13) = 12 \cdot 14 = 168$ ist ungleich dem Ergebnis $12 \cdot 4 + 23 - 13 = 58$.
d) Nein, da man ohne Klammer nur die „13" subtrahieren würde und die „4 · 2" addieren und nicht subtrahieren würde.
$4 \cdot 3 - (13 + 4 \cdot 2) = 12 - 21 = -9$ ist ungleich dem Ergebnis $4 \cdot 3 - 13 + 4 \cdot 2 = 12 - 13 + 8 = 7$.

10 $\frac{4}{7} : 2 - \frac{12}{7}$; $\frac{4}{7} : \left(2 - \frac{12}{7}\right) = 2$
$\frac{7}{3} - \frac{2}{3} : \frac{1}{3} - 1$; $\left(\left(\frac{7}{3} - \frac{2}{3}\right) : \frac{1}{3}\right) - 1 = 4$
$\frac{8}{3} - \frac{4}{3} : -\frac{2}{3} + 1$; $\left(\frac{8}{3} - \frac{4}{3}\right) : \left(-\frac{2}{3} + 1\right) = 4$
$0{,}5 \cdot 7 + 0{,}5 : 0{,}5 + 1{,}5 - 1$;
$(0{,}5 \cdot 7) + 0{,}5 : ((0{,}5 + 1{,}5) - 1) = 4$

Seite 111

11 a) Individuelle Eingaben in den Taschenrechner in Abhängigkeit von dem Rechner.
b) und c) Individuelle Eingaben in den Taschenrechner. Es gibt verschiedene Möglichkeiten.
Man kann den Bruch in Klammern eingeben oder den Bruch als Division lesen: $-7 : 2 \cdot 2$.

12 Individuelle Lösung.

13 Individuelle Lösung.

14 Das Haus besitzt eine achsensymmetrische Fassade. Die Achse liegt dabei senkrecht mittig zwischen den oberen Fenstern.
Der obere Dachteil ist trapezförmig. Oberhalb der größeren Fenster sind im Dach Dreiecke zu erkennen. Die Fenster selber bestehen aus Dreiecken, Rechtecken und Quadraten.
Die nebeneinander liegenden Gauben (kleine oben und größere unten), der Fensterbereich in den Gauben und die Fensterbereiche in der Hauswand haben jeweils gleiche Formen und Abmessungen.
Unterschiede:
- Kleines Fenster auf der rechten Hälfte des Daches
- Hausnummer an der Wand in der rechten Hälfte des Hauses neben den Fenstern

Die Lage der Zimmer in beiden Haushälften ist vermutlich gleich. So könnte es sein, dass die Bäder beider Haushälften nebeneinander in der Mitte des ganzen Hauses liegen. Dies hat Vorteile bei der Installation der Wasserrohre und der Abwässer.

15
a) Beginn: 180 €
Nach 1 Jahr: 183,24 €
Nach 2 Jahren: 186,54 €
Nach 3 Jahren: 189,90 €
Nach 4 Jahren: 193,32 €
Nach 5 Jahren: 196,80 €
Sie erhält 16,80 € Zinsen.
b) Beginn: 180 €
Nach 1 Jahr: 181,80 €
Nach 2 Jahren: 184,35 €
Nach 3 Jahren: 187,67 €
Nach 4 Jahren: 191,80 €
Nach 5 Jahren: 196,79 €
Sie erhält 16,79 € Zinsen.
Es wäre um 1 ct schlechter.

2 Mit Termen Probleme lösen

Seite 114

1 a) Festbetrag für die Reparaturkosten: 20 €
Kosten pro Viertelstunde: 11 €
b)

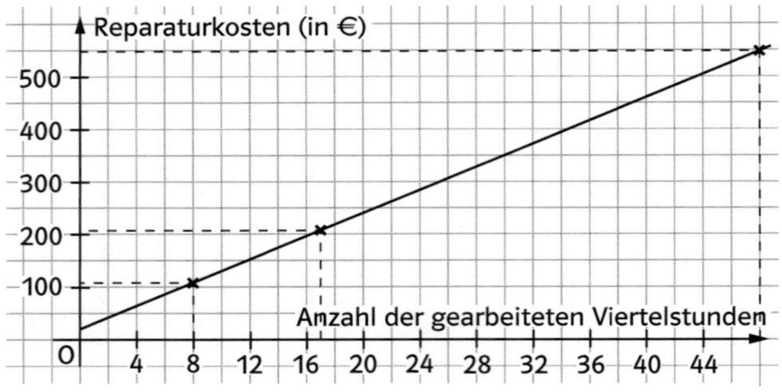

Die geforderten Werte sind am Graphen eingezeichnet.
c) 2 Stunden Arbeitszeit entsprechen 8 Viertelstunden. Die Reparaturkosten ergeben sich mit
$R = 20 + 11 \cdot 8 = 108$, also 108 €.
4,5 Stunden ≙ 18 Viertelstunden, also
$R = 20 + 11 \cdot 18 = 218$, also 218 €.
12 Stunden ≙ 48 Viertelstunden, also
$R = 20 + 11 \cdot 48 = 548$, also 548 €.
d) Die Lösungen kann man beispielsweise am Graphen ablesen. Bei 75 € hat er 5 Viertelstunden, also 1 Stunde und 15 Minuten gearbeitet. Bei 350 € sind es 30 Viertelstunden, also 7,5 Stunden und bei 295 € sind es 25 Viertelstunden also 6 Stunden und 15 Minuten gewesen.

2 a) Sei e die Entfernung des Blitzes (in km) und z die Zeit zwischen Blitz und Donner (in s). Den Werten der Tabelle entnimmt man: $e = z : 3$.
b) $z = 12$, also $e = 12 : 3 = 4$, also ist das Gewitter 4 km entfernt.
$z = 15$, also $e = 15 : 3 = 5$, also 5 km Entfernung.
$z = 18$, also $e = 18 : 3 = 6$, also 6 km Entfernung.
c)

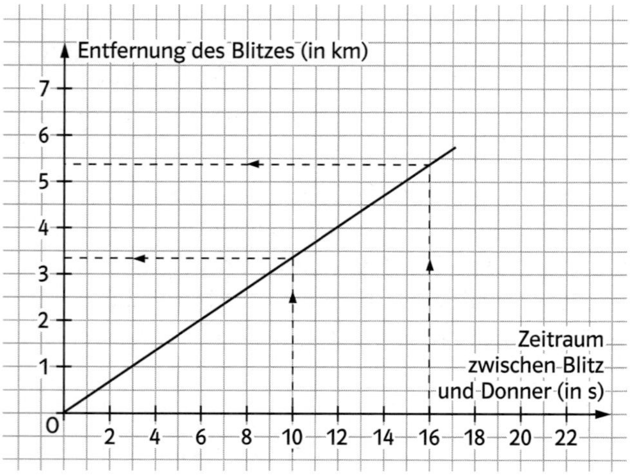

Mögliche Werte sind (die gestrichelten Linien geben an, wie man die Werte ablesen kann):
$z = 10$, also $e \approx 3{,}3$ (genauer Wert: $e = 3{,}\overline{3}$)
$z = 6$, also $e = 2$
$z = 16$, also $e \approx 5{,}4$ (genauer Wert: $e = 5{,}\overline{3}$)
$z = 0$, also $e = 0$, der Blitz ist direkt „über" der Person.
d) $e = 12$ km; durch Ausprobieren erhält man $z = 36$, denn $36 : 3 = 12$.
Also ist der Zeitraum zwischen Blitz und Donner 36 Sekunden.
$z = 6$, also $e = 2$

3 a)

Anzahl der Sprossen	Anzahl der Hölzer
1	5
2	8
3	11
4	14
n	$2 + n \cdot 3$
1008	$2 + 1008 \cdot 3 = 3026$

b) Individuelle Lösung.

4 a) Alle Kantenlängen im Oktaeder sind gleich lang. Sei K die Länge einer Kante und D die benötigte Drahtlänge. Dann ist: $D = 12 \cdot K$.
$K = 5$, also $D = 12 \cdot 5 = 60$, also benötigt man 60 cm Draht.
$K = 8{,}5$, also $D = 12 \cdot 8{,}5 = 102$, also 102 cm Draht.
$K = 0{,}7$ m, also $D = 12 \cdot 0{,}7 = 8{,}4$, also 8,4 m Draht.
b) Mögliche Antworten:
- Zum Befestigen der Drähte an den Ecken muss man Schlaufen drehen, die zusätzlichen Draht benötigen.
- Beim Bauen könnte sich der Draht leicht biegen, sodass für eine Kante mehr Draht benötigt wird.

Seite 115

5 a) Term: $0{,}21\,x + 9{,}95$
Situation: Betrag einer monatlichen Telefonrechnung in € bei x telefonierten Einheiten. Jede Einheit kostet dabei 0,21 €, die Grundgebühr für den Anschluss beträgt 9,95 €.
b) Term: $2x + 8$
Situation: Umfang eines Rechtecks in cm mit Länge x cm und Breite 4 cm.
c) Term: $9 + 2x$
Situation: Zahlenrätsel: Multipliziere 2 mit einer gedachten Zahl und addiere das Ergebnis zu 9.

6 a) Sei b die Breite der quadratischen Pflastersteine (in cm) und A die Anzahl der benötigten Steine.

Dann ist A = (480 : b)·(480 : b), denn die Anzahl der Steine pro Reihe ergibt sich aus dem Term 480 : b (beide Angaben in cm) und im quadratischen Hof gibt es ebenfalls 480 : b Reihen.
b) b = 4, also A = (480 : 4)·(480 : 4) = 14 400, also werden 14 400 Pflastersteine benötigt.
b = 5, also A = $(480:5)^2$ = 9216, also 9216 Steine.
b = 6, also A = $(480:6)^2$ = 6400, also 6400 Steine.
b = 8, also A = $(480:8)^2$ = 3600, also 3600 Steine.
c) Sei P der Preis für alle Steine (in €) und p der Preis pro Stein (in €).
Dann ist: P = A·p.
b = 4, also P = 14 400·0,05 = 720, also 720 €.
b = 5, also P = 9216·0,08 = 737,28, also 737,28 €.
b = 6, also P = 6400·0,12 = 768, also 768 €.
b = 8, also P = 3600·0,21 = 756, also 756 €.
Mögliche Antworten:
- Ich würde die Steine mit der Breite 4 cm kaufen, da sie insgesamt am günstigsten sind.
- Ich würde die großen Steine kaufen (b = 8), weil ich sie am hübschesten finde und sie auch nicht am teuersten sind.
- Ich würde die großen Steine kaufen (b = 8), weil sie am schnellsten verlegt sind.

7 a) Term: 2,5 + 1,5 x
(Preis in € bei x gefahrenen km)

Strecke x (in km)	3	4	5	6	7	10
Preis 2,5 + 1,5 x	7	8,5	10	11,5	13	17,5

b) Term ab 5 km: 2,5 + 1,5·4 + (x − 4)1,4 oder
2,5 + 1,5·4 + 1,4 + (x − 5)1,4
(Preis in € bei x gefahrenen km)

Strecke x (in km)	5	6	7	10
Preis 8,5 + (x − 4)1,4	9,9	11,3	12,7	16,9

c)

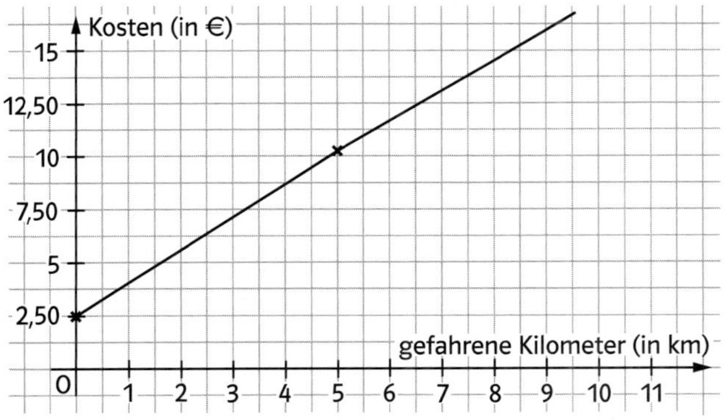

Verlauf: Die Kosten beginnen bei 2,50 €, weil dies die Grundgebühren sind. Danach steigt der Graph für die Kosten gleichmäßig an (pro gefahrenen Kilometer um 1,50 €) bis zu 5 gefahrenen Kilometern. Da die Kosten pro Kilometer ab dem 5. km günstiger sind (1,40 € pro Klometer) verläuft der Graph nun flacher – aber weiterhin gleichmäßig.

d) Lösung, grafisch oder durch Probieren: Für 5,50 € kann man 2 km fahren, für 29,50 € kann man 19 km fahren, für 40,00 € kann man 26,5 km fahren.

3 Gleichwertige Terme – Umformen

Seite 117

1 a)

x	5·x − 1	7·x − 1 − 3·x	−x + 6·x − 1
3	14	11	14
15	74	59	74
−5	−26	−21	−26
−7	−36	−29	−36

Umgeformt zunächst nach dem Kommutativgesetz und anschließend zusammengefasst.

x	1 + 4·x −2	(x − 1) + 4·x	4·x + 1
3	11	14	13
15	59	74	61
−5	−21	−26	−19
−7	−29	−36	−27

b) 5·x − 1 = −x + 6·x − 1 = (x − 1) + 4·x (alle drei Terme sind äquivalent)
Begründung: −x + 6·x − 1 = 5·x − 1
(x − 1) + 4·x = x + 4·x − 1 = 5·x − 1
7·x − 1 − 3·x = 1 + 4·x − 2 (die beiden Terme sind äquivalent)
Begründung: 7·x − 1 − 3·x = 7·x − 3·x − 1 = 4·x − 1
1 + 4·x − 2 = 4·x + 1 − 2 = 4·x − 1
Umgeformt jeweils zunächst nach dem Kommutativgesetz.
Alle Terme, die man durch Umformungen nicht ineinander überführen kann, sind nicht äquivalent.
Beispiele: 5·x − 1, 7·x − 1 − 3·x und 4·x + 1
oder − x + 6·x − 1, 1 + 4·x − 2 und 4·x + 1 ...

Seite 118

2 a) 4·s b) 5·x c) 5·t d) −5·d
e) 0 f) k g) 6 b h) 19·f
i) 30 g j) 3,6 s k) 3,2 t l) 20,3 y

3 a) 9·x; also 18; 27; −36 bzw. −45
b) 12·x; also 24; 36; −48 bzw. −60
c) 3,8·x; also 7,6; 11,4; −15,2 bzw. −19
d) −1,04·x; also −2,08; −3,12; 4,16 bzw. 5,2
e) $\frac{7}{3}\cdot x$; also $\frac{14}{3} = 4\frac{2}{3}$; $\frac{21}{3} = 7$; $-\frac{28}{3} = -9\frac{1}{3}$
bzw. $-\frac{35}{3} = -11\frac{2}{3}$
f) $\frac{13}{12}\cdot x$; also $\frac{26}{12} = 2\frac{1}{6}$; $\frac{39}{12} = 3\frac{1}{4}$; $-\frac{52}{12} = -4\frac{1}{3}$
bzw. $-\frac{65}{12} = -5\frac{5}{12}$

g) $-\frac{11}{16}\cdot x$; also $-\frac{22}{16} = -1\frac{3}{8}$; $-\frac{33}{16} = -2\frac{1}{16}$; $\frac{44}{16} = 2\frac{3}{4}$ bzw. $\frac{55}{16} = 3\frac{7}{16}$

h) $\frac{5}{12}\cdot x$; also $\frac{10}{12} = \frac{5}{6}$; $\frac{15}{12} = 1\frac{1}{4}$; $-\frac{20}{12} = -1\frac{2}{3}$ bzw. $-\frac{25}{12} = -2\frac{1}{12}$

4 a) $7\cdot d$ b) $1000\cdot x$ c) $11\cdot f$ d) 0
e) $-x$ f) 0 g) $1\frac{2}{9}\cdot x$ h) $2\frac{1}{6}\cdot x$
Bei allen Aufgaben muss man zunächst das Kommutativgesetz anwenden, um anschließend zusammenfassen zu können.

5 Mögliche Lösungen:
a) $-2n + 12$; $6 + n + (n + 6) - n\cdot 4$; $2 - n - 10 + (-5)\cdot(-4) - n$; $12 - n - n$
b) $-20n$; $(-10)\cdot n\cdot 2$; $5n - 10\cdot n + 3\cdot n\cdot(-5)$; $-10n - n\cdot 10$; $n\cdot(-5)\cdot(-4)$
c) $2{,}83n$; $n\cdot(-2{,}83)\cdot(-1)$; $n\cdot 1{,}2 + 1{,}3\cdot n + n\cdot 0{,}33$; $n\cdot 0{,}13 - 5n + 7{,}7\cdot n$
d) $n\cdot 13\cdot(-1)$; $5n - n\cdot 6 - 12n$; $-13n$; $(-3)\cdot n\cdot 4 - n$

6 a)

d	0	1	18	−7
5d − 3d − 1	−1	1	35	−15
3d + (1 − d)	1	3	37	−13
d + 2d + 3	3	6	57	−18
(1 − d) + 3d	1	3	37	−13
2d − 1	−1	1	35	−15
6d	0	6	108	−42

b) $3\cdot d + (1 - d) = (1 - d) + 3\cdot d$, denn umgeformt ist
$3\cdot d + (1 - d) = 3\cdot d + 1 - d = 3\cdot d - d + 1 = 2\cdot d + 1$
und $(1 - d) + 3\cdot d = 1 - d + 3\cdot d = 1 + 2\cdot d = 2\cdot d + 1$
$5\cdot d - 3\cdot d - 1 = 2\cdot d - 1$, wegen $5\cdot d - 3\cdot d = 2\cdot d$.
Die anderen Terme sind jeweils nicht äquivalent, weil man sie durch Umformen nicht ineinander überführen kann.
Für die Begründung reicht es nicht aus, mehrere Zahlen einzusetzen und die Werte miteinander zu vergleichen, denn so müsste man alle existierenden Zahlen prüfen, was unmöglich ist.
c) Die Terme $3\cdot d + (1 - d)$ und $(1 - d) + 3\cdot d$ kann man zu $2\cdot d + 1$ umformen – alle drei Terme sind äquivalent. Wenn nun d die Anzahl der Dreiecke beschreibt, kann man mit dem Term $2\cdot d + 1$ die Anzahl der Streichhölzer berechnen:
$d = 1 \Rightarrow$ 3 Hölzer
$d = 2 \Rightarrow$ 5 Hölzer
⋮ ⋮
$d = 4 \Rightarrow$ 9 Hölzer
Pro Dreieck werden 2 Hölzer benötigt und am Ende benötigt man noch 1 Streichholz, um das letzte Dreieck zu „schließen".

Da nun alle drei Terme äquivalent sind, kann man mit allen drei Termen die Anzahl der Streichhölzer berechnen.
d) Weil es keine negativen Anzahlen von Dreiecken gibt, kann d nicht negativ sein.
Deshalb hat Frank Recht.

7

	12x − 5	2(6x − 3) + 1	−(x − 11x) − 3	7 − (2 − 5x)·2 − 6	−(5 − 12x)
−5	−65	−65	−53	−53	−65
−2	−29	−29	−23	−23	−29
−1,5	−23	−23	−18	−18	−23
7,5	85	85	72	72	85
12	139	139	117	117	139
20	235	235	197	197	235

Die drei Terme $12x - 5 = 2(6x - 3) + 1 = -(5 - 12x)$ sind äquivalent und
die zwei Terme $-(x - 11x) - 3 = 7 - (2 - 5x)\cdot 2 - 6$ sind äquivalent, wie man durch Umformen zeigen kann.

Seite 119

8 a)

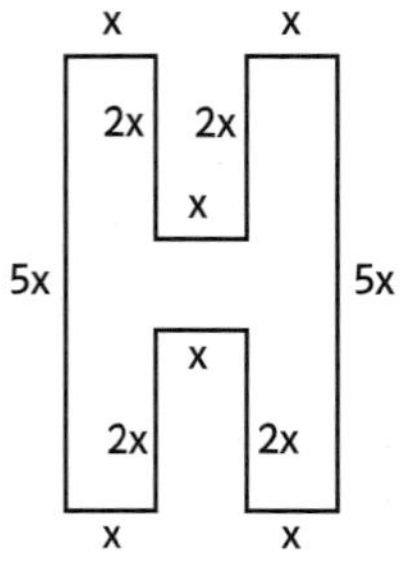

Horst fasst von oben bis zur Mitte zusammen, dann von unten bis zur Mitte. Am Schluss addiert er die beiden langen Seitenstücke.

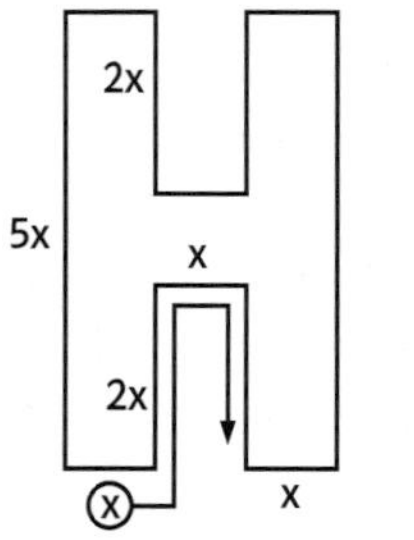

Helmut geht reihum:
Er beginnt links unten und addiert alle Teilstücke.

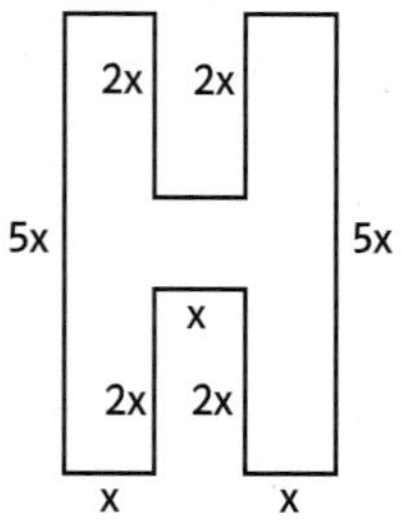

Hanna: außer bei den Stücken der Länge x fasst Hanna immer die Stücke einer Länge zusammen.
$2\cdot(3\cdot x)$
$4\cdot(2\cdot x)$
$2\cdot(5\cdot x)$

b) Horst
$2\cdot x + 2\cdot 2\cdot x + x + 2\cdot x + 2\cdot 2\cdot x + x + 2\cdot 5\cdot x$
$= 2x + 4x + x + 2x + 4x + x + 10x$
$= 24x$

Helmut
$x + 2 \cdot x + x + 2 \cdot x + x + 5 \cdot x + x + 2 \cdot x + x + 2 \cdot x + x + 5 \cdot x$
$= x + 2x + x + 2x + x + 5x + x + 2x + x + 2x + x + 5x$
$= 24x$
Hanna
$2 \cdot (3 \cdot x) + 4 \cdot 2x + 2 \cdot 5x$
$= 6x + 8x + 10x$
$= 24x$
Alle drei Terme kann man zu $24x$ umformen, weshalb sie äquivalent sind.
c) Mit dem äquivalenten Term $24x$ kann man die Drahtlänge für jedes x sehr schnell berechnen.

9 a) $4 \cdot s + s - s$, $s \cdot 4$ und $2 + s \cdot 1 + 3s - 2$, denn alle drei Terme kann man zu $4s$ vereinfachen.
$3s + 4 - s$, $-1 - 5s + 5 + 7s$, denn beide Terme kann man zu $2s + 4$ vereinfachen.
$3 \cdot s - 5$ und $-8 + s + 1 + 2s + 2$, da der zweite Term ebenfalls zu $3 \cdot s - 5$ umgeformt werden kann.
$4s - 5 + s$ ist zu keinem anderen Term äquivalent.
b) $3x + 1 - x$, $x + 1 + x$ und $0{,}8 + 2{,}1 + x \cdot 2 - 1{,}9$, denn alle drei Terme kann man zu $2x + 1$ vereinfachen.
$x + x + x + 5$ und $\frac{5}{2} \cdot x + 7{,}3 + 0{,}5x - 2{,}3$, denn beide Terme lassen sich zu $3x + 5$ vereinfachen.
$x + 10 + x - 5 + 2x$, $4x + 5$ und $-2 \cdot x + 3 + 6x + 2$, denn alle Terme lassen sich zu $4x + 5$ umformen.
c) Individuelle Lösung.

10 a) Sei r die Anzahl der gelaufenen Runden, R das Sponsorengeld von Ruth (in €) und V das Sponsorengeld des Vaters (in €). Dann sind
$R = 9 + 4 \cdot r$ und $V = 7 + 5 \cdot r$
b) $r = 4$, also $R = 9 + 4 \cdot 4 = 25$, sie erhält also 25 €.
$r = 5$, also $R = 9 + 4 \cdot 5 = 29$, sie erhält also 29 €.
$r = 9$, also $R = 9 + 4 \cdot 9 = 45$, sie erhält also 45 €.
$r = 4$, also $V = 7 + 5 \cdot 4 = 27$, sie erhält also 27 €.
$r = 5$, also $V = 7 + 5 \cdot 5 = 32$, sie erhält also 32 €.
$r = 9$, also $V = 7 + 5 \cdot 9 = 52$, sie erhält also 52 €.
c) Zusammen erhalten sie pro Runde $(R + V)$:
$9 + 4 \cdot r + 7 + 5 \cdot r = 16 + 9 \cdot r$; $r = 7$, also
$16 + 9 \cdot 7 = 79$; beide zusammen erlaufen bei 7 Runden ein Sponsorengeld von 79 €.
d) Ja sie hat Recht, weil man beide Terme (wie in c)) addieren kann zu $16 + 9 \cdot r$.
e) Beispielsweise durch Zeichnen der beiden Graphen und durch Ablesen des Schnittpunktes der Graphen erhält man die folgende Lösung: Nach 2 Runden erhalten beide gleich viel Geld. Man kann die Lösung auch durch Ausprobieren erhalten.
f) Ruth hat einen Sponsor, der eine höhere Teilnahmegebühr zahlt als der Sponsor von ihrem Vater, dafür erhält ihr Vater pro gelaufene Runde mehr Geld. Wer mehr Geld erläuft hängt deshalb von den gelaufenen Runden ab. Wenn beide sehr sportlich sind und viele Runden laufen, ist der Sponsor vom Vater im Vergleich „besser“. Wenn nur eine Runde gelaufen wird, ist hingegen Ruths Sponsor der Bessere.

11 a) $n = 2$ b) $n = 3$ c) $n = 8$ d) $n = \frac{8}{3}$
e) $n = 20$ f) $n = 40$ g) $n = 8$ h) $n = 5$

12 Individuelle Lösung.

4 Ausmultiplizieren und Ausklammern – Distributivgesetz

Seite 121

1 a) $4 \cdot d + 20$ b) $6 \cdot x + 12$ c) $2 \cdot s - 12$
d) $24t - 60$ e) $3 + 18 \cdot x$ f) $-z - 2$
g) $-6 + 15 \cdot k$ h) $5 \cdot x + 10$

2 a) $5x - 20$ b) $6d + 13$ c) $2s + 8$
d) $9x + 14$ e) $3{,}5d - 4{,}9$ f) $-4 - 2d$
g) $2s + 1{,}5$ h) $18k + 9$

3 a) $8 \cdot (x + 2)$ b) $5 \cdot (3 - 7 \cdot a)$ c) $24 \cdot (d - 2)$
d) $9(-4 + x)$ e) $\frac{1}{2} \cdot (b - 3)$ f) $\frac{5}{8} \cdot (3x + 1)$
g) $3{,}5 \cdot (v - 3)$ h) $\frac{1}{4} \cdot (3 - 2c)$

4 Individuelle Lösungen. Mögliche Lösungen sind:
a) $2(10x - 5)$ und $10(2x - 1)$; für beispielsweise $x = 2$ und $x = 4$ kommt jeweils 30 bzw. 70 heraus.
b) $4(2s + 1 + 1)$ und $2(4s + 2 + 2)$; für beispielsweise $s = 2$ und $s = 4$ kommt jeweils 24 bzw. 40 heraus.
c) $1{,}4(-2 + k)$ und $-1{,}4(2 - k)$; für beispielsweise $k = 2$ und $k = 4$ kommt jeweils 0 bzw. 2,8 heraus.
d) $3(-27x - 3)$ und $-9(9x + 1)$; für beispielsweise $x = 2$ und $x = 4$ kommt jeweils −171 bzw. −333 heraus.
e) $6(1 - 2 + 2s)$ und $3(2 - 4 + 4s)$; für beispielsweise $s = 2$ und $s = 4$ kommt jeweils 18 bzw. 42 heraus.
f) $7(d + 6d - 14)$ und $-7(-d - 6d + 14)$; für beispielsweise $d = 2$ und $d = 4$ kommt jeweils 0 bzw. 98 heraus.
g) $2(0{,}6x - 1{,}4 + 0{,}6x)$ und $-4(-0{,}3x + 7 - 0{,}3x)$; für beispielsweise $x = 2$ und $x = 4$ kommt jeweils 2 bzw. 6,8 heraus.
h) $2(0{,}5k + 1 + 4k + 5)$ und $-2(-0{,}5k - 1 - 4k - 5)$; für beispielsweise $k = 2$ und $k = 4$ kommt jeweils 30 bzw. 48 heraus.

5 Die Terme aus a), b), g) und h) sind äquivalent zu $6x$.

6 a) Die linke Figur beschreibt den Term $4 \cdot p - 4$ anschaulich. Jede Reihe enthält p Pfähle. Da es 4 Reihen gibt, benötigt man $4 \cdot p$ Pfähle, wobei jetzt die Ecken jeweils doppelt gezählt wurden. Deshalb müssen insgesamt 4 Pfähle wieder abgezogen werden (die markierten Ecken). Es ergibt sich der Term $4 \cdot p - 4$.
Wenn man beim Zaun jeweils die rechteckig unterlegten Pfähle zählt, ergeben sich 4 Reihen mit jeweils $p - 1$ Pfählen. Deshalb ergeben sich alle Pfähle des Zauns mit dem Term $4 \cdot (p - 1)$ (rechte Figur).
b)

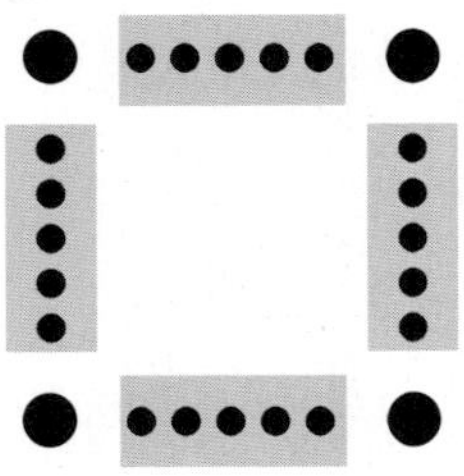

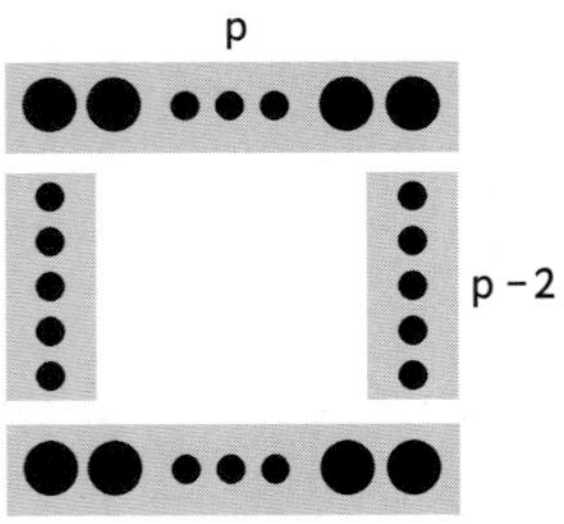

$4 \cdot (p - 2) + 4$ $\quad$ $2 \cdot p + 2 \cdot (p - 2)$
$4 \cdot (p - 2) + 4$ $\quad$ $2 \cdot p + 2 \cdot (p - 2)$

c) $p = 3$, also $4 \cdot 3 - 4 = 8$; man benötigt 8 Pfähle.
$p = 5$, also $4 \cdot 5 - 4 = 16$; man benötigt 16 Pfähle.
$p = 25$, also $4 \cdot 25 - 4 = 96$; man benötigt 96 Pfähle.
$p = 31$, also $4 \cdot 31 - 4 = 120$;
man benötigt 120 Pfähle.
$p = 46$, also $4 \cdot 46 - 4 = 180$;
man benötigt 180 Pfähle.
d)

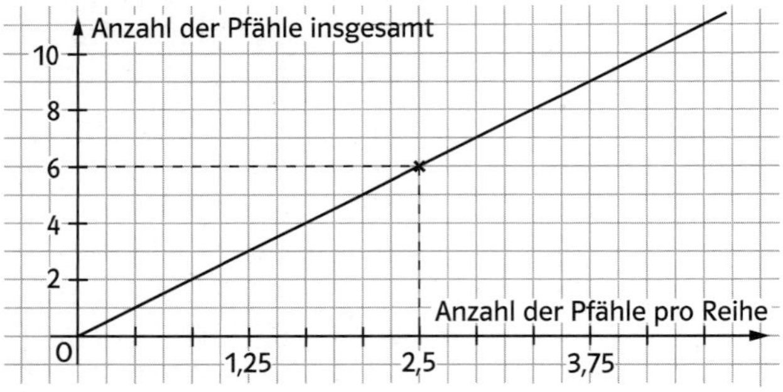

Bei $p = 2{,}5$ würde die Anzahl der Pfähle insgesamt 6 betragen. Das liefert auch die Rechnung $(4 \cdot 2{,}5 - 4)$. Allerdings gibt es keine 2,5 Pfähle pro Reihe, daher ist die Fragestellung nicht realistisch.
Daraus folgt weiter:
Für p müssen natürliche Zahlen eingesetzt werden, weil es keine halbe bzw. anteilige Anzahl von Pfählen gibt. Die Variable p muss des Weiteren größer als 1 sein. Denn wenn $p = 1$ wäre, würde sich kein quadratisches Grundstück einzäunen lassen, weil dann pro Reihe insgesamt nur ein Pfahl zur Verfügung steht.
Rechnerische Begründung: Die Terme liefern für $p = 1$ das Ergebnis 0, man würde also 0 Pfähle benötigen.

Seite 122

7 a) $4 \cdot (5 + x) + 3 \cdot (2x - 4)$
$= 20 + 4 \cdot x + 6 \cdot x - 12$ Distributivgesetz
$= 4x + 6x + 20 - 12$ Kommutativgesetz
$= 10x + 8$
b) $7 \cdot (n - 2) + 5(1 + 2n)$
$= 7n - 14 + 5 + 10n$ Distributivgesetz
$= 7n + 10n - 14 + 5$ Kommutativgesetz
$= 17n - 9$
c) $5 \cdot (d + 3) + 4(2 - 2d)$
$= 5d + 15 + 8 - 8d$ Distributivgesetz
$= 5d - 8d + 15 + 8$ Kommutativgesetz
$= -3d + 23$
d) $-5 \cdot (4 + 2v) + 1{,}5 \cdot (2 - 4v)$
$= -20 - 10v + 3 - 6v$ Distributivgesetz
$= -10v - 6v - 20 + 3$ Kommutativgesetz
$= -16v - 17$
e) $-\frac{3}{5} \cdot \left(\frac{5}{2} \cdot x + 1\right) + \frac{1}{4} \cdot \left(\frac{3}{2} - 4x\right)$
$= -\frac{3}{2}x - \frac{3}{5} + \frac{3}{8} - x$ Distributivgesetz
$= -\frac{3}{2}x - x - \frac{3}{5} + \frac{3}{8}$ Kommutativgesetz
$= -2\frac{1}{2}x - \frac{9}{40}$
f) $-\frac{5}{6}\left(\frac{3}{4}b - \frac{4}{9}\right) - \left(-\frac{3}{7}\right) \cdot \left(14 - \frac{7}{9}b\right)$
$= -\frac{5}{8}b + \frac{10}{27} + 6 - \frac{1}{3}b$ Distributivgesetz
$= -\frac{5}{8}b - \frac{1}{3}b + \frac{10}{27} + 6$ Kommutativgesetz
$= -\frac{23}{24}b + 6\frac{10}{27}$

8 a) Term 1: $(3 \cdot x + 5) + 10 \cdot x = 13x + 5$
Term 2: $4 \cdot (1 - x) - 7 = -4x - 3$
Term 3: $-4x + 3$
Term 4: $(3x + 5) \cdot 5 - x = 14x + 25$
Term 5: $32 + 7 \cdot (2x - 1) = 14x + 25$
Term 6: $2 \cdot (-x) + 22 + 3 \cdot x = x + 22$
Term 7: $9x - 3$
Term 8: $13x + 5$
Term 9: $2 \cdot (5 - 2 \cdot x) - 13 = -4x - 3$
Term 10: $7 \cdot x - (3 - 2 \cdot x) = 9x - 3$
Term 11: $7 + x \cdot 2 + 15 - x = x + 22$
Term 12: $5 \cdot x + 3 - 9 \cdot x = -4x + 3$
Äquivalent sind daher folgende Termpaare:
1 und 8; 2 und 9; 3 und 12; 4 und 5; 6 und 11; 7 und 10.
b) Individuelle Lösung.

9 a) $2 + d \cdot 4 = 2 + 4d = 4d + 2$, also äquivalent
b) $2 \cdot (1 + 2x) = 2 + 4x$ ist nicht äquivalent zu $4 + 4x$
c) $s \cdot 7 - 27 = 7s - 27$ ist nicht äquivalent zu $27 - 7s = -7s + 27$
d) $5a - 55 = 5 \cdot (a - 11)$, also äquivalent
e) $3 \cdot (0{,}5 + 2t) = 1{,}5 + 6t$ ist nicht äquivalent zu $6t + 2{,}5 = 6t + 1{,}5$
f) $5 \cdot x + 2{,}5 = 5 \cdot (x + 0{,}5) = (x + 0{,}5) \cdot 5$, also äquivalent; $(x + 0{,}5) \cdot 5 = 5x + 2{,}5$

10 a) $4x + (2x - 5) = 4x + 2x - 5 = 6x - 5$
b) $9v - (2 - 5v) + 10 = 9v - 2 + 5v + 10 = 14v + 8$
c) $-(7 - 6x) + 4x + 5 = -7 + 6x + 4x + 5 = 10x - 2$
d) $r \cdot 13 + 3 \cdot (5r + 7) = 13r + 15r + 21 = 28r + 21$
e) $(-10) \cdot d - (7 + 7d) \cdot 2 = -10d - 14 - 14d$
$= -24d - 14$
f) $5 \cdot (-8z) - 2(6z + 20) = -40z - 12z - 40$
$= -52z - 40$
g) $5a + [3a - (4a + 1)] = 5a + [3a - 4a - 1] = 4a - 1$
h) $[(7x - 4) - (5x + 8)] + 9 = [7x - 4 - 5x - 8] + 9$
$= 2x - 3$
i) $\frac{3}{5}d - \left[\left(\frac{4}{5}d - \frac{1}{3}\right) + \frac{5}{3}\right] = \frac{3}{5}d - \left[\frac{4}{5}d - \frac{1}{3} + \frac{5}{3}\right]$
$= \frac{3}{5}d - \frac{4}{5}d - \frac{4}{3} = -\frac{1}{5}d - \frac{4}{3}$

11 Länge des Drahtes =
$10 + 3x + 2 + 9 + x + 1 + x + 3x + 2 = 8x + 24$

12 Individuelle Lösungen. Mögliche Lösung:

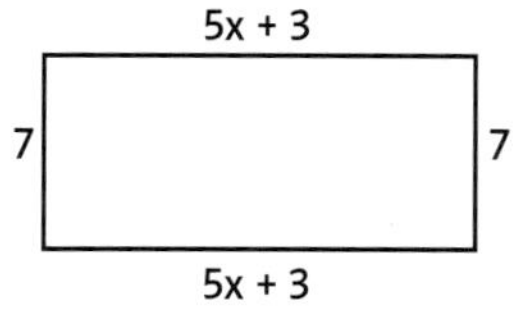

Seite 123

13 a) Mutter
b bezeichnet die Breite des Grundrisses und die halbe Länge beträgt 6 m. Der Term $6 \cdot b$ beschreibt damit die farblich unterlegte Fläche. Nun muss man die mit x schraffierte Fläche wieder abziehen $(-3 \cdot 4)$. Da der Grundriss symmetrisch ist, benötigt man diesen zusammengesetzten Term $6 \cdot b - 3 \cdot 4$ zweimal.
Tochter
$b - 3$ ist das untere Teilstück der Breite des Grundrisses. Mit dem Term $12 \cdot (b - 3)$ berechnet man somit die farblich unterlegte Fläche (unteres Rechteck). Mit dem Term $2 \cdot 3$ bestimmt man die mit x schraffierte Fläche – diese gib es zweimal. Also $12 \cdot (b - 3) + 2 \cdot (2 \cdot 3)$.
b) Vater

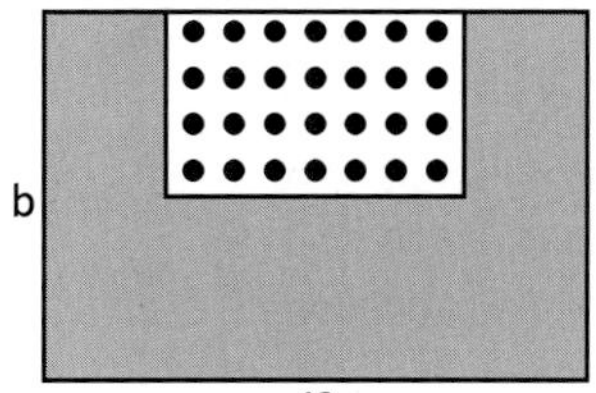

Sohn

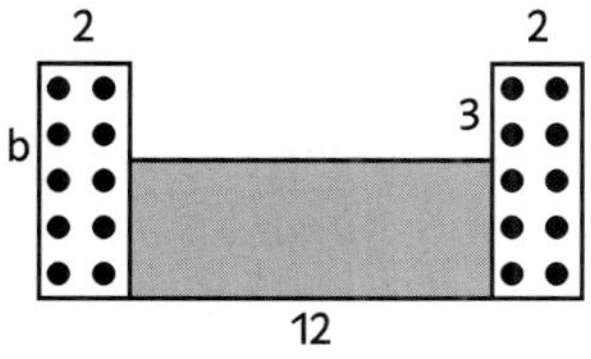

c) $12 \cdot b - 3 \cdot 8 = 12b - 24$ (Vater)
$2 \cdot (6 \cdot b - 3 \cdot 4) = 2 \cdot (6b - 12) = 12b - 24$ (Mutter)
$12 \cdot (b - 3) + 2 \cdot (2 \cdot 3) = 12b - 36 + 2 \cdot 6 = 12b - 24$ (Tochter)
$8 \cdot (b - 3) + 2 \cdot (2 \cdot b) = 8b - 24 + 4b = 12b - 24$ (Sohn)

Alle Terme lassen sich zu $12b - 24$ umformen, womit die Äquivalenz gezeigt wurde.
d) $b = 7\,m$, $12 \cdot 7 - 24 = 60$ Die Fläche beträgt $60\,m^2$.
$b = 8\,m$, $12 \cdot 8 - 24 = 72$ Die Fläche beträgt $72\,m^2$.
$b = 10\,m$, $12 \cdot 10 - 24 = 96$ Die Fläche beträgt $96\,m^2$.
Es wurde der Term $12b - 24$ zur Berechnung gewählt, weil er am schnellsten zu berechnen ist.
e) durch Ausprobieren erhält man $b = 9\,m$: Die Probe ergibt: $12 \cdot 9 - 24 = 84$.

14 a) und b)

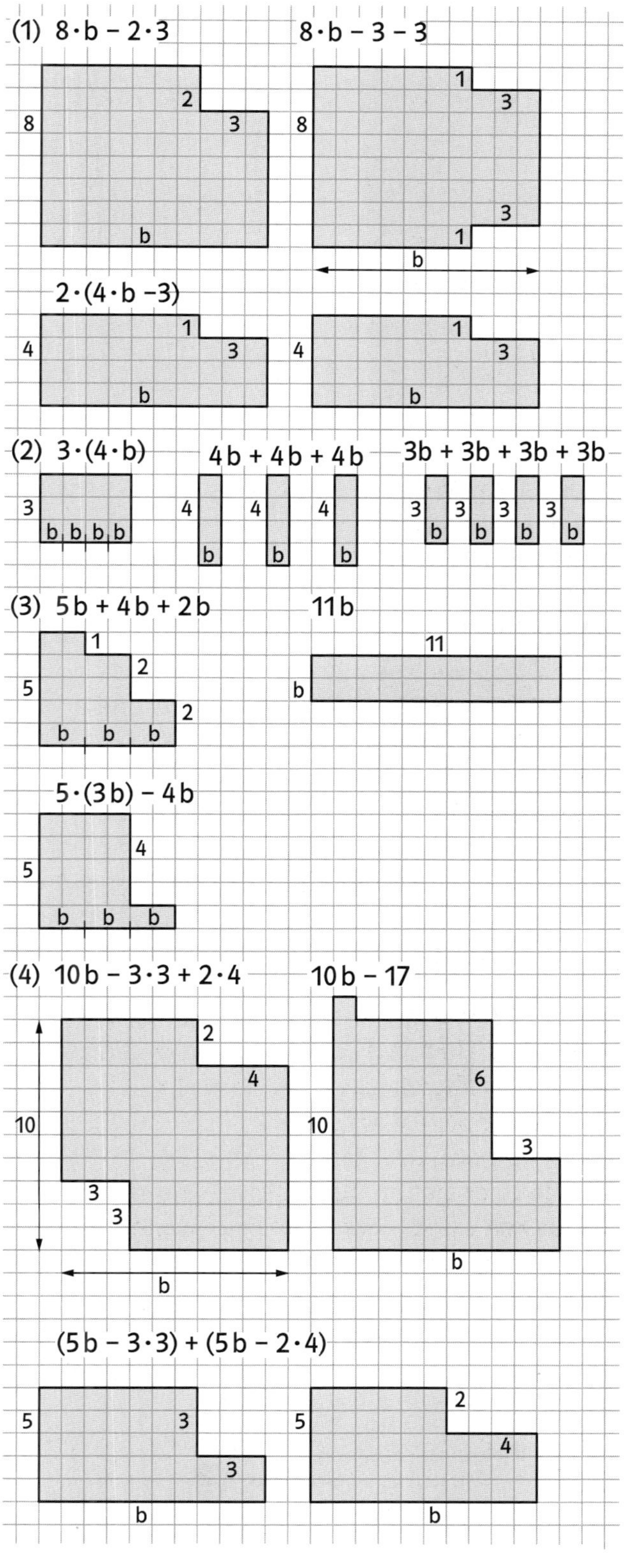

c) Individuelle Lösung.

15 a) Die Variable a steht für die Anzahl der Tafeln.
b) $a \cdot 55$ stellt die Kosten für a Tafeln Alpenstolz dar. $(12 - a)$ beschreibt die Anzahl der Tafeln Sportglück und $(12 - a) \cdot 45$ gibt die Kosten für $(12 - a)$ Tafeln Sportglück an.
c) Erste Umformung: Ausmultiplizieren der Klammer;
zweite Umformung: Vereinfachen
$a \cdot 55 - a \cdot 45 = a \cdot 10$ und $12 \cdot 45 = 540$;
dritte Umformung: durch Ausprobieren erhält man $a = 4$.
d) Timo kauft vier Tafeln Alpenstolz und acht Tafeln Sportglück.

Seite 124

16 a) für $x = 5$ gilt: $\frac{4}{(5+5)} = \frac{4}{10}$ und $\frac{4}{5} + \frac{4}{5} = \frac{8}{5} = \frac{16}{10}$;
Die Summe des Nenners wurde auseinandergerissen – diese Umformung ist falsch.
b) für $x = 1$ gilt: $5 + 2:(1 + 3) = 5{,}5$ und $\frac{2}{1} + 5\frac{2}{3} = 7\frac{2}{3}$;
Hier wurde das Distributivgesetz falsch angewendet. Hier kann man es nicht verwenden, die Division kann nur als Bruch geschrieben werden: $5 + \frac{2}{x+3}$
c) für $x = 0$ gilt: $10 \cdot (3 \cdot 0 + 2) + 0 = 20$ und $50 \cdot 0 + 0 = 0$. Hier wurde die Klammer falsch zusammengefasst: $3x + 2$ kann man aber nicht weiter zusammenfassen. Richtig wäre $10 \cdot (3x + 2) = 30x + 20 + x = 31x + 20$
d) für $x = 0$ gilt: $3 \cdot (0 - 2) - (0 - 6) = 0$ und $2 \cdot 0 = 0$ für $x = 2$ gilt: $3 \cdot (2 - 2) - (2 - 6) = 4$ und $2 \cdot 2 = 4$
Hier stimmen die Proben überein. Der erste Term und der dritte (letzte) Term sind auch äquivalent. Der mittlere Term ist zwar auch zu den anderen beiden äquivalent, aber dies ist Zufall. Hier wurde bei der ersten Umformung das Vorzeichen nicht richtig beachtet: Aus $3 \cdot (-2)$ wurde nicht -6 sondern $+6$. Da dieser Fehler in umgekehrter Form im hinteren Term ein zweites Mal vorkommt, heben sich beide Fehler zufälliger Weise gegenseitig auf.

17 a) Für die ersten 500 € erhält Guido $(5\% \cdot 500 = 25)$ 25 €. Für die restlichen 1600 € $(2100 - 500 = 1600)$ erhält er $(3\% \cdot 1600 = 48)$ 48 €. Insgesamt kann er also mit mindestens $(25 + 48 = 73)$ 73 € Finderlohn rechnen.
b) Für Beträge bis 500 €:
sei g der Geldbetrag und F der Finderlohn jeweils in €. Dann ist $F = \frac{5}{100} \cdot g$.
Für Beträge über 500 €:
Dann ist $F = 25 + \frac{3}{100} \cdot (g - 500)$. 25 ist der Finderlohn (in €) der ersten 500 € des Geldbetrages. $(g - 500)$ ist der Restbetrag. Mit $\frac{3}{100} \cdot (g - 500)$ bestimmt man den Finderlohn für diesen Restbetrag.
c) Mit der Formel aus b) ist:
$F = 25 + \frac{3}{100} \cdot (8000 - 500) = 250$
Das Vierfache von 250 € ist 1000 €.
Dieser Betrag ist $\frac{1000}{8000} = 12{,}5\%$ des Wertes des Diamanten.
d) 71 € ist über 25 €, womit der Betrag des Wertes des gefundenen Ringes über 500 € betragen muss. Die restlichen $(71 - 25 = 46)$ 46 € stammen demnach vom Mehrwert über 500 € des Ringes. 3 % des Mehrwertes sind 46 €. Der Mehrwert ist also $\left(\frac{46}{3} \cdot 100 \approx 1533{,}33\right)$ 1533,33 €. Der Wert des Rings beträgt ungefähr $(500 + 1530 = 2030)$ 2030 €.

18 a) Die Umrechnungen von Elvira und Kilian sind falsch. Markos Umrechnung ist richtig, aber sie ist wenig aussagekräftig, weil er zwei gleiche Zahlen voneinander abzieht.
Shans Umformung ist richtig und sie belegt durch dieses Gegenbeispiel, dass man das Kommutativgesetz nicht auf die Subtraktion übertragen kann.
b) Das Assoziativgesetz gilt ebenfalls nicht für die Subtraktion und die Division wie die beiden Gegenbeispiele zeigen:
$(80 - 7) - 13 = 73 - 13 = 60$; aber
$80 - (7 - 13) = 80 - (-6) = 86$
$(120:6):2 = 10$; aber $120:(6:2) = 120:3 = 40$.

19 a) Mögliche Beispiele:

$5 + 6 + 7 = 18$	ist durch 3 teilbar
$4 + 5 + 6 = 15$	ist durch 3 teilbar
$21 + 22 + 23 = 66$	ist durch 3 teilbar

Die Behauptung kann nur an einigen Beispielen überprüft werden. Für eine allgemeine Begründung müsste man alle existierenden Zahlen testen – dies ist unmöglich.
b) Sei n die erste der drei aufeinander folgenden Zahlen
- dann ist die Summe: $n + (n + 1) + (n + 2)$, vereinfacht ergibt sich $n + n + n + 1 + 2 = 3 \cdot (n + 1)$. Dividiert man die Summe durch 3, so erhält man die mittlere Zahl $n + 1$.

Es kann also keine Gegenbeispiele geben;
Jan muss einen Fehler gemacht haben.
c) Die Behauptung muss auch für negative Zahlen gelten, weil die Begründung mit Termen allgemein ist. Stichproben: $(-6) + (-5) + (-4) = -15$; $-15:3 = -5$. Der Unterschied besteht darin, dass das Ergebnis immer eine negative Zahl ist, wenn man drei negative Zahlen addiert.

20 Sei n die Zahl, dann wird die Summe mit dem Term $(n + 3) + 2 \cdot n$. Vereinfacht ergibt sich

$3 \cdot n + 3 = 3 \cdot (n + 1)$. Da sowohl $3 \cdot n$ als auch 3 durch 3 teilbar sind, ist auch die Summe $3 \cdot n + 3$ durch 3 teilbar, die Division durch 3 ergibt $n + 1$, die um Eins größere Zahl.

21 a) $5z + 3z = 8z$ b) $2z + 4 = 2(z + 2)$
c) $0{,}5z + 7 = 0{,}5(z + 14)$
d) $(z + 8) \cdot 3 - 20 = 3z + 4$

5 Gleichungen umformen – Aquivalenzumformungen

Seite 126

1 a) $8b = 3b + 5 \quad |-3b$
$5b = 5$
beide Gleichungen sind äquivalent
b) $7x - 2 = 3 - x \quad |+x$
$8x - 2 = 3 \quad |+2$
$8x = 5$
beide Gleichungen sind äquivalent
c) $5d + 10 = 2d + 16 \quad |-10$
$5d = 2d + 6 \quad |-2d$
$3d = 6 \quad |:3$
$d = 2$
beide Gleichungen sind äquivalent
d) $6n - 6 = 3 - 3n \quad | +3n$ $\qquad 6n = 6 \quad |:2$
$9n - 6 = 3 \quad |+6$ $\qquad 3n = 3$
$9n = 9 \quad |:3$
$3n = 3$
damit sind beide Gleichungen äquivalent
e) $15 - 3x = 0 \quad |:3$ $\qquad 2x = 5 + x \quad | -2x$
$5 - x = 0$ $\qquad 0 = 5 - x$
$\qquad 5 - x = 0$
also sind beide Gleichungen äquivalent
f) $2d + 3 - (+d) = -5d$
$2d + 3 - d = -5d \quad |$vereinfachen
$d + 3 = -5d \quad |+5d$
$6d + 3 = 0$

$d + 4 = -2 - 11d \quad |+ 11d$
$12d + 4 = -2 \quad |+ 2$
$12d + 6 = 0 \quad |:2$
$6d + 3 = 0$
also sind beide Gleichungen äquivalent

Seite 127

2
a) $5x - 10 = 25 \quad |+ 10$
$5x = 35 \quad |:5$
$x = 7$

x	5x − 10
1	−5
10	40
9	35
8	30
7	25

b) $4k + 12 = 62 \quad |-12$
$4k = 50 \quad |:4$
$k = 12{,}5$

k	4k + 12
1	16
10	52
13	64
12	60
12,5	62

c) $3{,}4t + 83 = 100 \quad |-83$
$3{,}4t = 17 \quad |:3{,}4$
$t = 5$

t	3,4t + 83
1	86,4
10	117
5	100

d) $8b + 12 = 12 \quad |-12$
$8b = 0 \quad |:8$
$b = 0$

b	8b + 12
1	20
0	12

e) $5{,}5p + 10 = 26{,}5 \quad |-10$
$5{,}5p = 16{,}5 \quad |:5{,}5$
$p = 3$

p	5,5p + 10
1	15,5
10	65
2	21
3	26,5

f) $5 - 2{,}5y = 7{,}5 \quad |-5$
$-2{,}5y = 2{,}5 \quad |:(-2{,}5)$
$y = -1$

y	5 − 2,5y
1	2,5
2	0
−1	7,5

g) $0{,}1g + 8 = 18 \quad |-8$
$0{,}1g = 10 \quad |\cdot 10$
$g = 100$

g	0,1g + 8
1	8,1
10	9
100	18

h) $d \cdot (-3) = 15 \quad |:(-3)$
$d = -5$

d	d·(−3)
1	−3
5	−15
−5	15

i) $\frac{1}{2}a + 6 = 13 \quad |-6$
$\frac{1}{2}a = 7 \quad |\cdot 2$
$a = 14$

a	$\frac{1}{2}a + 6$
1	6,5
10	11
11	11,5
15	13,5
14	13

j) $\frac{1}{4} - x = \frac{3}{4} \quad |-\frac{1}{4}$
$-x = \frac{2}{4} \quad |\cdot(-1)$
$x = -\frac{1}{2}$

x	$\frac{1}{4} - x$
1	$-\frac{3}{4}$
$-\frac{1}{2}$	$\frac{3}{4}$

k) $\frac{3}{4} = \frac{1}{4}b + 3 \quad |\cdot 4$
$3 = b + 12 \quad |-12$
$-9 = b$

b	$\frac{1}{4}b + 3$
1	3,25
−1	$2\frac{3}{4}$
−10	0,5
−8	1
−9	$\frac{3}{4}$

l) $7 - \frac{1}{2}x = 1 \quad |-7$
$-\frac{1}{2}x = -6 \quad |\cdot(-2)$
$x = 12$

x	$7 - \frac{1}{2}x$
1	6,5
10	2
11	1,5
12	1

Insgesamt gibt es Aufgaben, bei denen das systematische Probieren schneller geht, meistens wenn die Lösung ganzzahlig ist. Ist dies nicht der Fall, führen die Äquivalenzumformungen häufig schneller zur Lösung.

3

a) $9b + 3 = 7b + 11 \quad |-7b$
$2b + 3 = 11 \quad |-3$
$2b = 8 \quad |:2$
$b = 4$

b) $5 + 7x = 45 + 3x \quad |-3x$
$5 + 4x = 45 \quad |-5$
$4x = 40 \quad |:4$
$x = 10$

c) $5d + 4 = 4 + d \quad |-d$
$4d + 4 = 4 \quad |-4$
$4d = 0 \quad |:4$
$d = 0$

d) $16v + 7 = 15v + 1 \quad |-15v$
$v + 7 = 1 \quad |-7$
$v = -6$

e) $8n - 15 = 3n \quad |-3n$
$5n - 15 = 0 \quad |+15$
$5n = 15 \quad |:5$
$n = 3$

f) $12k = 15k - 60 \quad |-15k$
$-3k = -60 \quad |:(-3)$
$k = 20$

g) $5{,}5 + 3t = t - 2{,}5 \quad |-t$
$5{,}5 + 2t = -2{,}5 \quad |-5{,}5$
$2t = -8 \quad |:2$
$t = -4$

h) $5{,}5z = -9 + 4{,}5z \quad |-4{,}5z$
$z = -9$

i) $\frac{1}{2}a + 6 = 13 - a \quad |+a$
$\frac{3}{2}a + 6 = 13 \quad |-6$
$\frac{3}{2}a = 7 \quad |\cdot\frac{2}{3}$
$a = \frac{14}{3} = 4\frac{2}{3}$

j) $6 - \frac{1}{2}x = 1 + 2x \quad |+\frac{1}{2}x$
$6 = 1 + 2\frac{1}{2}x \quad |-1$
$5 = \frac{5}{2}x \quad |\cdot\frac{2}{5}$
$2 = x$

k) $\frac{3}{4}b = \frac{1}{4}b + 3 \quad |-\frac{1}{4}b$
$\frac{2}{4}b = 3 \quad |\cdot 2$
$b = 6$

l) $(-\frac{1}{4})\cdot x = \frac{3}{4}x - 1 \quad |+\frac{1}{4}x$
$0 = x - 1 \quad |+1$
$1 = x$

Man kann diese Aufgaben nicht durch rückwärts Rechnen lösen, weil auf beiden Seiten des Gleichheitszeichens eine Variable steht.

4 $2b - 3 = 3b + 1 \quad \Rightarrow b = -4$
$10 - n = 23 \quad \Rightarrow n = -13$
$6d + 2(d - 13) = d\cdot 5 - 5 \quad \Rightarrow d = 7$
$5\cdot(b + 3) = 25 \quad \Rightarrow b = 2$
$8 + 0{,}5x = 2{,}5x \quad \Rightarrow x = 4$
$(v - 5)\cdot 3 + 5v + 3 = 4v \quad \Rightarrow v = 3$
$\frac{4}{7}b = -8 \quad \Rightarrow b = -14$
$x:8 = 5 \quad \Rightarrow x = 40$
$2\cdot(x + 1) = 10 \quad \Rightarrow x = 4$
$3{,}5\cdot(x + 1) = 10{,}5 \quad \Rightarrow x = 2$
$(-\frac{3}{4} + k)\cdot 2 + \frac{5}{4} = \frac{1}{4} \quad \Rightarrow k = \frac{1}{4}$

5 a) $15 = 3x \quad |-3x$
$15 - 3x = 0 \quad |-15$
$-3x = -15 \quad |:(-3)$
$x = 5$

b) Karl wollte, dass das x auf der linken Seite des Gleichheitszeichens steht, damit er am Ende die Lösung „x = …“ schreiben kann. Die ersten beiden Umformungen hätte man auch umgehen können, indem man die Terme auf den beiden Seiten des Gleichheitszeichens der Gleichung vertauscht: $15 = 3x$ und $3x = 15$ sind äquivalent. Nun muss man auch nicht durch eine negative Zahl dividieren, um x auszurechnen.

6 a) Beide erhalten die Lösung $t = 6$.
b) Wenn man beim Rechnen mit Brüchen Schwierigkeiten hat, wäre der rechte Weg einfacher, weil man hier das Rechnen mit Brüchen umgeht.
c) mögliche Lösungen:

1. Weg:
$$\begin{aligned} 2 + \tfrac{1}{3}x &= \tfrac{2}{3}x + 4 &&\mid -\tfrac{1}{3}x \\ 2 &= \tfrac{1}{3}x + 4 &&\mid -4 \\ -2 &= \tfrac{1}{3}x &&\mid \cdot 3 \\ -6 &= x \end{aligned}$$

2. Weg:
$$\begin{aligned} 2 + \tfrac{1}{3}x &= \tfrac{2}{3}x + 4 &&\mid -\tfrac{2}{3}x \\ 2 - \tfrac{1}{3}x &= 4 &&\mid -2 \\ -\tfrac{1}{3}x &= 2 &&\mid \cdot(-3) \\ x &= -6 \end{aligned}$$

3. Weg:
$$\begin{aligned} 2 + \tfrac{1}{3}x &= \tfrac{2}{3}x + 4 &&\mid \cdot 3 \\ 6 + x &= 2x + 12 &&\mid -x \\ 6 &= x + 12 &&\mid -12 \\ -6 &= x \end{aligned}$$

Bei allen drei Wegen benötigt man drei Rechenschritte. Beim 3. Weg umgeht man die Bruchrechnung, in dem die Brüche zu ganzen Zahlen erweitert werden.

7
a)
$$\begin{aligned} 32x + 43 - 20x &= -25 - 45x + 30 &&\mid \text{vereinfachen} \\ 12x + 43 &= -45x + 5 &&\mid +45x \\ 57x + 43 &= 5 &&\mid -43 \\ 57x &= -38 &&\mid :57 \\ x &= -\tfrac{38}{57} = -\tfrac{2}{3} \end{aligned}$$

Probe:
LS: $32\cdot\left(-\frac{38}{57}\right) + 43 - 20\cdot\left(-\frac{38}{57}\right) = -21\frac{1}{3} + 43 + 13\frac{1}{3} = 35$

RS: $-25 - 45\cdot(-\frac{38}{57}) + 30 = 5 + 30 = 35$

b)
$$\begin{aligned} 12 - 9b + 15 - 5b &= 14 - 8b + 6 &&\mid \text{vereinfachen} \\ 27 - 14b &= 20 - 8b &&\mid +14b \\ 27 &= 20 + 6b &&\mid -20 \\ 7 &= 6b &&\mid :6 \\ \tfrac{7}{6} &= b \end{aligned}$$

Probe: LS: $12 - 9\cdot\frac{7}{6} + 15 - 5\cdot\frac{7}{6} = 10\frac{2}{3}$
RS: $14 - 8\cdot\frac{7}{6} + 6 = 10\frac{2}{3}$

c)
$$\begin{aligned} -41 + 26t &= 2t + 20t - 53 + 72 &&\mid \text{vereinfachen} \\ -41 + 26t &= 22t + 19 &&\mid -22t \\ -41 + 4t &= 19 &&\mid +41 \\ 4t &= 60 &&\mid :4 \\ t &= 15 \end{aligned}$$

Probe: LS: $-41 + 26\cdot 15 = 349$
RS: $2\cdot 15 + 20\cdot 15 - 53 + 72 = 349$

d)
$$\begin{aligned} 4f + 49 - 13f - 78 + 23f &= 0 &&\mid \text{vereinfachen} \\ 14f - 29 &= 0 &&\mid +29 \\ 14f &= 29 &&\mid :14 \\ f &= \tfrac{29}{14} = 2\tfrac{1}{14} \end{aligned}$$

Probe: LS: $4\cdot\frac{29}{14} + 49 - 13\cdot\frac{29}{14} - 78 + 23\cdot\frac{29}{14} = 0$

e)
$$\begin{aligned} 3\cdot(a - 4) + 3\cdot(4 - a) + 2a - 1 &= 3 &&\mid \text{erstes Vereinfachen} \\ 3a - 12 + 12 - 3a + 2a - 1 &= 3 &&\mid \text{vereinfachen} \\ 2a - 1 &= 3 &&\mid +1 \\ 2a &= 4 &&\mid :2 \\ a &= 2 \end{aligned}$$

Probe: LS:
$3\cdot(2 - 4) + 3\cdot(4 - 2) + 2\cdot 2 - 1 = -6 + 6 + 4 - 1 = 3$

f)
$$\begin{aligned} 13\cdot(s - 5) - 4\cdot(s - 1) + s &= 5 &&\mid \text{Ausmultiplizieren} \\ 13s - 65 - 4s + 4 + s &= 5 &&\mid \text{vereinfachen} \\ 10s - 61 &= 5 &&\mid +61 \\ 10s &= 66 &&\mid :18 \\ s &= \tfrac{66}{10} = 6\tfrac{3}{5} \end{aligned}$$

Probe: LS: $13\cdot\left(\frac{33}{5} - 5\right) - 4\left(\frac{33}{5} - 1\right) + \frac{33}{5}$
$= 13\cdot\left(\frac{8}{5}\right) - 4\cdot\left(\frac{28}{5}\right) + \frac{33}{5}$
$= \frac{104}{5} - \frac{112}{5} + \frac{33}{5} = 5$

g)
$$\begin{aligned} 3\cdot(2x - 5) + 6 &= 5\cdot(3 - 5x) + 6x &&\mid \text{Ausmultiplizieren} \\ 6x - 15 + 6 &= 15 - 25x + 6x &&\mid \text{vereinfachen} \\ 6x - 9 &= 15 - 19x &&\mid +19x \\ 25x - 9 &= 15 &&\mid +9 \\ 25x &= 24 &&\mid :25 \\ x &= \tfrac{24}{25} \end{aligned}$$

Probe: LS: $3\cdot\left(2\cdot\frac{24}{25} - 5\right) + 6 = -3{,}24$
RS: $5\cdot\left(3 - 5\cdot\frac{24}{25}\right) + 6\cdot\frac{24}{25} = -3{,}24$

h)
$$\begin{aligned} 4\cdot(v + 3) - 5\cdot(3v - 8) &= 12 - 2\cdot(3v + 1) &&\mid \text{Ausmultiplizieren} \\ 4v + 12 - 15v + 40 &= 12 - 6v - 2 &&\mid \text{vereinfachen} \\ -11v + 52 &= 10 - 6v &&\mid +6v \\ -5v + 52 &= 10 &&\mid -52 \\ -5v &= -42 &&\mid :(-5) \\ v &= \tfrac{42}{5} = 8\tfrac{2}{5} = 8{,}4 \end{aligned}$$

Probe: LS: $4\cdot(8{,}4 + 3) - 5\cdot(3\cdot 8{,}4 - 8) = -40{,}4$
RS: $12 - 2\cdot(3\cdot 8{,}4 + 1) = -40{,}4$

Seite 128

8 a) $x = \frac{44}{9}$ b) $x = \frac{15}{2}$ c) $x = \frac{82}{29}$ d) $x = -\frac{17}{106}$

9 a) richtig b) richtig
c) richtig d) falsch

10 a) $4l = 50$, also $l = 12{,}5\,m$
b) $2l + 2(l + 3) = 4l + 6 = 50$, also $l = 11\,m$
c) $2(l + 1) + 2l + 2 = 4l + 4 = 50$, also $l = 11{,}5\,m$
d) $2l + l + 1 + 3 = 3l + 4 = 50$, also $l \approx 15{,}33\,m$

11 a) $s + 6 + s + 4 = s + 4 + s + s + s$ | vereinfachen
$2s + 10 = 4s + 4$ | $-2s$
$10 = 2s + 4$ | -4
$6 = 2s$ | $:2$
$3 = s$
Die Seitenlänge s beträgt 3 Einheiten.
b) $5 + s + 5 + s =$
$s + 2s - 1 + s + 2 + s + 3 + 4$ | vereinfachen
$2 \cdot s + 10 = 5 \cdot s + 8$ | $-2s$
$10 = 3 \cdot s + 8$ | -8
$2 = 3 \cdot s$ | $:3$
$\frac{2}{3} = s$
Die Seitenlänge von s beträgt $\frac{2}{3}$ Längeneinheiten.

12 a) $400 - 35m$ beschreibt den Kontostand von Shanon, da sie anfangs 400€ auf ihrem Konto hat und monatlich 35€ abgezogen werden (Reitstunden).
b) Zur Beantwortung muss man die Gleichung lösen:
$400 - 35m = 150 + 15m$ | $+35m$
$400 = 150 + 50m$ | -150
$250 = 50m$ | $:50$
$5 = m$
Nach 5 Monaten haben Kilian und Shanon gleich viel Geld auf ihrem Konto. Der Kontostand beträgt dann $(150 + 15 \cdot 5 = 225)$ 225€.

13
$\frac{1}{2}$: $20 = 5(3{,}5 + x)$
$\frac{1}{2} \cdot x = \frac{1}{4}$

$-\frac{3}{4}$: $(4 \cdot x + 2) \cdot 3 = -3$
$x + 6 + x = 4{,}5$

4: $2 \cdot x + 3 = 11$
$(x - 2) \cdot 5 = 10$

7: $x \cdot 10 - 15 = x + 48$
$(2 - x) \cdot 3 = -22 + x$

-5: $2 \cdot (x + 3) = -4$

-2: $3 \cdot (x + 5) + 1 = -5 \cdot x$
$24 = -4 \cdot x + 4$
$\frac{1}{2} \cdot x = -1$

3,5: $x + 2 \cdot x = 14 - x$
$4 \cdot (x - 0{,}5) = 12$

$-1{,}7$: $10 \cdot (-x) = 17$
$x + x = -3{,}4$

25: $4x = 100$
$3x + 10 = x + 60$

2,55: $100x = 255$
$10x + 0{,}5 = 26$

8: $3x = 2x + 8$
$x + 7 + x = 30 - x + 1$

11,5: $10x + 5 = 120$
$24 = x \cdot 2 + 1$

-12: $-10x = 120$
$x + 30 = 2x + 42$

Seite 129

14 a) $4z + 26 = 6 \cdot z$ | $-4z$
$26 = 2z$ | $:2$
$13 = z$
Guido hat sich die Zahl 13 gedacht.
Im zweiten Schritt wurde die rechte Seite des Gleichheitszeichens nicht durch 2 geteilt.
b) Ich denke mir eine Zahl. Diese Zahl verdreifache ich, subtrahiere sieben und multipliziere das Ergebnis mit vier. Das erhaltene Ergebnis ist genauso groß wie das Achtfache der gedachten Zahl. Antwort: $(3 \cdot z - 7) \cdot 4 = 8 \cdot z$, also $z = 7$
Die gedachte Zahl war 7 (mögliche Schülerantwort).

15 a) Im ersten Schritt müssen 12 subtrahiert werden:
$12 + 2b = 22$ | -12
$2b = 10$ | $:2$
$b = 5$
Im zweiten Schritt wurde die rechte Seite des Gleichheitszeichens nicht durch 2 geteilt.
b) Im zweiten Schritt muss man ein d auf beiden Seiten subtrahieren und nicht durch d dividieren.
$2d + 3 = d + 3$ | -3
$2d = d$ | $-d$
$d = 0$
c) Im ersten Schritt wurde falsch ausmultipliziert und im letzten Schritt wurde x auf der linken Seite der Gleichung falsch subtrahiert.
$-2(x + 3) = x$ | vereinfachen
$-2x - 6 = x$ | $+6$
$-2x = x + 6$ | $-x$
$-3x = 6$ | $:(-3)$
$x = -2$
d) Im ersten Schritt wurde auf der rechten Seite falsch ausmultipliziert und die Äquivalenzumformungen im zweiten Schritt wurden falsch durchgeführt:
$3 \cdot (2 - s) = 2s - (s + 6)$ | vereinfachen
$6 - 3s = s - 6$ | $+ 6 + 3s$
$12 = 4s$ | $:4$
$3 = s$

16 a) und b)
Sei h die Anzahl der Hölzer in einer blauen Box.
Situation A:
$4h + 1 = 2h + 4$, also $h = 3{,}5$. Demnach liegen in einer blauen Box 7 halbe Hölzer.
Situation B:
$h + 5 = 4h + 1{,}5$, also $h = 1\frac{1}{6}$. Demnach liegen in einer blauen Box 7 Hölzer der Länge $\frac{1}{6}$ eines ganzen Hölzchens.
Man kann die Lösungen auch zunächst durch Ausprobieren erhalten.
c) Individuelle Lösung.

17 a)
$$\begin{aligned} 2x + 3 &= 7 \quad &|-3\\ 2x &= 4 \quad &|:2\\ x &= 2 \end{aligned}$$
Probe: $2 \cdot 2 + 3 = 7$

$$\begin{aligned} 3x - 7 &= x + 1 \quad &|+7\\ 3x &= x + 8 \quad &|-x\\ 2x &= 8 \quad &|:2\\ x &= 4 \end{aligned}$$
Probe: $3 \cdot 4 - 7 = 5 = 4 + 1$
Der Fehler von Rolf lag darin, dass er mit 0 multipliziert hat.
b) Die Behauptung ist richtig, denn jeder Term, der mit Null multipliziert wird, ergibt Null. Demnach erhält man mithilfe dieser Umformung nicht die Lösungen einer Gleichung. Daher ist diese Umformung auch keine Äquivalenzumformung.

6 Lösen von Problemen mit Strategien

Seite 132

1 a) Susannes Freundin meint, dass sich der Abstand zwischen dem Alter von Susanne und dem Alter ihrer Mutter von gut 32 Jahren mit jedem Jahr verringert. Dies ist falsch, denn der Abstand bleibt immer derselbe.
b) Sei a die Anzahl der Jahre, bis die Mutter doppelt so alt ist wie ihre Tochter Susanne.
Dann ist: $(13 + a) \cdot 2 = 45 + a$, denn in a Jahren ist Susanne $13 + a$ und ihre Mutter $45 + a$ Jahre alt. Dann soll Susannes Mutter doppelt so alt sein wie Susanne.
Auflösen der Gleichung ergibt:
$$\begin{aligned} (13 + a) \cdot 2 &= 45 + a\\ 26 + 2a &= 45 + a\\ a &= 19 \end{aligned}$$
In 19 Jahren ist Susanne 32 und ihre Mutter 64 Jahre alt, demnach ist die Forderung erfüllt.

2 Die Situation kann mit der Gleichung $75 + 14 \cdot k = 650$ beschrieben werden, wobei k die Anzahl der Wasserkisten beschreibt. Durch Auflösen erhält man $k \approx 41{,}07$. Also darf Fritz nicht mehr als 41 Kisten transportieren.

3 Die Situation kann mit der Gleichung $3 \cdot p = 20 - 11{,}03$ dargestellt werden, wobei p die Anzahl der Pakete beschreibt. Umgeformt ergibt sich: $p = 2{,}99$. Somit kostet ein Paket CD-Rohlinge 2,99 €.

4
- Der Vater fährt mit 1300 m pro Minute. Sei t die Anzahl der Minuten, dann legt der Vater in t Minuten $1300 \cdot t$ Meter Wegstrecke zurück.
- Phillip legt in t Minuten $85 \cdot t$ Meter Wegstrecke zurück.
- Beide zusammen sollen 12 km = 12 000 m zurücklegen, also: $1300 \cdot t + 85 \cdot t = 12\,000$
$$\begin{aligned} 1385 \cdot t &= 12\,000 \quad |:1385\\ t &\approx 8{,}66 \end{aligned}$$

Beide treffen sich nach ca. 8,66 Minuten (8 Minuten 40 Sekunden).
b) Nach ca. 8,66 Minuten hat Phillip $85 \cdot 8{,}66 \approx 736{,}5$ Meter zurückgelegt.
Das sind $\frac{736{,}5}{12\,000} \approx 0{,}0614$, also ca. 6,14 % des Gesamtweges.
c) $1300\,\frac{\text{m}}{\text{min}} = 78\,\frac{\text{km}}{\text{h}}$ ist zu prüfen 1 km = 1000 m
1 h = 60 min
also $78\,\frac{\text{km}}{\text{h}} = 78 \cdot \frac{1000\,\text{m}}{60\,\text{min}} = 1300\,\frac{\text{m}}{\text{min}}$

5 a) $n + (n + 1) + (n + 2) = 81$
$n = 26$; Es sind die Zahlen 26, 27, 28.
b) (1) $x - y = 70$ und (2) $3x = 4y$
aus (1): $x = 70 + y$
einsetzen in (2): $3(70 + y) = 4y$
$210 + 3y = 4y$
$y = 210$
einsetzen in (1): $x - 210 = 70$
$x = 280$

Seite 133

6 Sei s die Länge einer Seite des Würfels. Dann benötigt Klaus für ein Paket die Klebebandlänge:
$$6 \cdot \left(\tfrac{1}{2} \cdot s\right) + 3 \cdot s = 6 \cdot s.$$
Pro Paket hat er $160\,\text{m} : 70 \approx 2{,}29\,\text{m}$ Klebeband zur Verfügung.
Also: $6 \cdot s \approx 2{,}29$
$s \approx 0{,}38$, demnach ist eine Seitenlänge des Würfels ca. 38 cm lang.

7 Aus den Informationen ergibt sich die Gleichung: $300 = 100 \cdot 0{,}80 + 200 \cdot p$, wobei p der neue Preis der Würstchen in € beschreibt. Der Term $200 \cdot p$ ergibt sich aus folgenden Überlegungen: Wenn schon 100 Würstchen verkauft wurden, bleiben noch 200 übrig, die zu dem neuen Preis p verkauft werden können. Insgesamt müssen alle Einnahmen 300 € ergeben.
Durch Auflösen erhält man: $p = 1{,}10$. Also müssen die restlichen 200 Würstchen für 1,10 € verkauft werden, damit die Kosten gedeckt werden.

8
- Florian läuft entgegen der Rollrichtung 4 Stufen pro Sekunde.
- Die Rolltreppe fährt 115 Stufen in 45 Sekunden, also $2{,}\overline{5}$ Stufen pro Sekunde.
- Da sich beide Bewegungen gegenseitig „aufheben", ergibt sich pro Sekunde eine effektive Laufleistung von $4 - 2{,}\overline{5} = 1{,}\overline{4}$ Stufen pro Sekunde.
- Sei t die Zeit in Sekunden, bis Florian unten angekommen ist, dann gilt
  $1{,}\overline{4} \cdot t = 115$, also $t \approx 79{,}6$.

Demnach braucht Florian ca. 80 Sekunden, bis er entgegen der Rolltreppenlaufrichtung unten angekommen ist.

9 a)
$$\begin{aligned}
[(4z + 14) \cdot 2 - z] : 7 &= z + 4 && | \cdot 7\\
(4z + 14) \cdot 2 - z &= 7 \cdot z + 28\\
8z + 28 - z &= 7z + 28\\
7z + 28 &= 7z + 28 && | -28\\
7z &= 7z && | :7\\
z &= z
\end{aligned}$$

Diese Gleichung ist für alle Zahlen erfüllt, denn $z = z$ gilt immer.
b)
- Vierfache einer Zahl: $4 \cdot z$
- addiere dann 14: $4 \cdot z + 14$
- verdopple das Ergebnis: $(4 \cdot z + 14) \cdot 2$
- ziehe die gedachte Zahl wieder ab: $(4 \cdot z + 14) \cdot 2 - z$
- das Ergebnis durch 7 dividieren: $[(4 \cdot z + 14) \cdot 2 - z] : 7$

$\Rightarrow [(4z + 14) \cdot 2 - z] : 7$ durch Termumformungen
$= [8z + 28 - z] : 7$
$= [7z + 28] : 7$
$= z + 4$

Auf der linken Seite der Gleichung (die auszuführende Rechenvorschrift) steht ein komplex erscheinender Term. Wenn man diesen vereinfacht, erhält man den einfachen Term $z + 4$. Beide Terme sind äquivalent. Daher muss man von dem genannten Endergebnis 4 abziehen, um die Zahl z zu erhalten.
c) Beispiel für individuelle Lösung
$[(5 \cdot z - 8) \cdot 3 + z] : 8 = 2z - 3$
„Verfünffache die gedachte Zahl, ziehe 8 ab und multipliziere das Ergebnis mit 3. Addiere dann die gedachte Zahl und dividiere durch 8."
Beim erhaltenen Endergebnis muss man 3 addieren und dann halbieren, um die gedachte Zahl zu erhalten.

10 a) $0{,}5\,\text{kg} \mathrel{\hat{=}} 100\,\%$
$0{,}01\,\text{kg} \mathrel{\hat{=}} 2\,\%$ Fruchtfleisch
Nach einer gewissen Lagerzeit:
$0{,}01\,\text{kg} \mathrel{\hat{=}} 4\,\%$, da sich der Fruchtfleischanteil verdoppelt hat. Die Fruchtfleischmasse bleibt aber konstant, weil nur das Wasser verdunstet.
$\downarrow \cdot 25 \qquad \downarrow \cdot 25$
$0{,}25\,\text{kg} \mathrel{\hat{=}} 100\,\%$
Die Gurke wiegt jetzt 0,25 kg.
$W = 0{,}5 \cdot 0{,}02 = 0{,}01\,\text{kg}$ $\quad G = 0{,}5\,\text{kg};\ p = 2\,\%$
Der neue Grundwert entspricht der neuen Masse der Gurke:
$G = 0{,}01 : 0{,}04 = 0{,}25\,\text{kg}$ $\quad W = 0{,}01\,\text{kg};\ p = 4\,\%$
b) $0{,}01\,\text{kg} \mathrel{\hat{=}} 6\,\% \Rightarrow 0{,}17\,\text{kg} \mathrel{\hat{=}} 100\,\%$
Die Gurke wiegt $\frac{1}{3}$ ihres ursprünglichen Gewichts.

11 Sei g das Gewicht des Fisches in Pfund und a der %-Anteil des Mittelstückes des Fisches:
$\frac{1}{3} + \frac{1}{4} + a = 1$, also $a = \frac{5}{12}$ oder $\frac{1}{3}g + \frac{1}{4}g + 10 = g$
Also: $\frac{5}{12} \mathrel{\hat{=}} 10$ Pfund $\qquad \frac{7}{12}g + 10 = g$
$1 \mathrel{\hat{=}} 24$ Pfund $= g \qquad 10 = \frac{5}{12}g$
$24 = g$
Der Fisch wiegt demnach insgesamt 24 Pfund.

Seite 134

12 a) Die Informationen ergeben die Gleichung $525 + 1 \cdot c = 8 \cdot c$, wobei c die Anzahl der CDs beschreibt. Auf der linken Seite des Gleichheitszeichens stehen sämtliche Kosten und auf der rechten Seite die Einnahmen jeweils pro CD. Durch Auflösen erhält man: $c = 75$. Demnach muss Tara mindestens 76 CDs verkaufen, damit die Einnahmen größer sind als die Ausgaben.
Grafische Lösung:

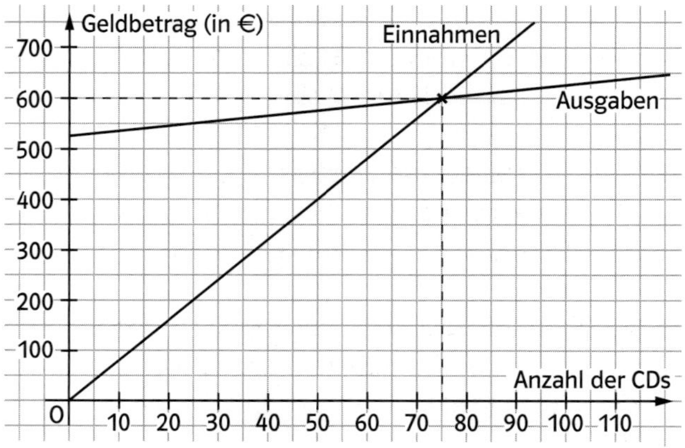

Am Schnittpunkt beider Geraden erkennt man, wann Einnahmen und Ausgaben gleich sind. Auch hier ist die Lösung $c = 75$.
b) Durch systematisches Ausprobieren oder durch rückwärts Rechnen erkennt man, dass sie ca. 1504 CDs verkaufen muss, damit sie 10 000 € verdient. Auch durch eine Rechnung kann man dies bestätigen:
Einnahmen bei 1504 verkauften CDs:
$8 \cdot 1504 = 12\,032$
Ausgaben bei 1504 verkauften CDs:
$525 + 1 \cdot 1504 = 2029$
$12\,032 - 2029 = 10\,003$
Sie verdient dann also 10 003 €.

13 a) $K = 0{,}95 + 0{,}10 \cdot a$. Mit $a = 36$ folgt:
$K = 0{,}95 + 0{,}10 \cdot 36 = 4{,}55$
Andrea muss 4,55 € für den Film bezahlen.
Hierbei beschreibt K die Kosten in € und a die Anzahl der Bilder.
b) Die Formel für das Format 10×15 für einen Film lautet: $K = 0{,}95 + 0{,}15 \cdot a$.
Für vier Filme erhöht sich die Filmentwicklung:
$K = 4 \cdot 0{,}95 + 0{,}15 \cdot a$.
Mit $K = 23{,}3$ hat man die Gleichung
$23{,}3 = 4 \cdot 0{,}95 + 0{,}15 \cdot a$. Nun löst man nach a auf, um die Anzahl der Bilder zu erhalten:
$23{,}3 = 4 \cdot 0{,}95 + 0{,}15 \cdot a \quad | -(4 \cdot 0{,}95)$
$19{,}5 = 0{,}15 \cdot a \quad | :0{,}15$
$130 = a$
Melanie hat demnach 130 Bilder entwickeln lassen.
Also hat sie $(4 \cdot 36 - 130 = 14)$ 14 Bilder zurückgegeben.
c) Die Formeln für 2 Filme lauten:
$K_{9 \times 13} = 2 \cdot 0{,}95 + 0{,}1 \cdot a$
$K_{10 \times 15} = 2 \cdot 0{,}95 + 0{,}15 \cdot a$
Mit $a = 2 \cdot 36 = 72$ folgt:
$K_{9 \times 13} = 1{,}9 + 0{,}1 \cdot 72 = 9{,}1$
$K_{10 \times 13} = 1{,}9 + 0{,}15 \cdot 72 = 12{,}7$
Da beide Gleichungen nicht den Preis von 11,65 € ergeben, hat Klaus Bilder zurückgegeben.
Also: $K_{9 \times 13}$: $1{,}9 + 0{,}1 \cdot a = 11{,}65 \quad | -1{,}9$
$0{,}1 \cdot a = 9{,}75 \quad | :0{,}1$
$a = 97{,}5$
$K_{10 \times 13}$: $1{,}9 + 0{,}15 \cdot a = 11{,}65 \quad | -1{,}9$
$0{,}15 \cdot a = 9{,}75 \quad | :0{,}15$
$a = 65$
Da man nur ganze Bilder entwickeln lassen kann, hat Klaus das Format 10×15 gewählt und $(2 \cdot 36 - 65 = 7)$ 7 Bilder zurückgegeben.

14 a) Wanne A: $20 + 0{,}6 \cdot m$
Wanne B: $10 + 1{,}6 \cdot m$
} m steht für die Anzahl der Minuten
$20 + 0{,}6 \cdot m = 10 + 1{,}6\,m \quad | -10 - 0{,}6\,m$
$10 = 1\,m$
Nach 10 Minuten sind beide Wannen gleich hoch gefüllt.
b) $20 + 0{,}6 \cdot 10 = 26$ und $10 + 1{,}6 \cdot 10 = 26$
Das Wasser steht dann 26 cm hoch.

15 a) 10 Sekunden ≙ 2 Liter
1,5 Stunden = 90 Minuten = 5400 Sekunden
5400 Sekunden ≙ $2 \cdot \frac{5400}{10}$ Liter = 1080 Liter
Felix verbraucht jeden Abend ca. 1080 Liter Wasser.
b) 1000 Liter = $1\,m^3$, denn
$1\,m^3 = 1\,m \cdot 1\,m \cdot 1\,m = 10\,dm \cdot 10\,dm \cdot 10\,dm$
$= 1000\,dm^3 = 1000$ Liter
Damit kosten 1000 Liter Wasser 1,15 €.
c) 1000 Liter ≙ 1,15 €
1080 Liter ≙ $1{,}15 \cdot 1{,}08$ € = 1,242 € ≈ 1,24 €
Die abendliche Bewässerung kostet demnach 1,24 €.
d) Sei z die Bewässerungsdauer in Sekunden.
Dann wurden $2 \cdot \frac{z}{10}$ Liter Wasser verbraucht (siehe a)).
Die Kosten kann man dann mit dem Term $1{,}15 \cdot \left(2 \cdot \frac{z}{10}\right) : 1000$ berechnen (siehe c)).
Da 6,90 € bezahlt werden, muss man die Gleichung $1{,}15 \cdot \left(2 \cdot \frac{z}{10}\right) : 1000 = 6{,}9$ lösen. Zuerst vereinfacht man die linke Seite der Gleichung zu $0{,}00023 \cdot z = 6{,}9$. Durch Ausprobieren oder rückwärts denken erhält man $z = 30\,000$.
Die Bewässerungszeit ist demnach 30 000 Sekunden = 500 Minuten = $8\frac{1}{3}$ Stunden lang.
(Auch der Dreisatz kann als Lösungsweg verwendet werden.)

16 a) Normaltarif:
$4{,}70 + 0{,}1615 \cdot h = \text{Kosten}$
Umwelttarif:
$\frac{49{,}92}{12} + 0{,}2001 \cdot h = \text{Kosten}$
} h steht für die Anzahl der Kilowattstunden
Die Kosten sind jeweils für einen Monat dargestellt.

Mit $h = 206$ kWh ist
$\text{Kosten}_{\text{Normaltarif}} = 4{,}7 + 0{,}1615 \cdot 206 = 37{,}969$

$\text{Kosten}_{\text{Umwelttarif}} = \frac{49{,}92}{12} + 0{,}2001 \cdot 206 = 45{,}3806$
Beim Normaltarif zahlen Janinas Eltern 37,97 € und beim Umwelttarif 45,38 €.
b) $4{,}7 + 0{,}1615 \cdot h = 4{,}16 + 0{,}2001 \cdot h \quad | -0{,}1615 \cdot h - 4{,}16$
$0{,}54 = 0{,}0386 \cdot h \quad | :0{,}0386$
$13{,}989\ldots = h$
Ab 14 kWh ist der Umwelttarif teurer als der Normaltarif.
Bis 13,99 kWh ist der Umwelttarif günstiger.

Grafische Lösung:

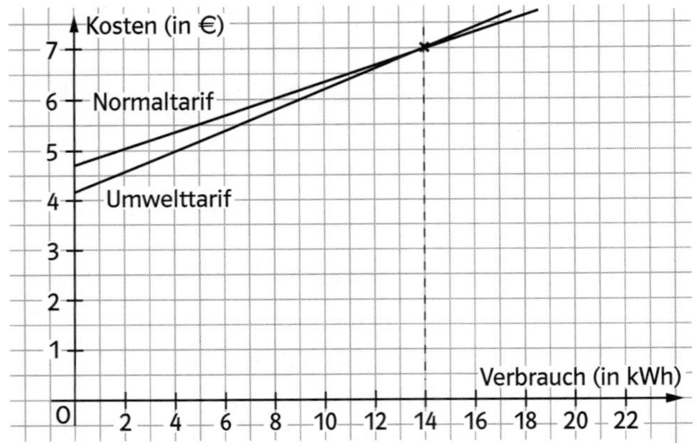

Am Schnittpunkt sind beide Tarife gleich teuer. Dies ist nach ca. 14 Stunden der Fall. Den genauen Wert kann man nur errechnen. Das Ablesen ist ungenauer (s. o.).

17 Umfang: $2a + 2b = 26$, wobei a und b die beiden Seitenlängen sind.
Es ist: $a = 4b$. Wenn man diese Gleichung in die erste einsetzt, erhält man: $2 \cdot (4b) + 2b = 10b = 26$, also $b = 2{,}6$ und $a = 4 \cdot 2{,}6 = 10{,}4$.
Die eine Seite ist höchstens 2,6 cm lang, die andere 10,4 cm.

Seite 135

18 Linke Seite: Billignet: 27 € Festkosten
Nochbilligernet: 4,50 € Grundgebühr und p € pro Onlineminute
Behauptung: $27 = 4{,}5 + 15 \cdot p$
Durch Auflösen erhält man: $p = 1{,}5$. Also müsste man beim Anbieter Nochbilligernet pro Onlineminute 1,50 € bezahlen. Dies ist unrealistisch.
Die Probe zeigt, dass kein mathematischer Fehler vorliegt, sondern die Angaben falsch sein müssen.
Rechte Seite:
Michael: $45\,\frac{km}{h}$
Behauptung von Achim: bei 10 Minuten Vorsprung würde Michael 20 Minuten benötigen, um ihn einzuholen
Gesucht ist also die Geschwindigkeit von Achim, sei diese mit der Variablen v beschrieben:
Mit der Zeitumrechnung, dass 20 Minuten $\frac{1}{3}$ Stunden und 10 Minuten $\frac{1}{6}$ Stunden entsprechen folgt aus den Informationen die Gleichung:
$45 \cdot \frac{1}{3} = v \cdot \left(\frac{1}{6} + \frac{1}{3}\right)$, also $v = 30$.
Nach den Informationen müsste Achim also mit einer Geschwindigkeit von $30\,\frac{km}{h}$ laufen, was recht unwahrscheinlich ist. Allerdings ist eine durchschnittliche Trainingsgeschwindigkeit von $45\,\frac{km}{h}$ auch nicht wirklich realistisch.
Die Probe zeigt, dass kein mathematischer Fehler vorliegt, sondern die Angaben falsch sein müssen.

19 a) Sei k das heutige Alter des Nachwuchses.
Dann gilt: $35 + 4 = 10 \cdot (k + 4)$.
Durch Auflösen erhält man $k = -0{,}1$. Das bedeutet also, dass der Nachwuchs noch gar nicht geboren ist, sondern $\frac{1}{10}$ eines Jahres, also ca. 1,2 Monate vor seiner Geburt steht.
b) Individuelle Lösung.

20 Individuelle Lösung z. B.:
a) Sei a der Preis für eine große Portion Popcorn im Kino. Dann beschreibt die Gleichung $14 \cdot a = 35$ die Kosten für 14 Portionen. Wie teuer ist dann eine Portion?
Antwort: Eine Portion kostet 2,50 €.
b) Sei e der Preis für eine Telefoneinheit. Dann beschreibt die Gleichung $120 \cdot e + 20 = 32$ die Telefonkosten eines Monats, wenn die Monatsgrundgebühren 20 € betragen und insgesamt 120 Einheiten vertelefoniert wurden. Wie viel kostet eine Einheit, wenn die Gesamtkosten 32 € betragen?
Antwort: Eine Einheit kostet 0,10 €.
c) $5 \cdot k = 50$. Eine Kinokarte kostet am Familientag 5 €. Franziska hat etwas weniger als 50 € zur Verfügung. Wie viele Personen könnte sie ins Kino einladen? Antwort: Sie könnte $K = 1, 2, 3, \ldots$ oder 9 Personen einladen.
d) Sei a die Anzahl von Getränkekisten. Wie viele Kisten muss man auf einer Mauer (Höhe: 1,60 m) übereinander stapeln, um eine Gesamthöhe von über 2,90 m zu erreichen, wenn eine Kiste 40 cm hoch ist?
Antwort: Aus $0{,}4 \cdot a + 1{,}6 = 2{,}9$ ergibt sich $a = 3{,}25$. Also benötigt man mindestens 4 Kisten.

21 Individuelle Lösung.

22 a) Achsenspiegelung
1. Man zeichnet durch den Punkt P eine Hilfslinie, die senkrecht zur Spiegelachse verläuft.
2. Man legt den Spiegelpunkt P' so auf der Hilfslinie fest, dass der Punkt P und der Spiegelpunkt P' den gleichen Abstand von der Spiegelachse haben.

Punktspiegelung
1. Man legt das Spiegelzentrum Z fest.
2. Man verbindet den Punkt P mit dem Spiegelzentrum Z und verlängert die Strecke über Z hinaus.
3. Man trägt die Länge der Strecke $\overline{PZ}$ nochmals an Z an. Der Endpunkt der Strecke ist der Spiegelpunkt P'.

b)

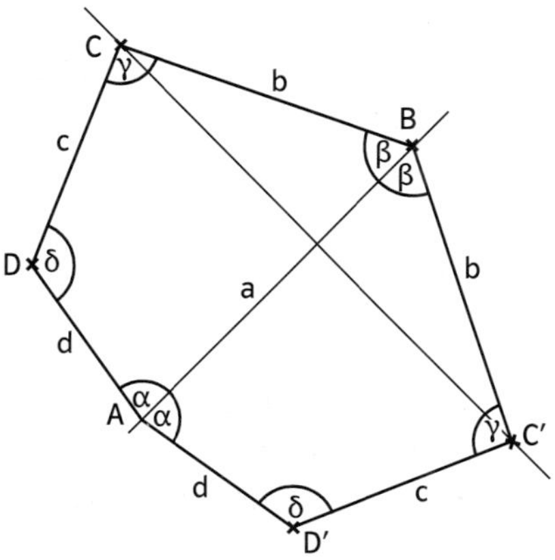

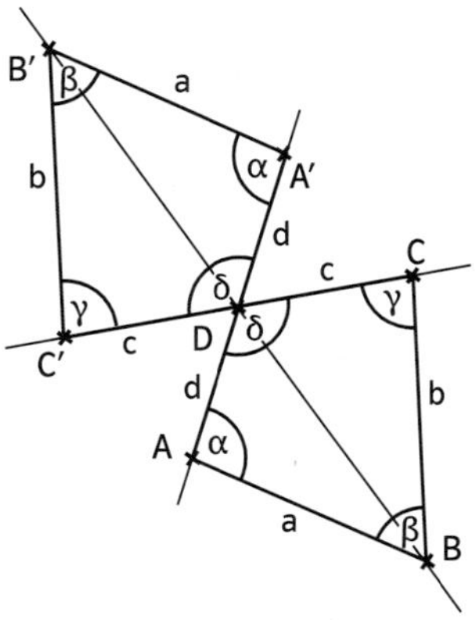

Wiederholen – Vertiefen – Vernetzten

Seite 136

1 a) $8a - 2$ b) $6c + 15$ c) $-5x - 1{,}1$
d) $-2g + 16$ e) $-8t + 5$ f) $16r - 8$
g) $3x - 13$ h) $6n + 30$

2 a) $x + 18 = 23$ b) $21 + 3v = 12$ c) $9 + v = 0$

3 a) $x = \frac{7}{3}$ b) $x = \frac{2}{3}$ c) $x = \frac{2}{3}$
d) $x = 2$ e) $x = -\frac{2}{3}$ f) nicht lösbar
g) $x = 1{,}2$ h) $x \approx 2{,}7668$

4 a) $3{,}2 \cdot 30 \cdot 25\,m^3 + 20 \cdot 25 \cdot 0{,}8\,m^3 = 2800\,m^3$
b) $x \cdot 30 \cdot 25 + 20 \cdot 25 \cdot 0{,}8 = 750x + 400$ (Rauminhalt des Beckens in m^3)
c) Gleichung: $750x + 400 = 2000$
Lösung (rückwärts rechnen):
$2000 - 400 = 1600$; $1600 : 750 \approx 2{,}13$
Ergebnis: Für 2 Millionen Liter muss man das Schwimmerbecken ca. 2,13 m tief machen.
d) $2 \cdot 30 \cdot x + 2 \cdot 0{,}8 \cdot 20 + 0{,}8 \cdot 25 + 25 \cdot x + 30 \cdot 25 + 25 \cdot (x - 0{,}8) + 20 \cdot 25 = 50 \cdot 25 + 2 \cdot 25 \cdot x + 2 \cdot 30 \cdot x + 2 \cdot 0{,}8 \cdot 20 = 110x + 1282$ (Fläche in m^2 bei Tiefe x des Schwimmerbeckens in m).
e) Für 1000 € kann man 160 Liter Farbe kaufen (1000 : 6,25 = 160). Diese reicht für 1600 m^2.
Gleichung: $110x + 1282 = 1600$
Lösung (rückwärts rechnen): $1600 - 1282 = 318$; $318 : 110 \approx 2{,}89$
Ergebnis: Für 1000 € kann man das Schwimmerbecken ca. 2,89 m tief machen.

5 a)

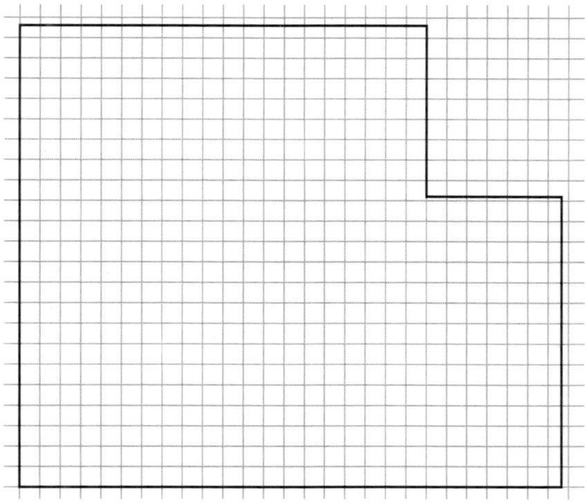

b) Umfang: $11{,}4\,m + 9{,}9\,m + 4{,}3\,m + 3{,}4\,m + 7{,}1\,m + 13{,}3\,m = 49{,}4\,m$
c) $11{,}4 + 9{,}9 + 4{,}3 + (x - 9{,}9) + 7{,}1 + x = 2x + 22{,}8$ (Umfang in m bei Seitenlänge x in m)
d) Gleichung: $2x + 22{,}8 = 52$
Lösung (rückwärts rechnen): $52 - 22{,}8 = 29{,}2$; $29{,}2 : 2 = 14{,}6$
Ergebnis: Bei einem Umfang von 52 m ist das Grundstück 14,6 m lang.
e) $13{,}3 \cdot 7{,}1\,m^2 + 4{,}3 \cdot 9{,}9\,m^2 = 137\,m^2$ oder $11{,}4 \cdot 13{,}3\,m^2 - 4{,}3 \cdot 3{,}4\,m^2 = 137\,m^2$
f) $x \cdot 7{,}1 + 4{,}3 \cdot 9{,}9 = 7{,}1x + 42{,}57$ (Flächeninhalt in m^2 bei Seitenlänge x in m)
g) Judith: Fig. 5; Judith berechnet erst den Gesamtflächeninhalt $11{,}4 \cdot x$ und zieht dann den Flächeninhalt des Rechtecks rechts oben ab.
Pia: Fig. 6; Pia berechnet die drei Rechtecke links oben ($9{,}9 \cdot 4{,}3$), links unten ($9{,}9 \cdot 7{,}1$) und rechts ($7{,}1 \cdot (x - 9{,}9)$) separat und addiert dann ihre Flächeninhalte.
Katharina: Fig. 3; Katharina berechnet zunächst das linke Rechteck ($11{,}4 \cdot 9{,}9$), dann das rechte ($7{,}1 \cdot (x - 9{,}9)$).
Lukas: Fig. 4; Lukas berechnet zunächst das obere Rechteck ($9{,}9 \cdot 4{,}3$), dann das untere ($x \cdot 7{,}1$).
h) Gleichung: $7{,}1x + 42{,}57 = 172{,}5$
Lösung (rückwärts rechnen): $172{,}5 - 42{,}57 = 129{,}93$; $129{,}93 : 7{,}1 = 18{,}3$
Ergebnis: Das Grundstück hat bei 1,725 a die Seitenlänge 18,3 m.

Seite 137

6 Wenn α der Winkel zu Sinas Anteil im Kreisdiagramm ist, so gehört zu Johannes der Winkel 2α, zu Jelena der Winkel 3α und zu Ida der Winkel 4α. Zusammen haben sie den Winkel
$\alpha + 2\alpha + 3\alpha + 4\alpha = 360°$.
Durch Probieren oder Rückwärtsrechnen mit $\alpha + 2\alpha + 3\alpha + 4\alpha = 10\alpha$ und $360:10 = 36$ findet man, dass zu Sina der Winkel 36° gehört. Damit bekommt Johannes 72°, Jelena 108°, Ida 144°.

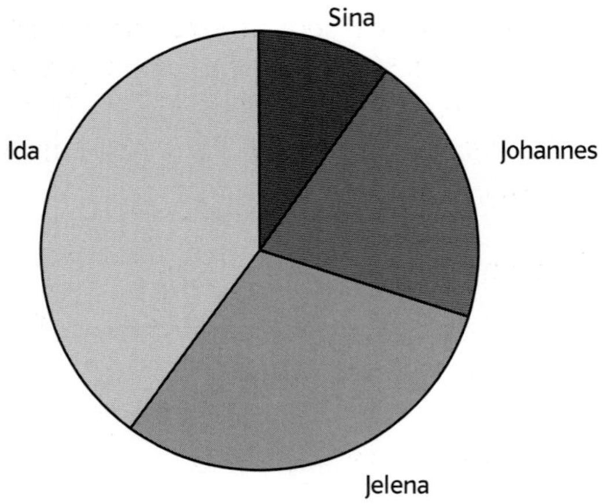

7 Eine Kante der quadratischen Basis ist 25 cm lang. Die Drahtstücke sind 8 mal 25 cm und 4 mal 75 cm.

8 Es gilt $7 \cdot a = 3 \cdot (a + 6\,cm)$. Die zweite Seite a ist 4,5 cm lang.

9 a)

n	Anzahl Kaninchen	Anzahl Zaunelemente	Fläche des Geheges (in m^2)
1	1	12	2,25
2	4	24	9
3	9	36	20,25

b) $n = 1$: $2{,}25 : 1 = 2{,}25\,m^2$ für 1 Kaninchen
$n = 2$: $9 : 4 = 2{,}25\,m^2$ für 1 Kaninchen
$n = 3$: $20{,}25 : 9 = 2{,}25\,m^2$ für 1 Kaninchen
Getestet an den 3 Beispielen hat Alina Recht.
c) Anzahl der Kaninchen: $K = n^2$, denn
bei $n = 1$ gibt es eine Reihe mit 1 Kaninchen;
bei $n = 2$ gibt es zwei Reihen mit je zwei Kaninchen;
bei $n = 3$ gibt es drei Reihen mit je drei Kaninchen;
⋮
Anzahl der Zaunelemente: $Z = 12 \cdot n$, denn pro Kaninchen am Zaun gibt es drei Zaunelemente, also $3 \cdot n$. Da es 4 Seiten gibt, kann man die Gesamtanzahl der Zaunelemente mit $4 \cdot 3n = 12n$ berechnen.

Fläche des Geheges: $A = 2{,}25 \cdot n^2$, denn pro Kaninchen am Zaun gibt es drei Zaunelemente je 0,50 m, also $3 \cdot 0{,}5 = 1{,}5\,m$.
Bei n Kaninchen pro Reihe ergibt sich eine Länge von $1{,}5 \cdot n$. Die Fläche ergibt sich dann aus $1{,}5 \cdot n \cdot 1{,}5 \cdot n = 2{,}25 \cdot n^2$.

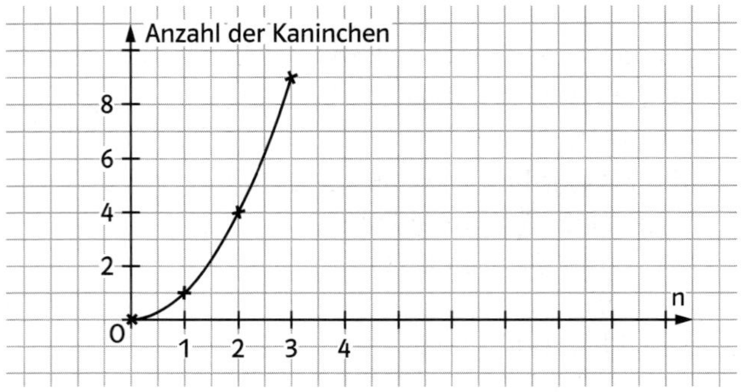

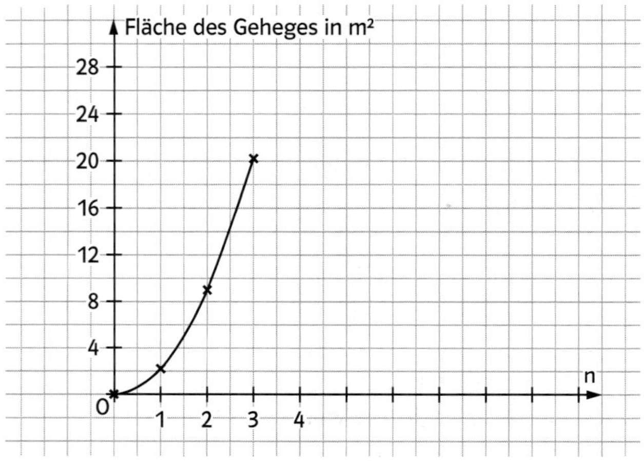

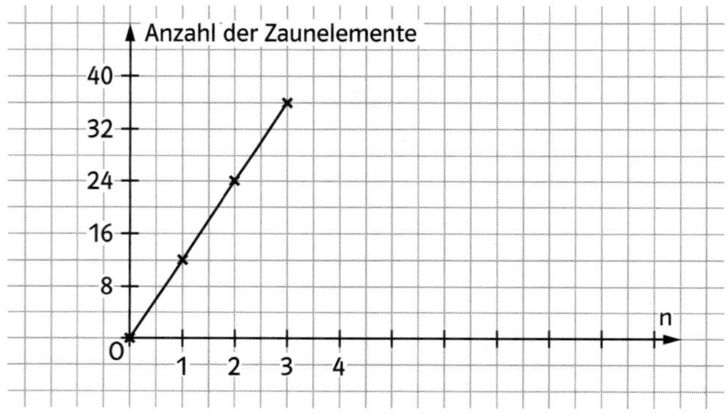

d) An den Graphen der Zuordnungen aus c) kann man erkennen, dass der Graph für die Anzahl der Kaninchen immer steiler wird, wobei der Graph für die Anzahl der Zaunelemente konstant ansteigt (proportionale Zuordnung). Daher nimmt die Anzahl der Kaninchen im Vergleich schneller zu!

10 a)
- Der Term $\frac{10}{55} \cdot t - \frac{10}{90} \cdot t$ beschreibt, wie viel Liter Wasser pro Sekunde (t beschreibt die Anzahl der Sekunden) effektiv abläuft, wenn der Wasserhahn geöffnet ist.
- Die Gleichung $\frac{10}{55} \cdot t - \frac{10}{90} \cdot t = 5$ beschreibt nun, nach wie viel Sekunden 5 l Wasser effektiv abgelaufen sind.

b) $\frac{10}{55} \cdot t - \frac{10}{90} \cdot t = 5$ | vereinfachen
$0,\overline{07} \cdot t = 5$ | $: 0,\overline{07}$
$t \approx 70,71$
Der Messwert und der berechnete Wert stimmen gut überein. Die Differenz ergibt sich aus experimentellen Ungenauigkeiten.

- Aus dem Wasserhahn kommen in 1,5 Minuten (gleich 90 Sekunden) 10 l Wasser, also $\frac{10}{90}$ l pro Sekunde.
- 10 l Wasser laufen in 55 Sekunden durch den Abfluss, also $\frac{10}{55}$ l pro Sekunde.
- Wenn das Becken halb gefüllt ist, fasst es 5 l Wasser.

c) Individuelle Lösung.
d) Die Ungleichung $\frac{10}{55} \cdot t - \frac{10}{90} \cdot t \geq 5$ beschreibt, nach wie viel Sekunden 5 l oder mehr abgelaufen sind.

Seite 138

11 a) Zunächst werden die Gleichungen zu beiden Tarifen aufgestellt:
Tarif 1: $y = 0,15x$
Tarif 2: $y = 0,09x + 4,95$
Welcher Tarif für Tina günstiger ist, hängt davon ab, wie viele Minuten sie im Monat telefoniert. Um eine differenzierte Antwort geben zu können, wird der Schnittpunkt der beiden Geraden zunächst zeichnerisch bestimmt.

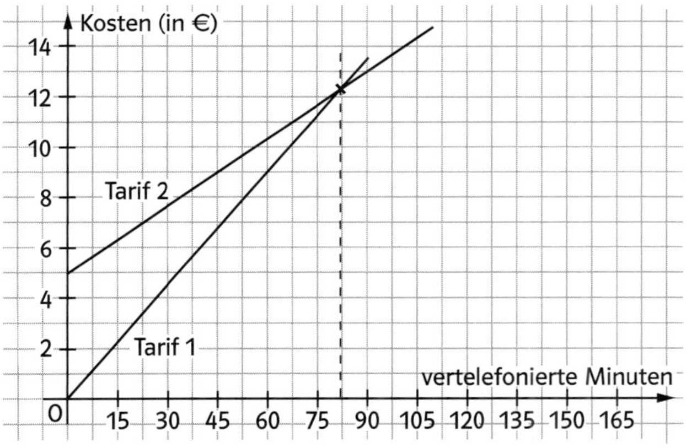

Grafische Lösung: Der Schnittpunkt der beiden Geraden liegt bei etwa 82 Minuten, d.h. wenn Tina weniger als 82 Minuten im Monat telefoniert, sollte sie sich für Tarif 1 entscheiden, wenn sie mehr als 82 Minuten telefoniert, sollte sie sich für Tarif 2 entscheiden.
b) Tarif 1: da sich ab schon 82 Minuten der Tarif 2 lohnt und Tina in diesem Fall nur 12,38 € monatlich zahlt, braucht der Vergleich der Flatrate nur mit Tarif 2 errechnet werden.
Tarif 2: Ab 168 Minuten monatlich (nur am Wochenende) lohnt sich die Telefonflatrate.
c) Beim linken Graphen beschreibt x die verbrauchten Minuten insgesamt und y die Gesamtkosten. Beim rechten Graphen sind die Kosten getrennt voneinander dargestellt. x beschreibt hier im Vergleich nur die verbrauchten Minuten bei den einzelnen Teiltarifen.
Die Kosten berechnen sich durch
$122 \cdot 0,49 + 176 \cdot 0,19 + 58 \cdot 0,09$ und $40 \cdot 0,15 = 104,44$.
Er müsste also 104,44 € bezahlen.
d) An der Rechnung aus c) erkennt man, dass der Term die Zusammensetzung der einzelnen Teiltarife und den entsprechenden Teilkosten ist. Wenn nun bei allen Teiltarifen gleichviele Minuten verbraucht wurden, kann man mit dem Term $0,49x + 0,19x + 0,09x + 0,15s$ die Kosten berechnen, wobei x die Anzahl der jeweils verbrauchten Minuten und s die Anzahl der SMS beschreibt. Der Term $0,77x + 0,15s$ ergibt sich aus dem obigen Term durch Vereinfachen (Zusammenfassen). Demnach hat Sebastian Recht.

12 Sei a die Anzahl der Lotusblüten.
$\frac{a}{3} + \frac{a}{5} + \frac{a}{6} + \frac{a}{4} = \frac{20}{60}a + \frac{12}{60}a + \frac{10}{60}a + \frac{15}{60}a = \frac{57}{60}a$
Also ist der Rest: $\frac{3}{60}a = 6$ | $\cdot \frac{60}{3}$
$a = \frac{6 \cdot 60}{3} = 120$.
Das Bündel enthält 120 Lotusblüten.
Oder: $a - \frac{a}{3} - \frac{a}{5} - \frac{a}{6} - \frac{a}{4} = 6$
$\frac{1}{20}a = 6$
$a = 120$

Seite 139

13 a) Weg in drei Stücke unterteilt. Betrachte zuerst eines davon. Beachte: n ist Grundlinienzahl außen.

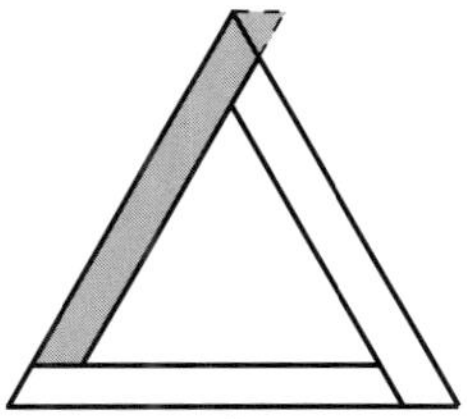

$3 \cdot 2(n - 1) - 3 \cdot 1$
$2(n - 1)$ grau
1 Überstand

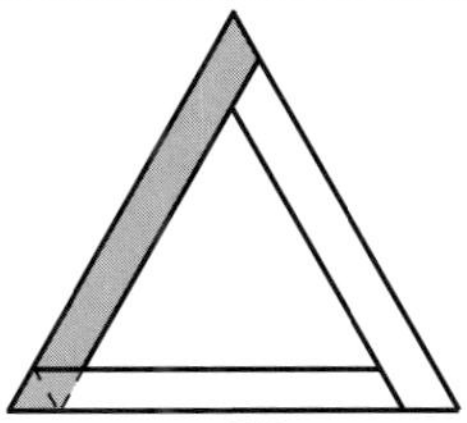

$3 \cdot (2n - 1) - 3 \cdot 2$
$2n - 1$ grau
2 stehen über

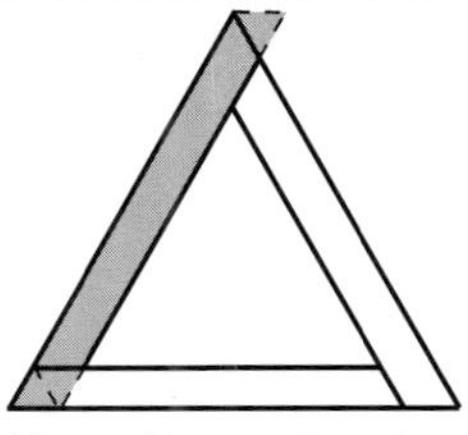

$3 \cdot (2n - 3)$
$2n$ ist grau
3 stehen über

b) $3 \cdot (2n - 3) = 6n - 9$
$3 \cdot (2n - 1) - 3 \cdot 2 = 6n - 3 - 6 = 6n - 9$
$3 \cdot 2(n - 1) - 3 \cdot 1 = 6n - 6 - 3 = 6n - 9$
Damit sind alle drei Terme äquivalent.

c) Kantenlänge der Platten: 2 m
50 : 2 = 25. Entlang einer Grundseite der Pyramide können 25 Platten anliegen. Damit liegen an einer Außenseite des Weges 28 Platten an.
Also $n = 28$. Dann ist $6 \cdot n - 9 = 6 \cdot 28 - 9 = 159$.
Man benötigt 159 Platten.
Kantenlänge: 2,50 m
50 : 2,5 = 20. Also 20 + 3 = 23 Platten liegen an einer Außenseite des Weges an.
Dann: $6 \cdot 23 - 9 = 129$.
Man benötigt 129 Platten.

14 a) Sei die Anzahl der Sitzplätze im oberen Rang mit o, im mittleren Rang mit m und im unteren Rang mit u beschrieben.
Dann gilt: $o + m + u = 66\,000$
Ferner ist: $o = 1{,}1 \cdot u$, da im oberen Rang 10 % mehr Sitzplätze sind als im unteren. Aus dieser Gleichung folgt: $u = \frac{o}{1{,}1}$.
Ferner ist: $m = o + 2000$.
Wenn man nun in die erste Gleichung die anderen beiden Gleichungen einsetzt, erhält man eine Gleichung nur mit der Variablen o, die man dann auflösen kann.
Aus $o + m + u = 66\,000$ wird dann
$o + (o + 2000) + \frac{o}{1{,}1} = 66\,000$. Durch Auflösen erhält man $o = 22\,000$.
Nun kann man m und u berechnen: $m = 24\,000$ und $u = 20\,000$. Also sind im unteren Rang 20 000 Sitzplätze, im mittleren Rang 24 000 Sitzplätze und im oberen Rang 22 000 Sitzplätze.
b) Individuelle Lösung.

15 a) $5(4x - 6) = -10(3 - 2x)$
$20x - 30 = -30 + 20x \quad | +30$
$20x = 20x \quad | :20$
$x = x$
Diese Gleichung ist allgemein, also für alle Zahlen gültig.
b) $5(3x - 6) = -10(3 - 2x)$
$15x - 30 = -30 + 20x \quad | +30$
$15x = 20x \quad | -15x$
$0 = 5x \quad | :5$
$0 = x$
Diese Gleichung hat die Lösung $x = 0$.
c) $5(4x - 6) = -10(2 - 3x)$
$20x - 30 = -20 + 30x \quad | +30$
$20x = 10 + 30x \quad | -30x$
$-10x = 10 \quad | :(-10)$
$x = -1$
Diese Gleichung hat die Lösung $x = -1$.
d) $5(4x - 6) = -10(4 - 2x)$
$20x - 30 = -40 + 20x \quad | -20x$
$-30 = -40$
Diese Gleichung ist unwahr, da $-30 \neq -40$. Deshalb ist sie nicht lösbar.
e) $6x - 14 = 2(-7 + 2x) + 2x$
$6x - 14 = -14 + 4x + 2x \quad | +14$
$6x = 6x \quad | :6$
$x = x$
Diese Gleichung ist allgemein gültig.
f) $6x - 14 = 2(-4 + 3x) + 2x$
$6x - 14 = -8 + 6x + 2x \quad | +8$
$6x - 6 = 8x \quad | -6x$
$-6 = 2x \quad | :2$
$-3 = x$
Diese Gleichung hat die Lösung $x = -3$.
g) $6x - 14 = 2(-7 + 3x) + 2x$
$6x - 14 = -14 + 6x + 2x \quad | +14$
$6x = 8x \quad | -6x$
$0 = 2x \quad | :2$
Diese Gleichung hat die Lösung $x = 0$.
h) $6x - 14 = 2(-6 + 2x) + 2x$
$6x - 14 = -12 + 4x + 2x \quad | +14$
$6x = 2 + 6x \quad | -6x$
$0 = 2$
Diese Gleichung ist nicht lösbar, da $0 \neq 2$.

16 a) $x \cdot (x - 2) = 0$
Bei $x = 0$ ist $0 \cdot (0 - 2) = 0$ und
bei $x = 2$ ist $2 \cdot (2 - 2) = 2 \cdot 0 = 0$.
Demnach sind $x = 0$ und $x = 2$ die Lösungen der Gleichung $x \cdot (x - 2) = 0$.
b) Zu Rolf: Rolf erhält die Lösung $x = 2$. Diese Lösung ist zwar richtig, aber unvollständig. Wenn man durch x dividiert, fällt also eine Lösung $(x = 0)$ weg. Außerdem müsste man voraussetzen, dass $x \neq 0$ gilt, wenn durch x dividiert werden sollte.
Zu Nina: Wenn man Gleichungen mit 0 multipliziert, ergibt sich immer die Gleichung $0 = 0$. Der Wert und damit die Anzahl der Lösungen bleibt aber nicht erhalten – bei der veränderten Gleichung kommen mehr Lösungen in Frage, als bei der Originalgleichung. Das kann nicht stimmen.
c) $(x - 5) \cdot x = 0$;
hier sind die Lösungen $x = 0$ und $x = 5$
$0 = x \cdot (6 - x)$;
hier sind die Lösungen $x = 0$ und $x = 6$
Regel: Wenn man eine Gleichung in der Form $A \cdot B = 0$ schreiben kann, so erhält man die Lösungen, indem man die Gleichungen $A = 0$ und $B = 0$ löst. Dieses Verfahren funktioniert, weil $A \cdot B = 0$ gilt, wenn $A = 0$ oder $B = 0$ erfüllt ist.

Exkursion: Zahlenzauberei

Seite 140

1 a) $(z + 1)\cdot 100 + z\cdot 10 + (z - 1)\cdot 1 - [(z - 1)\cdot 100 + z\cdot 10 + (z + 1)\cdot 1]$
$= 100z + 100 + 10z + z - 1 - [100z - 100 + 10z + z + 1]$
$= \cancel{100z} + 100 + \cancel{10z} + \cancel{z} - 1 - \cancel{100z} + 100 - \cancel{10z} - \cancel{z} - 1$
$= 200 - 2 = 198$
b) größtmögliche Zahl: $(z + 1)\cdot 10 + z\cdot 1$
kleinstmögliche Zahl: $z\cdot 10 + (z + 1)\cdot 1$,
wobei z die kleinere Ziffer beschreibt.
Also: $(z + 1)\cdot 10 + z - [z\cdot 10 + (z + 1)\cdot 1]$
$= \cancel{10z} + 10 + \cancel{z} - \cancel{10z} - \cancel{z} - 1$
$= 10 - 1 = 9$
Das Ergebnis ist immer 9.
Für vier aufeinander folgende Ziffern sei z die kleinste Ziffer.
größtmögliche Zahl:
$(z + 3)\cdot 1000 + (z + 2)\cdot 100 + (z + 1)\cdot 10 + z\cdot 1$
kleinstmögliche Zahl:
$(z\cdot 1000 + (z + 1)\cdot 100 + (z + 2)\cdot 10 + (z + 3)$
Also:
$(z + 3)\cdot 1000 + (z + 2)\cdot 100 + (z + 1)\cdot 10 + z\cdot 1$
$- [z\cdot 1000 + (z + 1)\cdot 100 + (z + 2)\cdot 10 + (z + 3)]$
$= 1000z + 3000 + 100z + 200 + 10z + 10 + z$
$- [1000z + 100z + 100 + 10z + 20 + z + 3]$
$= \cancel{1000z} + 3000 + \cancel{100z} + 200 + \cancel{10z} + 10 + \cancel{z}$
$- \cancel{1000z} - \cancel{100z} - 100 - \cancel{10z} - 20 - \cancel{z} - 3$
$= 3000 + 200 + 10 - 100 - 20 - 3$
$= 3087$
Hier erhält man immer das Ergebnis 3087.

2 a) Sei r die Anzahl der Erbsen unter dem roten Becher. Dann ist die Anzahl der Erbsen unter dem blauen Becher $13 - r$.
Es gilt nach der folgenden Rechenvorschrift:
$6\cdot r + 5\cdot(13 - r)$. Durch Vereinfachen erhält man: $6\cdot r + 65 - 5r = r + 65$.
Das Ergebnis wird einem gesagt, etwa 67.
Dann ist $r + 65 = 67 \quad | -65$
$r = 2$.
Also 2 Erbsen unter dem roten Becher und 11 $(13 - 2 = 11)$ Erbsen unter dem blauen Becher.
Bei einem Ergebnis von etwa 75 wären $r + 65 = 75$, also $r = 10$ und $13 - 10 = 3$.
b) „Ich habe 9 Münzen. Verteile sie in deinen Händen. Multipliziere die Anzahl der Münzen in deiner linken Hand mit 5 und die in der rechten Hand mit 4. Addiere beide Ergebnisse und nenne mir das Ergebnis." – „37."
mögliche Lösung:
Sei l die Anzahl der Münzen in der linken Hand:
$5\cdot l + 4\cdot(9 - l) = 5l + 36 - 4l = l + 36$
Mit $l + 36 = 37$ folgt $l = 1$.
Sie hat 1 Münze in der linken und 8 Münzen in der rechten Hand.

Seite 141

3 a)

Zahl	Ereignis
2	8
4	16
5	20
7	28
10	40

b) Sei z die gedachte Zahl.
$(z + 5)\cdot 4 - 20 = 4\cdot z + 20 - 20 = 4z$
Das Ergebnis muss man einfach durch 4 dividieren.
c) „Denke dir eine Zahl, addiere dann 7 und multipliziere das Ergebnis mit 5. Subtrahiere nun 29 und füge die gedachte Zahl hinzu. Dividiere nun durch 6."
$[(z + 7)\cdot 5 - 29 + z] : 6$
$= [5z + 35 - 29 + z] : 6 = [6z + 6] : 6 = z + 1$
Vom Ergebnis muss man nun 1 subtrahieren, um die gedachte Zahl zu erhalten.

4 a) Sei z die gedachte Zahl.
Wenn man die Vorschrift übersetzt, ergibt sich folgender Term:
$[(z + 4)\cdot 2 + 5]\cdot 4 - 8z = [2z + 8 + 5]\cdot 4 - 8z$
$= 8z + 52 - 8z = 52$
Da das Ergebnis bei allen Zahlen 52 ist, stimmt es mit der Zahl auf dem Zettel überein.
Text: „Der Term $[(z + 4)\cdot 2 + 5]\cdot 4 - 8z = 52$ erklärt alles."
b) $[(z - 3)\cdot 3 + 14]\cdot 2 - 6z = 10$
„Denke dir eine Zahl und subtrahiere 3. Multipliziere das Ergebnis mit 3 und addiere 14. Multipliziere nun mit 2 und subtrahiere das Sechsfache der gedachten Zahl. Das Ergebnis steht schon auf dem Zettel."
c) Man sollte diesen Trick mit jeder Rechenvorschrift nur einmal durchführen, weil dies Ergebnis ansonsten immer dasselbe wäre, was sehr auffällig ist.

5 a) Nach der 2. Anweisung liegen im
linken Stapel 2,
mittleren Stapel 9 und
rechten Stapel 4 Hölzer. Damit nach der 3. Anweisung im mittleren Stapel 6 Hölzer liegen, müssen noch 3 Hölzer aus dem mittleren Stapel beispielsweise auf den rechten Stapel verschoben werden. Es fällt bei verschiedenen Anfangssituationen auf, dass nach der 2. Anweisung im mittleren Stapel immer 9 Hölzer liegen.

b)

	linker Stapel	mittlerer Stapel	rechter Stapel
Anfangssituation	z	z	z
nach der 1. Anweisung	z − 3	z + 6	z − 3
nach der 2. Anweisung	z − 3	z + 6 − (z − 3)	z − 3 + (z − 3)
		= 9	= 2z − 6

z beschreibt die Anzahl der Hölzer in jedem Stapel in der Anfangssituation.

c) Da die Anzahl der Hölzer nach der 2. Anweisung im mittleren Stapel immer 9 ist, kann Kristine die dritte, vierte oder fünfte Anweisung so wählen, dass am Ende im mittleren Stapel so viele Hölzer liegen, wie von der Person genannt wurde.

V Beziehungen in Dreiecken

Lösungshinweise Kapitel V – Erkundungen

Seite 146

1. Dreiecke sortieren

Peters Einteilung:
Es werden nur zueinander kongruente Dreiecke zusammengefasst, d.h. Dreiecke, bei denen drei Winkel und drei Seiten übereinstimmen. Dies sind:
- (13) und (14)
- (5) und (10)
- (15) und (19)
- (1) und (4)
- (12) und (20)
- (3) und (6)
- (8) und (16)
- (9) und (11)

Zu den Dreiecken (2), (7), (17) und (18) ist jeweils kein anderes Dreieck kongruent.

Luises Einteilung:
Es wird in Dreiecksarten eingeteilt. Je nach Einteilung können Dreiecke in zwei Kategorien enthalten sein.
- (2), (7), (12), (13), (14) und (20) sind stumpfwinklige Dreiecke.
- (1), (4), (5), (10), (15) und (19) sind rechtwinklige Dreiecke.
- (3), (6), (8), (9), (11), (16), (17) und (18) sind spitzwinklige Dreiecke.
- (3), (6) und (17) sind gleichseitige Dreiecke.
- (1), (4), (5), (8), (9), (10), (11), (16) und (18) sind gleichschenklige, aber nicht gleichseitige Dreiecke.

Sinas Einteilung:
Es werden jeweils zueinander ähnliche Dreiecke in eine Kategorie gefasst, d.h. Dreiecke, bei denen die drei Winkel gleich groß sind. Das sind:
- (2), (7), (12) und (20)
- (3), (6) und (17)
- (9), (11) und (18)
- (15) und (19)
- (1), (4), (5) und (10)
- (8) und (16)
- (13) und (14)

Seite 147

2. Ein ganz besonderer Kreis

Die Erkundung soll einen Zugang zum Beweis des Satzes des Thales liefern (siehe Lerneinheit 7). Die Zeichnungen sind so gewählt, dass der Punkt C jeweils auf dem Thaleskreis über $\overline{AB}$ liegt.

Seite 148

3. Geometrie mit dem Computer – der Zugmodus

Forschungsauftrag 1:
Die Konstruktion der Mittelsenkrechten und eines Umkreises stellt für die meisten Schülerinnen und Schüler erfahrungsgemäß kein Problem dar. Die Konstruktion von Winkelhalbierenden und des Inkreises ist dagegen schon deutlich anspruchsvoller. Zur Konstruktion der Winkelhalbierenden müssen die Winkel bezeichnet werden, hierzu findet sich ein Hinweis auf der Randspalte. Zur Konstruktion des Inkreises muss ein Lot konstruiert werden. Gerade an dieser Stelle wird man viele Lösungen erhalten, die „fast richtig" aussehen. Mit dem Zugmodus lassen sich solche Lösungen jedoch schnell als falsch entlarven.

Seite 149

Forschungsauftrag 2:
Über die Entdeckung der Eigenschaften von Stufen- und Wechselwinkeln an Geraden werden die Schülerinnen und Schüler an den Winkelsummensatz für Dreiecke herangeführt. Mit dem Einzeichnen der Strecke $\overline{BC}$ erhält man eine vollständige Beweisfigur für den Winkelsummensatz. Vom Handling des Geometrieprogramms dürfte höchstens der Umgang mit den Winkeln (bezeichnen und messen) kleinere Schwierigkeiten machen.

Forschungsauftrag 3:
Hier entdecken die Schülerinnen und Schüler zunächst die Umkehrung des Satzes des Thales. Dazu muss eine Lotgerade eingezeichnet werden. Das Aufzeichnen der Ortlinie des Punktes C veranschaulicht den Sachverhalt sehr schön. Wenn dies technisch zu große Probleme bereitet, kann aber auch darauf verzichtet werden. Mit Fig. 3 wird dann nicht nur der eigentliche Satz des Thales entdeckt, sondern es werden bereits Hinweise für einen Beweis angedeutet. Am Ende wird in Fig. 4 noch der Satz vom Mittelpunktswinkel angerissen. Dabei soll insbesondere deutlich werden, dass es sich beim Satz des Thales um einen Spezialfall des Satzes vom Mittelpunktswinkel handelt, bei dem die Strecke $\overline{AB}$ gerade ein Durchmesser ist.

1 Dreiecke konstruieren

Seite 152

1 Mögliche Lösung:
1. Ich zeichne eine Planfigur, um mir einen Überblick darüber zu verschaffen, wo die Seiten a, b und c liegen
2. Ich zeichne die Seite $a = 4\,cm$.
3. Ich zeichne einen Kreis mit dem Mittelpunkt B und dem Radius $c = 7\,cm$.
4. Ich zeichne einen Kreis mit dem Mittelpunkt C und dem Radius $b = 5\,cm$.
5. Ich kennzeichne die beiden Schnittpunkte der beiden Kreise.
6. Ich benenne einen der beiden Schnittpunkte der Kreise mit dem Buchstaben C. Ich achte darauf, dass der mathematische Drehsinn beim Bezeichnen der Punkte eingehalten wird.
7. Ich verbinde die Punkte A, B und C zu einem Dreieck.

2 a) Siehe Tabelle unten.

b)
1. Planfigur zeichnen und bekannte Größen markieren.
2. Die Seite $a = 3\,cm$ zeichnen und die Endpunkte mit B und C bezeichnen.

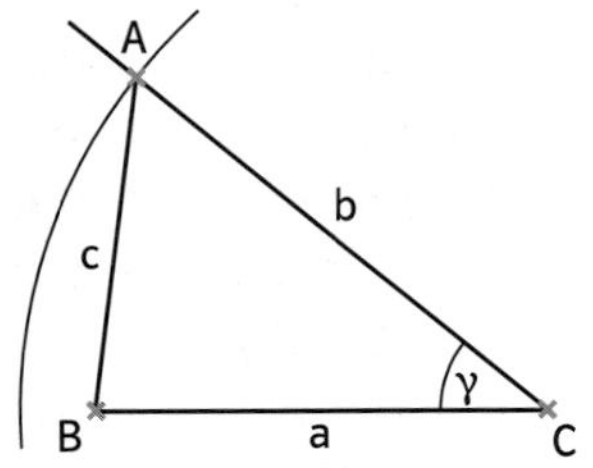

3. Den Winkel $\gamma = 39°$ am Punkt C einzeichnen.
4. Mit dem Zirkel einen Kreis um C mit Radius $b = 3{,}5\,cm$ zeichnen.
5. Der Schnittpunkt des Kreises mit dem eingezeichneten Schenkel ist der Eckpunkt A.
6. Die Punkte A, B und C zu einem Dreieck verbinden.

3 Zu den Konstruktionen soll jedes Mal im Vorfeld eine Planfigur gezeichnet werden.

a)
1. Die Seite $c = 4{,}9\,cm$ einzeichnen und die Endpunkte mit A und B bezeichnen.
2. Einen Kreis mit Mittelpunkt A und Radius $b = 3{,}9\,cm$ zeichnen.

Lösung zu Aufgabe **2** a)

	Corinna	Louis
Beispiele für fehlende Informationen	– Es ist nicht klar, wo die Punkte A und C liegen müssen. Die Information „wo a anfängt und aufhört" ist nicht eindeutig. – Es ist nicht klar, wie der Winkel γ genau eingezeichnet wird. Es wird nicht erläutert, dass man den mathematischen Drehsinn berücksichtigen muss.	– Es ist nicht klar, wo B und C liegen müssen. Die Information „vorne und hinten" ist nicht eindeutig. – Es ist nicht klar, wo der Winkel eingezeichnet wird
Beispiele für überflüssige Informationen	– „Ich nehme das Lineal" – „ich mache einen kleinen Strich" – „ich steche mit dem Zirkel ein."	– „ich nehme mein Geodreieck" – „mit der anderen Seite des Geodreiecks"

	Formulierung in der Aufgabe	Fachsprache
Corinna	Ich nehme das Lineal und mache nach 3 cm einen kleinen Strich und bei 0 cm auch. Dann verbinde ich die kleinen Striche und schreibe an den längeren Strich a. Dort, wo a anfängt und aufhört, schreibe ich B und C dran.	Ich zeichne die Seite $a = 3\,cm$.
	Da, wo ich C hingeschrieben habe …	Am Punkt C …
	Dann steche ich mit dem Zirkel da hinein, wo ich C hingeschrieben habe und zeichne einen Kreis, der 3,5 cm breit ist.	Ich zeichne einen Kreis mit Mittelpunkt C und Radius $b = 3{,}5\,cm$.
	Da, wo sich Kreis und Winkel treffen, muss A sein.	Am Schnittpunkt des Kreises mit dem Schenkel des Winkels liegt A.
Louis	Ich zeichne eine 3 cm lange Linie und schreibe vorne und hinten B und C dran.	Ich zeichne die Seite $a = 3\,cm$.
	Dann nehme ich mein Geodreieck und zeichne einen Winkel von 39.	Am Punkt C zeichne ich den Winkel γ ein.
	Ich achte dabei auf die Bezeichnung der Punkte, die nicht im Uhrzeigersinn verlaufen darf.	Ich achte darauf, dass die Bezeichnung der Punkte im mathematischen Drehsinn, d.h. gegen den Uhrzeigersinn verläuft.
	Mit der anderen Seite des Geodreiecks messe ich an dem Winkel ab, wo 3,5 cm ist. Dort liegt der fehlende Punkt A.	Ich messe vom Punkte C aus 3,5 cm auf dem Schenkel von γ ab.

Man könnte eine einfachere Konstruktionsbeschreibung angeben (vgl. b).

3. Einen Kreis mit Mittelpunkt B und Radius $a = 2{,}9\,\text{cm}$ zeichnen.
4. Der Punkt C ist einer der beiden Schnittpunkte der Kreise. Auf den mathematischen Drehsinn beim Bezeichnen der Punkte achten und den Punkt C einzeichnen.
5. Die Punkte A, B und C zu einem Dreieck verbinden.

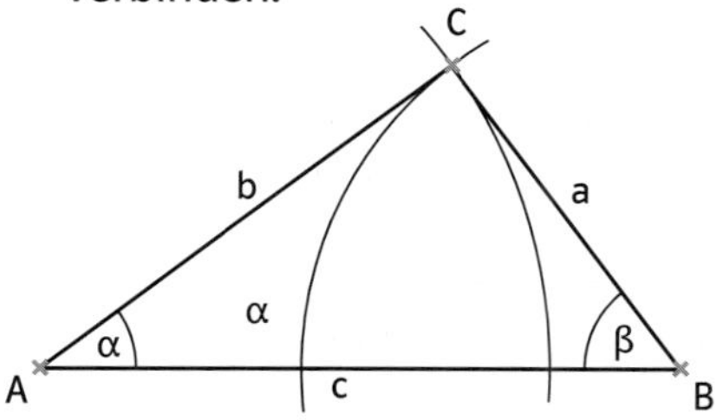

Der Zeichnung können nun die Winkelgrößen des Dreiecks durch Messung entnommen werden: $\alpha \approx 36{,}3°$; $\beta \approx 52{,}7°$; $\gamma \approx 91°$.

b)
1. Die Seite $a = 6\,\text{cm}$ zeichnen und die Endpunkte mit B und C bezeichnen.
2. Am Punkt B den Winkel $\beta = 95°$ einzeichnen.
3. Am Punkt C den Winkel $\gamma = 32°$ einzeichnen.
4. Den Schnittpunkt der Schenkel von β und γ mit A bezeichnen.
5. Die Punke A, B und C zu einem Dreieck verbinden.

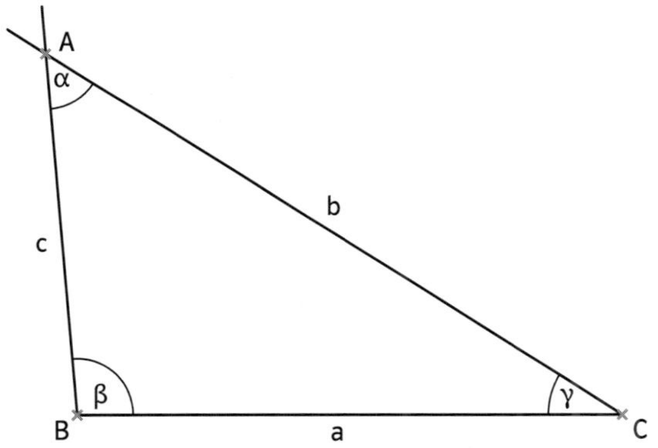

Der Zeichnung können die fehlenden Größen entnommen werden: $\alpha = 53°$; $b \approx 7{,}48$; $c \approx 3{,}98\,\text{cm}$.

c)
1. Die Seite $a = 6\,\text{cm}$ zeichnen und die Endpunkte mit B und C markieren.
2. Am Punkt C den Winkel $\gamma = 120°$ einzeichnen.
3. Einen Kreis mit Mittelpunkt C und Radius $b = 3\,\text{cm}$ zeichnen.
4. Der Schnittpunkt des Kreises mit dem gezeichneten Schenkel ist der Punkt A.
5. Die Punkte A, B und C zu einem Dreieck verbinden.

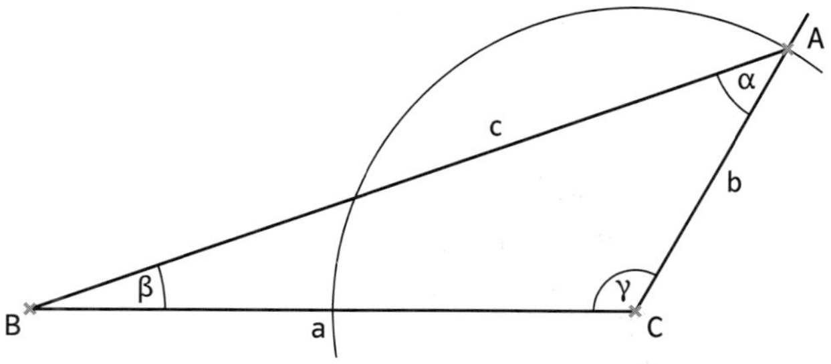

Der Zeichnung können die fehlenden Größen entnommen werden: $\alpha \approx 40{,}9°$; $\beta \approx 19{,}1°$; $c \approx 7{,}94\,\text{cm}$.

d)
1. Die Seite $c = 5{,}8\,\text{cm}$ einzeichnen und die Endpunkte mit A und B bezeichne.
2. Einen Kreis mit Mittelpunkt A und Radius $b = 10\,\text{cm}$ zeichnen.
3. Einen Kreis mit Mittelpunkt B und Radius $a = 4{,}8\,\text{cm}$ zeichnen.
4. Der Punkt C ist einer der beiden Schnittpunkte der Kreise. Auf den mathematischen Drehsinn beim Bezeichnen der Punkte achten und den Punkt C einzeichnen.
5. Die Punkte A, B und C zu einem Dreieck verbinden.

Grafik auf 50 % verkleinert

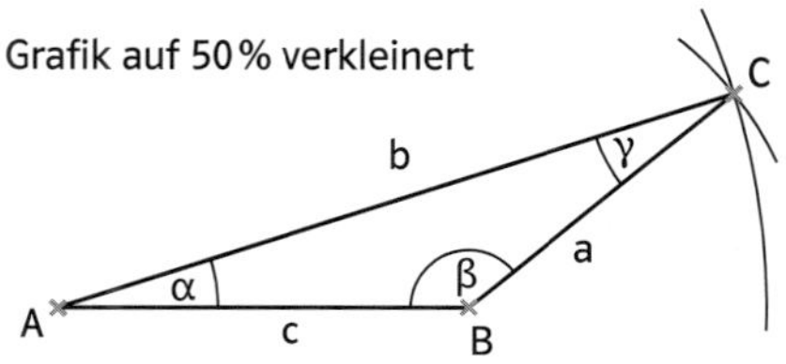

Der Zeichnung können die fehlenden Größen entnommen werden: $\alpha \approx 17{,}55°$; $\beta \approx 141{,}08°$; $\gamma \approx 21{,}37°$.

e)
1. Die Seite $c = 6\,\text{cm}$ zeichnen und die Endpunkte mit A und B bezeichnen.
2. Am Punkt B den Winkel $\beta = 91°$ einzeichnen.
3. Am Punkt A den Winkel $\alpha = 30°$ einzeichnen.
4. Den Schnittpunkt der Schenkel von α und β bezeichnen.
5. Die Punke A, B und C zu einem Dreieck verbinden.

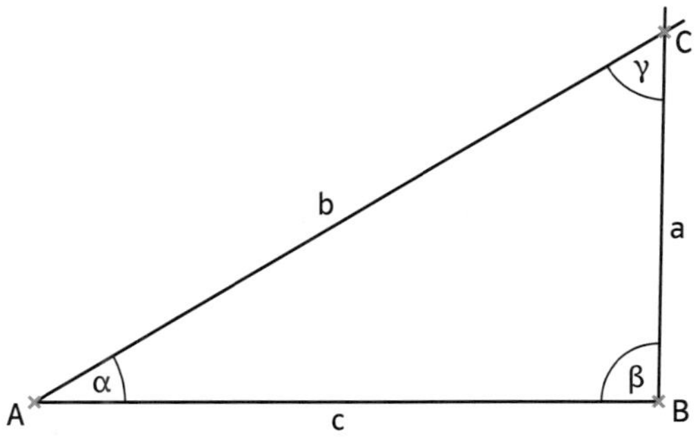

Der Zeichnung können die fehlenden Größen entnommen werden: $\gamma = 59°$; $a \approx 3{,}5\,\text{cm}$; $b \approx 7\,\text{cm}$.

f)
1. Planfigur zeichnen und bekannte Größen markieren.
2. Die Seite b = 6 cm zeichnen und die Endpunkte mit A und C markieren.
3. Am Punkt A den Winkel $\alpha = 44°$ einzeichnen.
4. Einen Kreis mit Mittelpunkt A und Radius c = 4 cm zeichnen.
5. Der Schnittpunkt des Kreises mit dem gezeichneten Schenkel ist der Punkt B.
6. Die Punkte A, B und C zu einem Dreieck verbinden.

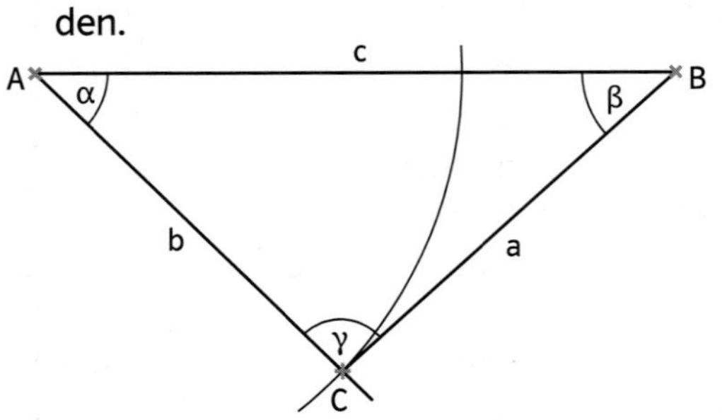

Der Zeichnung können die fehlenden Größen entnommen werden: $\beta \approx 94{,}3°$; $\gamma \approx 41{,}7°$; $a \approx 4{,}18$ cm.

4 a)
1. Die Seite $\overline{AB}$ = 4 cm einzeichnen.
2. Einen Kreis mit Mittelpunkt A und Radius $\overline{AC}$ = 5 cm einzeichnen.
3. Einen Kreis mit Mittelpunkt B und Radius $\overline{BC}$ = 6 cm einzeichnen.
4. Die Kreise schneiden sich in zwei Punkten. Einen der Schnittpunkte mit C bezeichnen, sodass der mathematische Drehsinn bei der Bezeichnung der Eckpunkte beachtet wird.
5. Die Punke A, B und C zu einem Dreieck verbinden.

b)
1. Die Seite $\overline{AB}$ = 3,3 cm einzeichnen und die Endpunkte mit A und B bezeichnen.
2. Am Punkt A den Winkel $\alpha = 45°$ einzeichnen.
3. Am Punkt B den Winkel $\beta = 55°$ einzeichnen.
4. Der Schnittpunkt der in 3. und 4. gezeichneten Schenkel ist der Eckpunkt C
5. Die Punkte A, B und C zu einem Dreieck verbinden.

c)
1. Die Seite $\overline{AC}$ = 8 cm einzeichnen und die Endpunkte mit A und C bezeichnen.
2. Am Punkt A den Winkel $\alpha = 111°$ einzeichnen.
3. Am Punkt C den Winkel $\gamma = 32°$ einzeichnen.
4. Der Schnittpunkt der in 3. und 4. gezeichneten Schenkel ist der Eckpunkt B.
5. Die Punkte A, B und C zu einem Dreieck verbinden.

d)
1. Die Seite $\overline{AB}$ = 7 cm einzeichnen und die Endpunkte mit A und B bezeichnen.
2. Am Punkt B den Winkel $\beta = 40°$ einzeichnen.
3. Einen Kreis mit Mittelpunkt B und Radius $\overline{BC}$ = 4 cm zeichnen.
4. Den Schnittpunkt des in 2. gezeichneten Kreises mit dem in 3. gezeichneten Schenkel von γ mit C bezeichnen.
5. Die Punkte A, B und C zu einem Dreieck verbinden.

e)
1. Die Seite $\overline{AB}$ = 3,2 cm einzeichnen.
2. Einen Kreis mit Mittelpunkt A und Radius $\overline{AC}$ = 6,5 cm einzeichnen.
3. Einen Kreis mit Mittelpunkt B und Radius $\overline{BC}$ = 3,9 cm einzeichnen.
4. Die Kreise schneiden sich in zwei Punkten. Einen der Schnittpunkte mit C bezeichnen, sodass der mathematische Drehsinn bei der Bezeichnung der Eckpunkte beachtet wird.
5. Die Punke A, B und C zu einem Dreieck verbinden.

f)
1. Die Seite $\overline{BC}$ = 5,3 cm einzeichnen.
2. Am Punkt C den Winkel γ einzeichnen.
3. Einen Kreis mit Mittelpunkt C und Radius $\overline{AC}$ = 4,9 cm zeichnen.
4. Den Schnittpunkt des in 3. gezeichneten Kreises mit dem in 2. gezeichneten Schenkel von γ mit A bezeichnen.
5. Die Punke A, B und C zu einem Dreieck verbinden.

Seite 153

5 Individuelle Lösung.

6
1. Die Strecke $\overline{BC}$ im Maßstab 1:10 000 zeichnen, d.h. 7,6 cm lang.
2. Den Winkel am Punkt C wie in der Abbildung im Buch einzeichnen.
3. Einen Kreis mit Mittelpunkt C und Radius 4,7 cm um C zeichnen.
4. Den Schnittpunkt des Kreises aus 3. mit dem Schenkel des in 2. gezeichneten Winkels mit A bezeichnen.
5. Die Strecke $\overline{AB}$ in der Zeichnung messen. Sie ist etwa 8,43 cm lang, d.h. der Abstand von A zu B beträgt etwa 843 Meter. Der See ist demnach ungefähr 843 Meter lang.

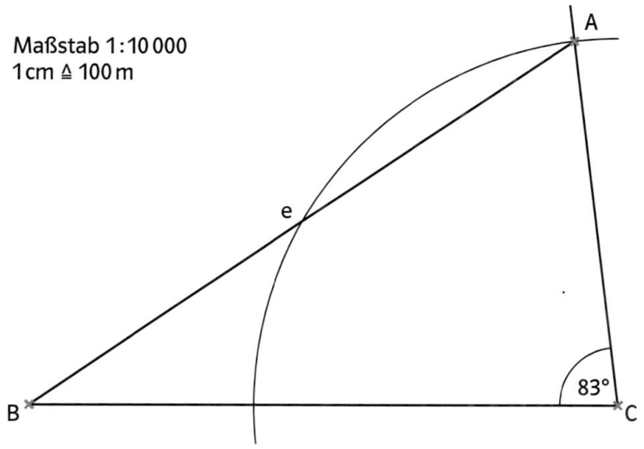

7 Mögliche Lösung:
1. Einen geeigneten Maßstab wählen, z.B. 1cm in der Zeichnung entspricht 100m in der Wirklichkeit.
2. Die Seite $c = 3{,}38\,cm$ zeichnen und die Endpunkte mit A und B kennzeichnen. Die Entfernung zwischen den beiden Orten beträgt 338m in der Wirklichkeit, also 3,38cm in der Zeichnung (siehe Zeichnung unten).
3. Am Punkt A den Winkel $\alpha = 31°$ und am Punkt B den Winkel $\beta = 129°$ einzeichnen wie in der Abbildung im Buch.
4. Den Schnittpunkt der beiden Schenkel mit C kennzeichnen. C entspricht der Position des Ballons.
5. Die Seite c verlängern und eine senkrechte Gerade zu c zeichnen, die durch C geht.
6. Der Zeichnung entnehmen, dass $h \approx 3{,}96\,cm$ - beträgt. Somit beträgt die Höhe in Wirklichkeit etwa 396m. Der Ballon befindet sich also ungefähr 396m über dem Boden.

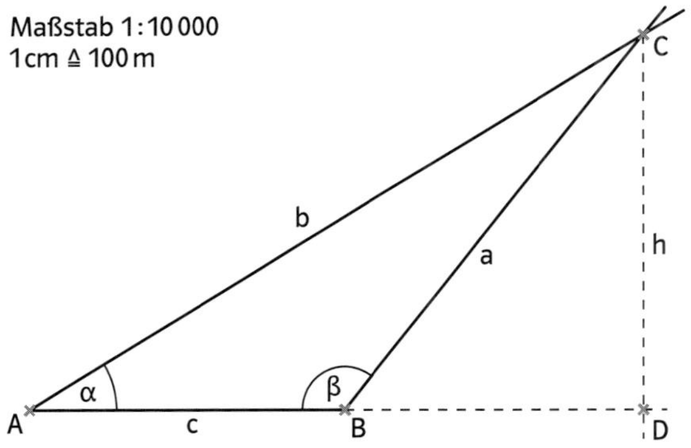

8
1. Einen geeigneten Maßstab wählen, z.B. 1cm in der Zeichnung entspricht 20m in der Wirklichkeit.
2. Die Entfernung zum Fuß des Doms einzeichnen. Sie entspricht der Strecke c in der Zeichnung und ist dort 4,25cm lang.
4. Am Punkt A den Winkel $\alpha = 61°$ einzeichnen.
5. Den Schnittpunkt des Schenkels von α mit der zu c senkrechten Gerade bestimmen und mit C kennzeichnen (vgl. Fig.2).
6. Die Seite a entspricht der Höhe des Doms. Sie ist in der Zeichnung etwa 7,7cm lang. Demnach müsste der Kölner Dom etwa 154m hoch sein. In Wirklichkeit ist der Dom jedoch 157,38m hoch.

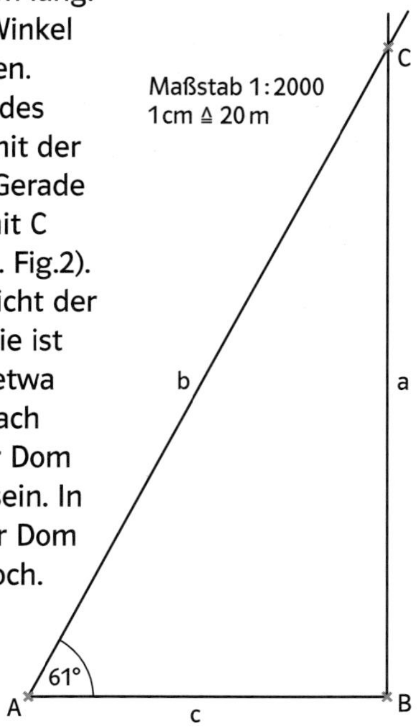

9 Individuelle Lösung.

10 a) c muss größer als 7cm und kürzer als 15cm lang sein. Begründung: Man kann das Dreieck wie folgt konstruieren:
1. Die Seite $b = 11\,cm$ zeichnen.
2. Einen Kreis um C mit Radius $a = 4\,cm$ zeichnen.
3. Einen Kreis um A mit Radius c zeichnen.
   Die Kreise aus 2. und 3. schneiden sich nur, wenn $7\,cm < c < 15\,cm$.

b) Um ein Dreieck konstruieren zu können darf es keine Seite geben, die genauso lang oder länger ist als die Summe der anderen beiden Seiten.
Präsentation, Erklärung und Beispiele: Individuelle Lösung.

Seite 154

11 a) Der Punkt C hat ungefähr die Koordinaten C(7,2 | 4,4).
$\alpha \approx 36{,}9°$; $\beta \approx 53{,}1°$; $\gamma \approx 90°$; $a = 3$; $b = 4$; $c \approx 5$

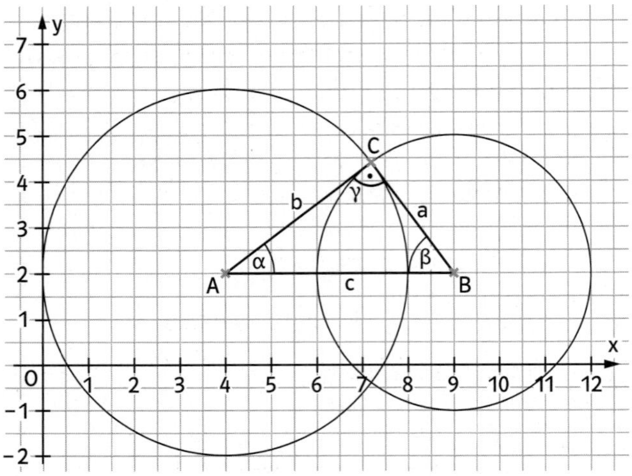

b) Der Punkt C hat ungefähr die Koordinaten C(10 | 2,3).
$\alpha = 35°$; $\beta = 55°$; $\gamma = 90°$; $a \approx 3{,}63$; $b \approx 5{,}18$; $c \approx 6{,}32$

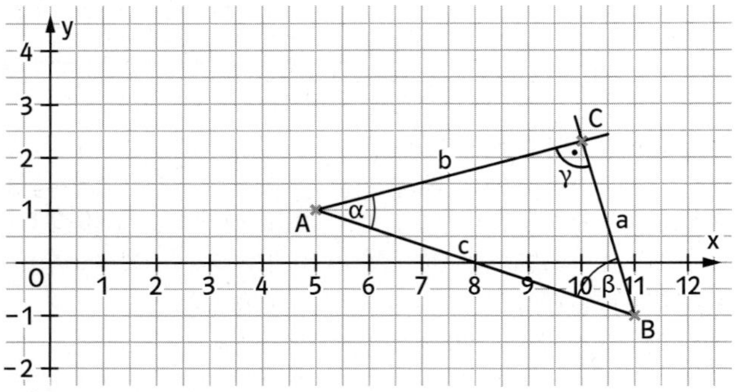

c) Das Dreieck ist nicht konstruierbar, denn die Seite c ist ungefähr 8,9 Längeneinheiten lang, die Summe der beiden anderen Seitenlängen beträgt jedoch nur $3 + 5 = 8$. Beim Versuch das Dreieck zu konstruieren schneiden sich die Kreise um A mit Radius $b = 5$ und um B mit Radius $a = 3$ nicht.

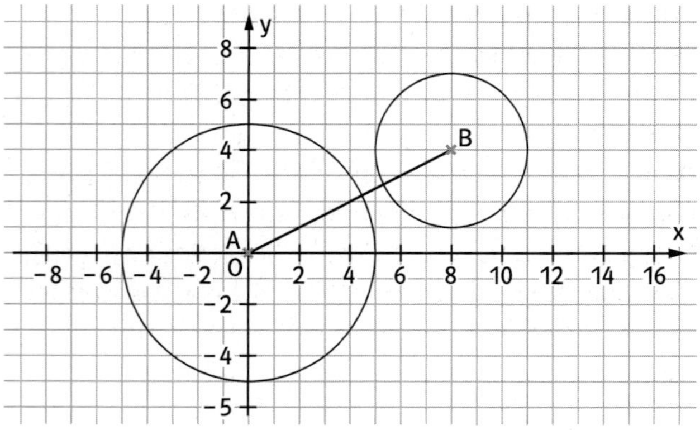

d) Der Punkt C hat ungefähr die Koordinaten C(2,4 | −6,1).
$\alpha = 88°$; $\beta \approx 29{,}66°$; $\gamma \approx 62{,}34°$; $a \approx 16{,}16$; $b \approx 8$; $c \approx 14{,}32$

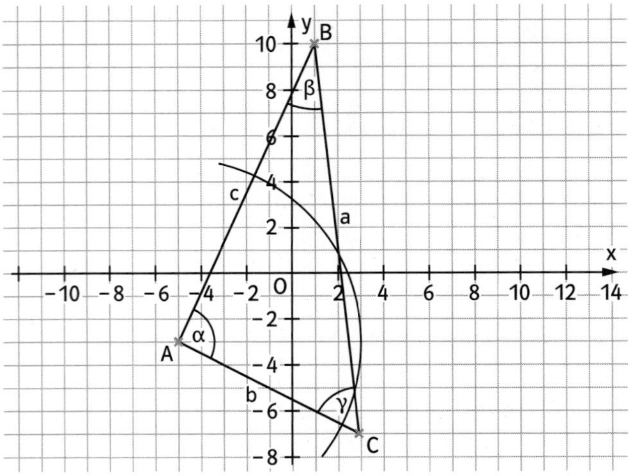

e) Der Punkt A hat ungefähr die Koordinaten C(−2,1 | 3).
$\alpha \approx 89{,}56°$; $\beta \approx 24{,}44°$; $a \approx 12{,}08$; $c \approx 11{,}04$

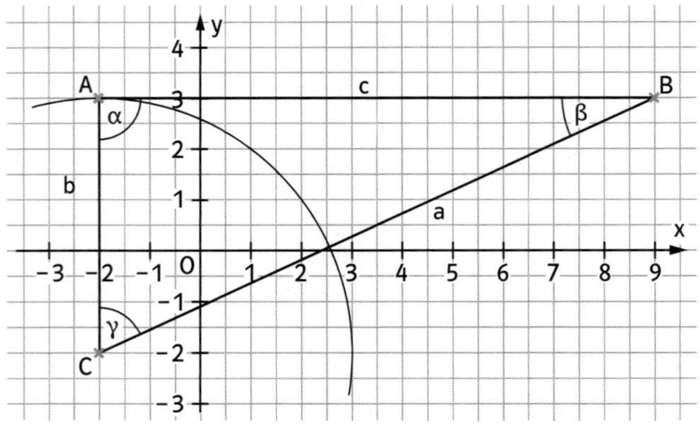

f) Das Dreieck ist nicht konstruierbar, denn die Seite a ist ungefähr 12,2 Längeneinheiten lang, die Summe der beiden anderen Seitenlängen beträgt jedoch nur $6 + 5 = 11$. Beim Versuch das Dreieck zu konstruieren schneiden sich die Kreise um B mit Radius $c = 5$ und um C mit Radius $b = 6$ nicht.

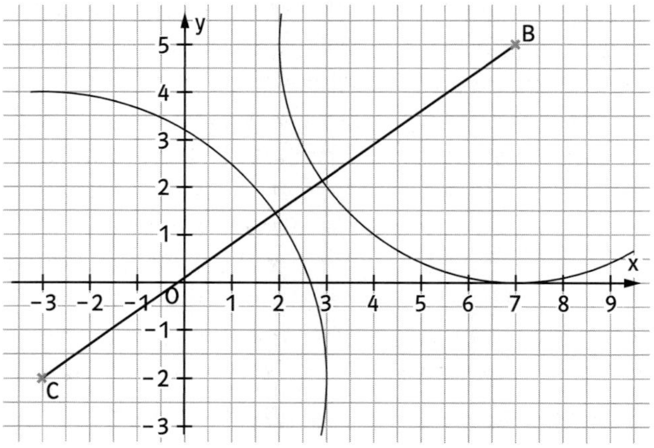

12 Individuelle Lösung.

13 Individuelle Lösung.

14 a) London – Zürich: 730 km
Amsterdam – Paris: 410 km
b) Individuelle Lösung (Ergebnisse s. o.).

c) Peter hat Recht. Bei der Bestimmung der Entfernung durch eine Dreieckskonstruktion wird nicht berücksichtigt, dass die Erde ungefähr die Form einer Kugel hat. Solange die Städte alle in Europa liegen, kann man dies vernachlässigen, ohne dass man (sehr) große Fehler macht. Wenn die Orte aber auf der anderen Seite der Erde liegen, macht man dabei möglicherweise sehr große Fehler.

15 Individuelle Lösung.

16 a) Das bisherige und das neue Spielfeld werden im Maßstab 1:1000 gezeichnet. Dann kommt der Streifen für die Zuschauer hinzu.

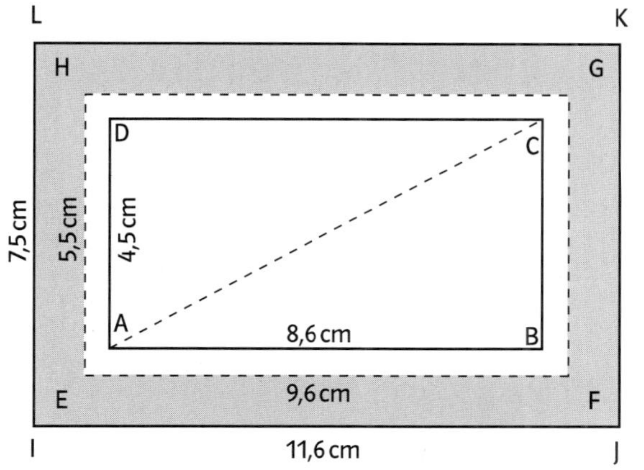

b) Man misst $\overline{AC} = 9{,}7\,cm$. Die bisherige Diagonale des Spielfeldes ist 97 m.
Man misst $\overline{EG} = 11{,}1\,cm$. Die neue Spielfeld-Diagonale ist 111 m.
c) Fläche des alten Spielfeldes $86 \cdot 45\,m^2 = 3870\,m^2$
Fläche des neuen Spielfeldes $96 \cdot 55\,m^2 = 5280\,m^2$
Prozentanteil des neuen Spielfeldes zum alten:
$\frac{5280}{3870} \approx 1{,}36 = 136\,\%$
Das neue Spielfeld ist 36 % größer als das alte.
d) Flächenanteil der Zuschauer:
$2 \cdot (116 \cdot 10)\,m^2 + 2 \cdot (55 \cdot 10)\,m^2 = 3420\,m^2$
Gesamtfläche der Sportanlage $116 \cdot 75\,m^2 = 8700\,m^2$
Anteil des Zuschauerbereiches $\frac{3420}{8700} \approx 0{,}393 = 39{,}3\,\%$;
dies sind etwa $\frac{2}{5}$ der Gesamtfläche!

2 Kongruente Dreiecke

Seite 156

1 Die Dreiecke (1) und (5) sind nach dem Kongruenzsatz sws zueinander kongruent.
Die Dreiecke (3) und (4) sind nach dem Kongruenzsatz wsw zueinander kongruent.

2 a) Die Dreiecke sind nach dem Kongruenzsatz sss zueinander kongruent.
b) Die Dreiecke sind nach dem Kongruenzsatz sws zueinander kongruent.
c) Die Dreiecke sind nach dem Kongruenzsatz wsw zueinander kongruent.
d) Die Dreiecke sind nach dem Kongruenzsatz sws zueinander kongruent.
e) Die Dreiecke sind nach dem Kongruenzsatz wsw zueinander kongruent.
f) Die Dreiecke sind nach dem Kongruenzsatz wsw zueinander kongruent.
g) Individuelle Lösung.

3 Individuelle Lösung.

Seite 157

4 a) Das Dreieck ist nach dem Kongruenzsatz sss eindeutig konstruierbar, weil alle Seiten des Dreiecks bekannt sind.

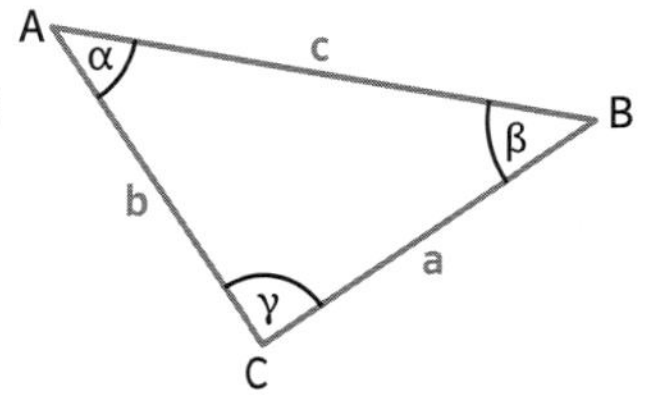

b) Das Dreieck ist nach dem Kongruenzsatz wsw eindeutig konstruierbar, weil die beiden Winkel gegeben sind, die an die gegebene Seite anliegen.

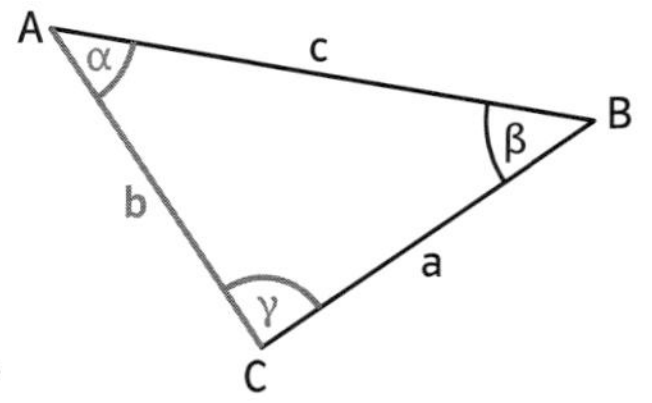

c) Das Dreieck ist nach dem Kongruenzsatz wsw eindeutig konstruierbar, weil die beiden Winkel gegeben sind, die an die gegebene Seite anliegen.

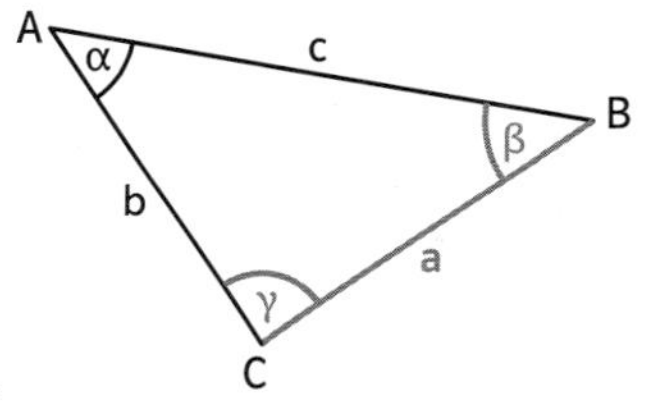

d) Das Dreieck ist nach dem Kongruenzsatz sws eindeutig konstruierbar, da der Winkel gegeben ist, der zwischen den gegebenen Seiten liegt.

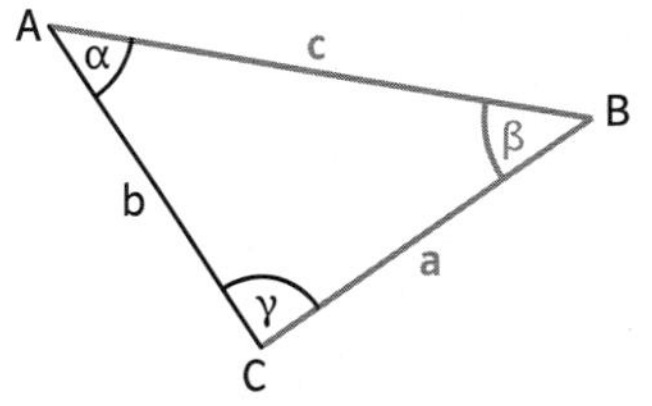

5 a) Individuelle Lösung.
b) Z. B. $\gamma = 70°$ wsw oder $c = 7\,cm$ sws.

6 Durch die Angabe von drei Winkeln ist ein Dreieck nicht eindeutig konstruierbar. In den beiden Dreiecken unten sind zwar alle Winkel gleich groß, die Dreiecke sind aber nicht kongruent zueinander.

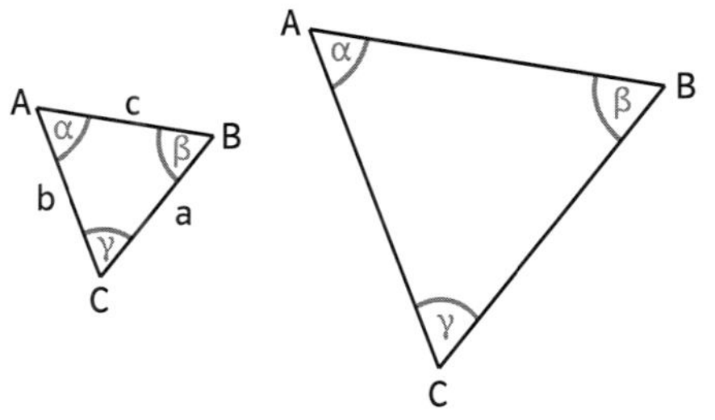

7 Mögliche Lösung:
Dreieck 1: $\alpha = 45°$, $b = 2{,}5\,cm$, $\gamma = 82°$ konstruiert nach wsw
Dreieck 2: $b = 2{,}5\,cm$, $\gamma = 82°$, $\beta = 45°$. Man kann ein solches Dreieck mit Zirkel und Lineal nur konstruieren, wenn man α berechnet. Man erhält aber eine Zeichnung mit den Werten, wenn man den 45°-Winkel am Geodreieck verwendet. Man verschiebe hierzu das Geodreieck entlang des Schenkels, der durch $\gamma = 82°$ vorgegeben wird, bis man an diesem Schenkel eines 45°-Winkel einzeichnen kann, der durch A geht.

8 Die Position des Schatzes ist nicht eindeutig bestimmt.
Wenn man vom großen Baum aus einen Kreis mit Radius 40 m zeichnet, entstehen die Schnittpunke C_1 und C_2. Der Schatz kann an beiden Stellen sein. Es gibt außerdem noch zwei weitere Stellen (die Punkte D_1 und D_2) auf der anderen Seite des Sonnenbaches, die ebenfalls 40 m vom großen Baum entfernt sind.

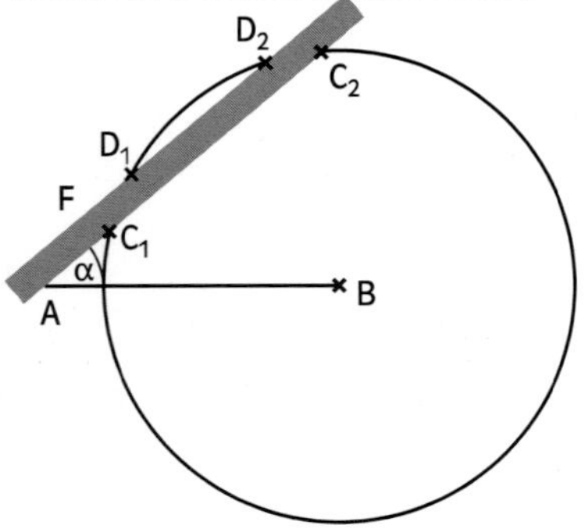

9 a) Individuelle Lösung.
b) Für $b = 1\,cm$: Das Dreieck ist nicht konstruierbar.
Für $b = 2\,cm$: Man kann genau ein Dreieck konstruieren. Der Kreis berührt den Schenkel des Winkels β genau in einem Punkt.
Für $b = 3\,cm$: Man kann zwei zueinander nicht kongruente Dreiecke konstruieren.
Für $b = 4\,cm$: Man kann genau ein Dreieck konstruieren. Der zweite Schnittpunkt des Kreises entspricht dem Punkt B.
Für $b = 5\,cm$: Man kann genau ein Dreieck konstruieren.
Für $b = 6\,cm$: Man kann genau ein Dreieck konstruieren.

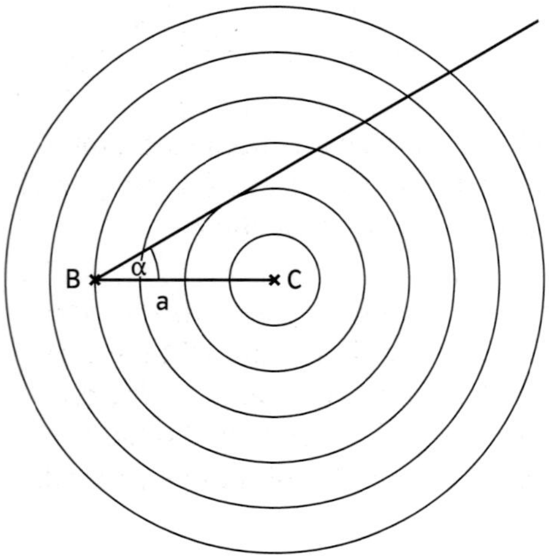

c) Wenn die Seite b länger als die Seite a ist, kann man das Dreieck eindeutig konstruieren.

10 a)
(1) Es gibt zwei Lösungen.

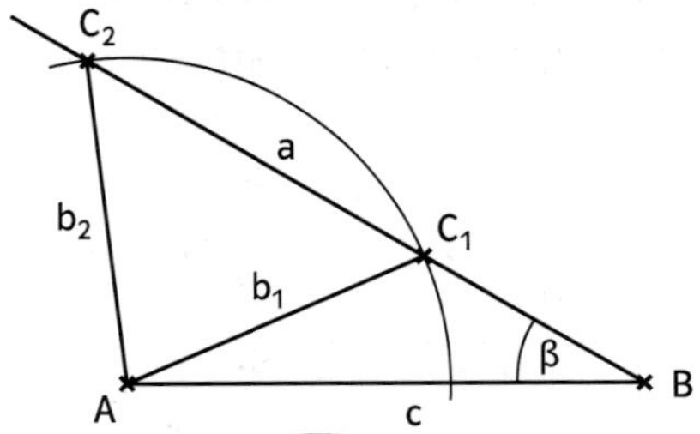

(2) Es gibt eine Lösung.

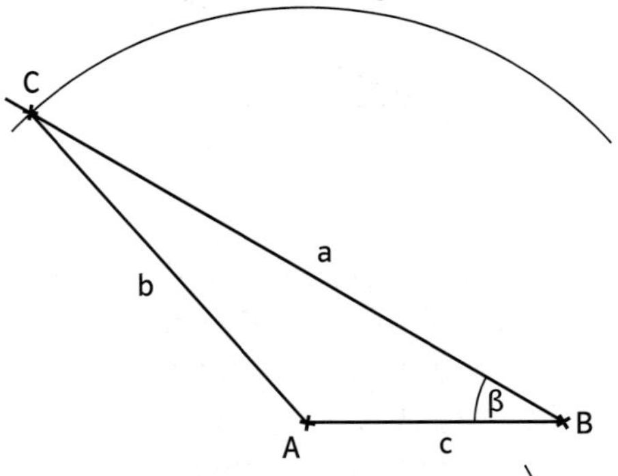

(3) Es gibt eine Lösung.

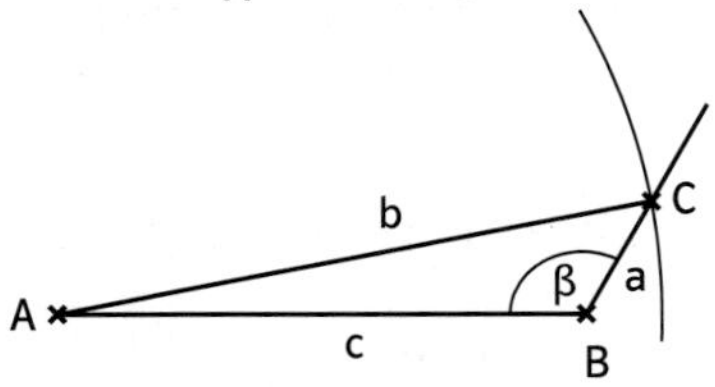

(4) Es gibt zwei Lösungen.

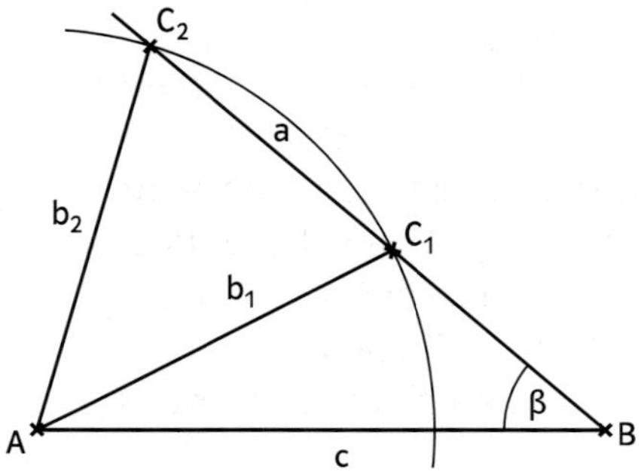

b) Bei (1) und (4) entstehen jeweils zwei Schnittpunkte des Kreises um B bzw. um A mit dem eingezeichneten Winkel, daher gibt es dort jeweils zwei Lösungen.
Bei (2) und (3) ist das Dreieck mit den Angaben eindeutig konstruierbar.
c) Wenn man zwei Seiten und den *Winkel* kennt, der gegenüber der *längeren* Seite liegt, so lässt sich das Dreieck mit diesen Angaben eindeutig konstruieren.

Seite 158

11

	a	b	c
1. Möglichkeit	2 cm	5 cm	5 cm
2. Möglichkeit	3 cm	4 cm	5 cm
3. Möglichkeit	4 cm	4 cm	4 cm

12 Erwin hat nicht Recht. Wenn man das Dreieck aus Fig. 2 um den Faktor 1,5 vergrößert, bleiben alle Winkel gleich groß. Die Seitenlängen betragen dann 6 cm, 9 cm und 13,5 cm. Die beiden Dreiecke stimmen also in drei Winkeln und zwei Seiten überein, sind aber nicht kongruent zueinander.

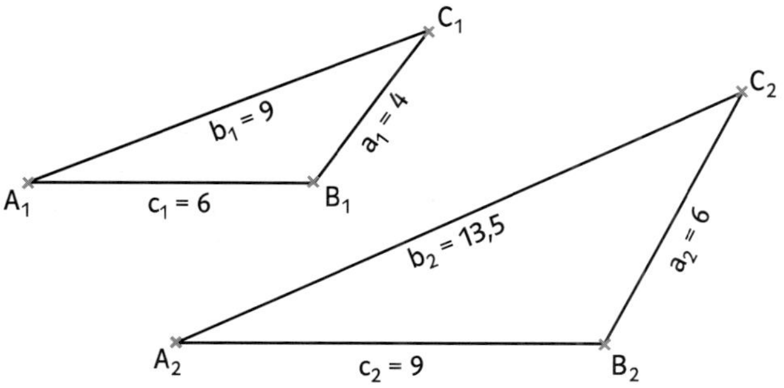

13 Erwin hat nicht Recht. Vier Angaben reichen bei einem Viereck nicht aus, damit es eindeutig konstruierbar ist. Unabhängig davon, welche vier Größen gegeben sind, kann man immer mehrere zueinander nicht kongruente Vierecke mit diesen Angaben zeichnen.

Seite 159

14 a) Das Dreieck in Fig. 1 ist rechtwinklig. Es gilt $\alpha + \beta = 90°$.
Das Dreieck in Fig. 2 ist gleichschenklig.
Es gilt $\alpha = \beta$ und $\gamma = 2 \cdot \delta$.
Das Dreieck in Fig. 3 ist rechtwinklig und gleichschenklig. Der Winkel α misst 45°.
Das Dreieck in Fig. 4 ist gleichseitig. Alle drei Winkel haben die Größe 60°.
b) Man erhält ein gleichseitiges Dreieck.

15 a) Ein Basiswinkel misst 51°; der Winkel an der Spitze misst 78°.

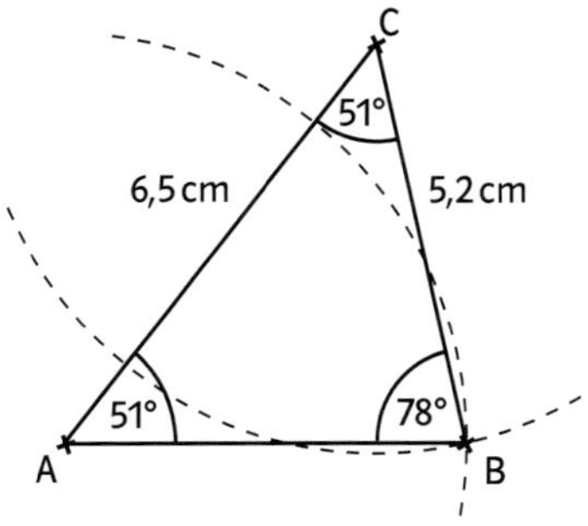

b) Ein Schenkel ist 6,1 cm groß. Der Winkel an der Spitze misst 110°.

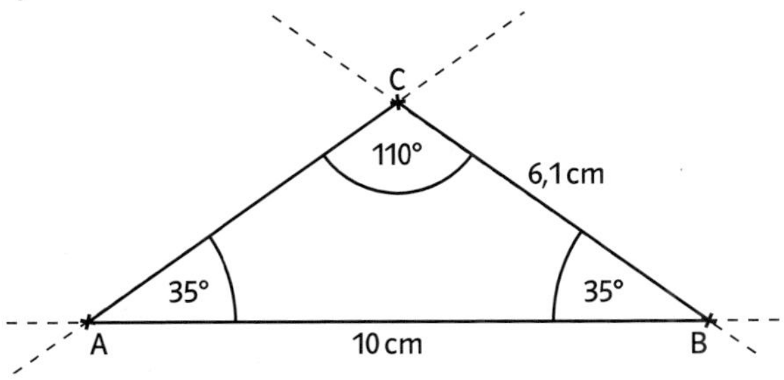

c) Die Basis ist 10,3 cm lang. Ein Basiswinkel misst 64,5°.

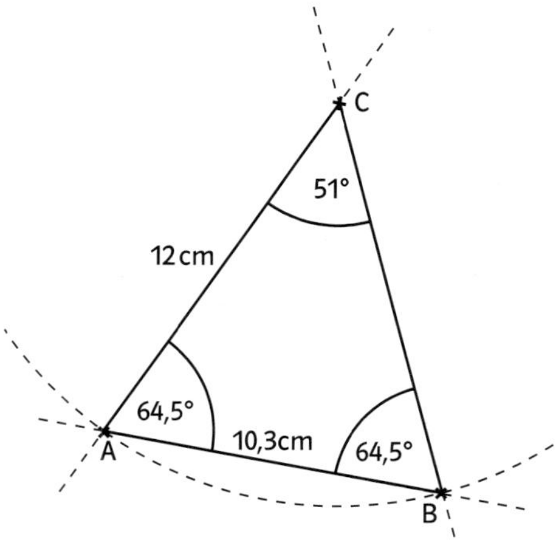

16 a)

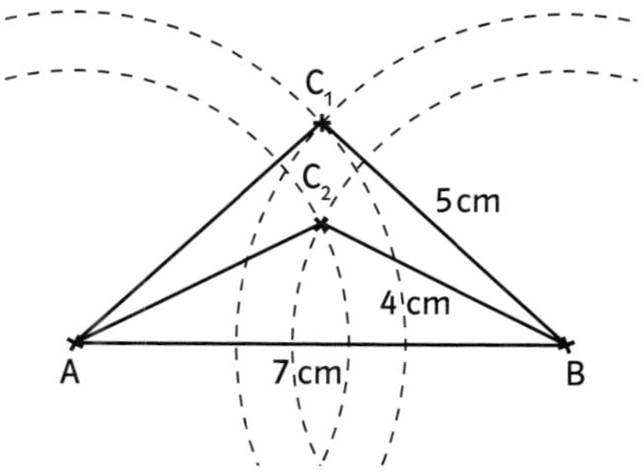

b)

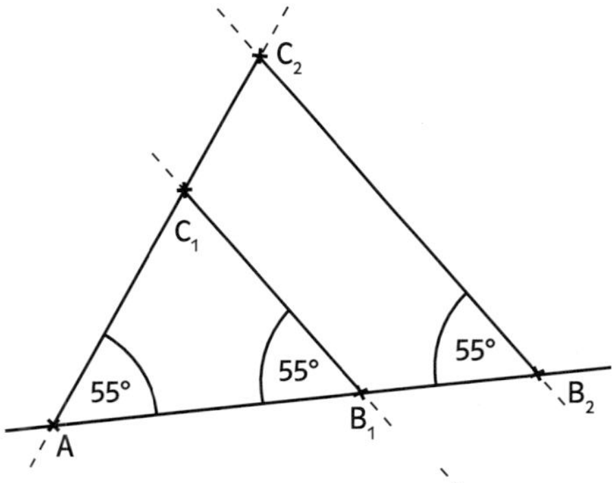

c)

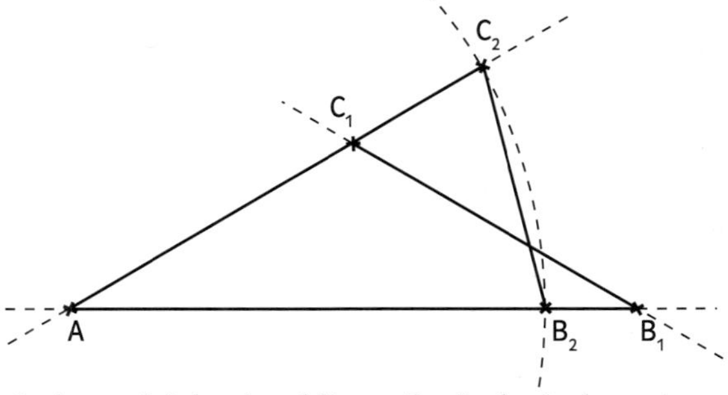

d) In jedem gleichschenkligen Dreieck sind zwei Winkel gleich groß. Daher sind z. B. die Lösungen zu a) – c) auch Lösungen dieser Teilaufgabe.

17 a) Beginnt man mit der längeren Strecke von 8 cm Länge, muss man um ihre Endpunkte jeweils Kreise mit Radius 3 cm zeichnen, um den dritten Eckpunkt des Dreiecks zu bekommen. Die beiden Kreise haben jedoch keinen Schnittpunkt. Deshalb gibt es kein Dreieck mit der geforderten Eigenschaft.

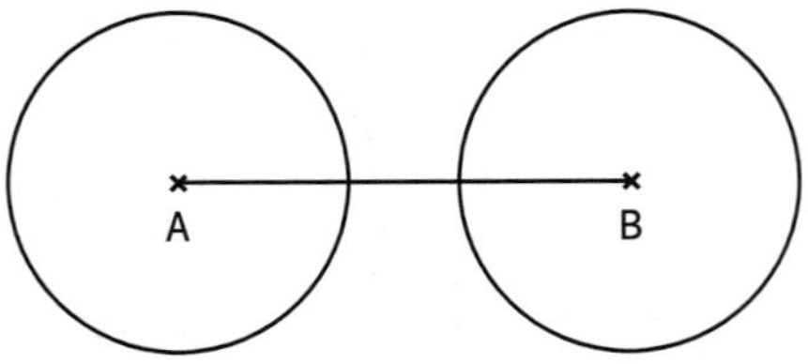

b) Man kann irgendein gleichschenkliges Dreieck mit Basiswinkeln der Größe 40° zeichnen.

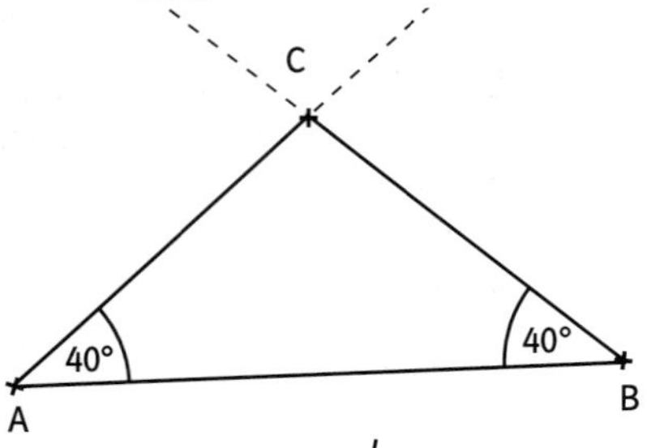

c) Man zeichnet ein gleichschenkliges Dreieck mit einem rechten Winkel an der Spitze. Der rechte Winkel kann kein Basiswinkel sein, denn dann wären die Schenkel zueinander parallel.

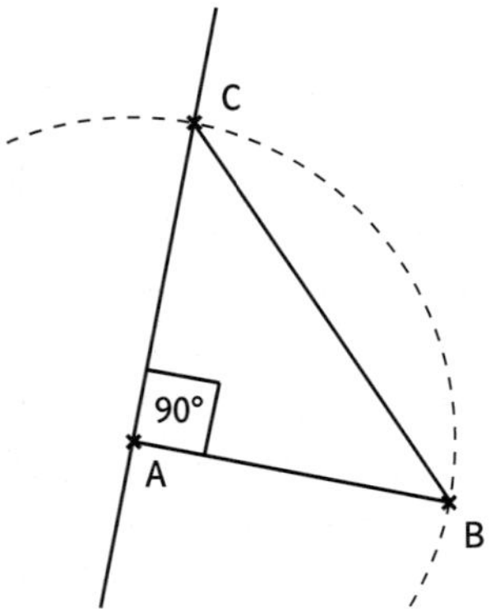

18 a) Im Maßstab 1:20 hat das Zelt eine Grundseite von 10 cm und eine Höhe von 7,5 cm. Aus den gemessenen Größen der maßstabsgetreuen Zeichnung kann man die Größen der Vorderfront berechnen: Die Basiswinkel des Zeltes messen 56,3°. Der Winkel an der Spitze ist 67,4° groß. Die Seitenteile sind 1,8 m lang.

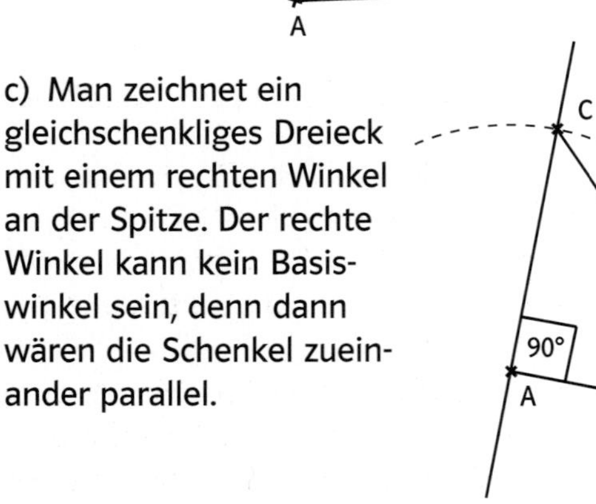

b) Das Zelt besteht aus zwei Dreiecken mit 1,5 m^2 Flächeninhalt und zwei Rechtecken mit den Seitenlängen 1,8 m und ca. 2 m. Die Seitenlängen wurden aus a) entnommen bzw. mithilfe des Fotos geschätzt. Das Zelt hat somit insgesamt eine Oberfläche von ca. 10,2 m^2. Man benötigt daher ca. 11,73 m^2 Stoff für das ganze Zelt.

19 a) Falsch. Gegenbeispiel:

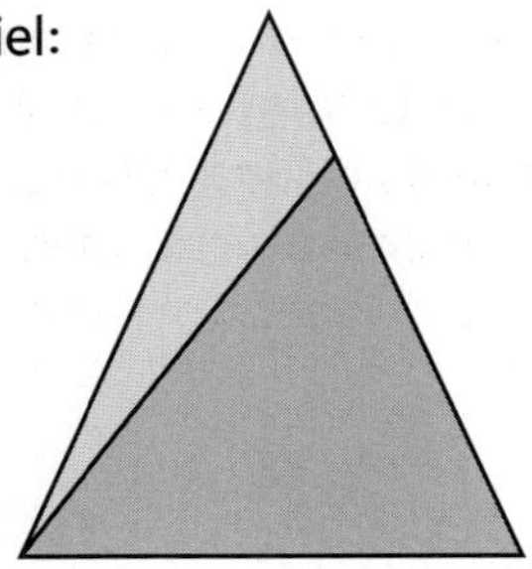

b) Wahr. Alle Höhen im gleichseitigen Dreieck sind gleich groß und die beiden Teildreiecke, die sich durch das Einzeichnen der Höhe ergeben, sind nach dem KGS wsw eindeutig konstruierbar.

c) Falsch. Gegenbeispiel:

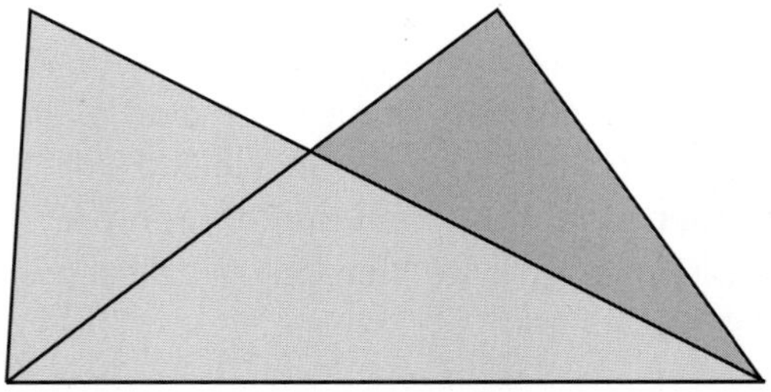

d) Falsch. Gegenbeispiel:

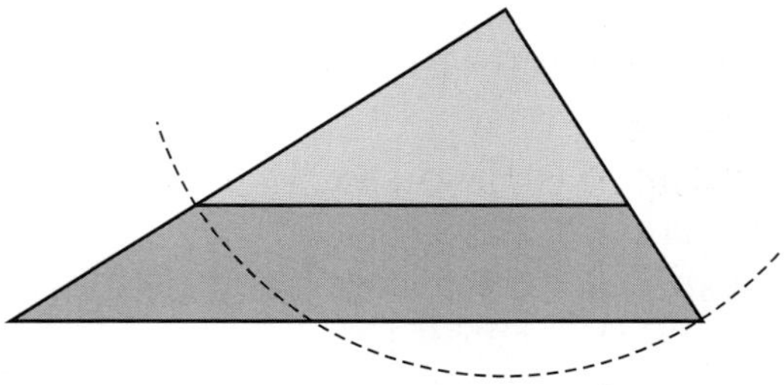

e) Wahr. Zeichnet man den Schenkel und einen Basiswinkel, so kann man von der Spitze aus die Höhe auf die Basis einzeichnen. Da diese Höhe eine Symmetrieachse des Dreiecks ist, gibt es nur eine Möglichkeit, die zweite Hälfte des Dreiecks symmetrisch zur bereits gezeichneten Hälfte zu konstruieren.

f) Individuelle Lösung.

20 (1) M ist der Mittelpunkt der Strecke $\overline{AB}$, somit sind $\overline{AM}$ und $\overline{MB}$ gleich groß. Die Seite $\overline{MC}$ ist in den Dreiecken AMC und MBC gleich groß und liegt gegenüber von dem bekannten Winkel. Wenn $\overline{MC}$ länger ist als $\overline{MB}$, so sind die Dreiecke nach dem Kongruenzsatz Ssw zueinander kongruent und folglich die Seiten a und b gleich lang.
(Der Fall $\overline{MC} < \overline{MB}$ kann an dieser Stelle – ohne Kenntnis des Innenwinkelsummensatzes – nicht bewiesen werden).

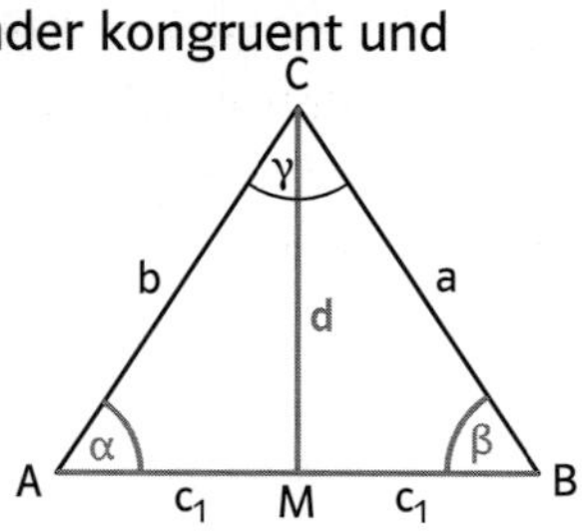

(2) Angenommen, die Seiten a und b seien gleich lang. Zeichne dann vom Mittelpunkt der Seite c die Strecke d zum Punkt C ein. Die Strecken $\overline{AM}$ und

$\overline{MB}$ sind jeweils gleich lang. Die Dreiecke AMC und MBC stimmen somit in allen Seitenlängen überein und sind nach dem Kongruenzsatz sss zueinander kongruent. Also stimmen auch die Winkel überein und die Basiswinkel sind im Dreieck ABC gleich groß.

3 Mittelsenkrechte und Winkelhalbierende

Seite 161

1 Individuelle Lösung.

2 a)

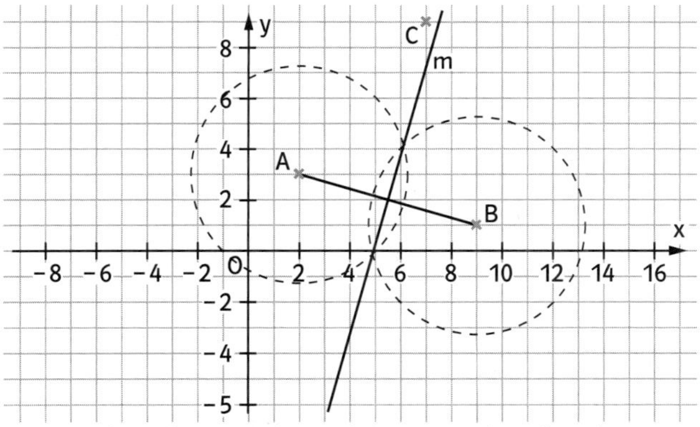

Der Punkt C liegt nicht auf der Mittelsenkrechten zu $\overline{AB}$.

b)

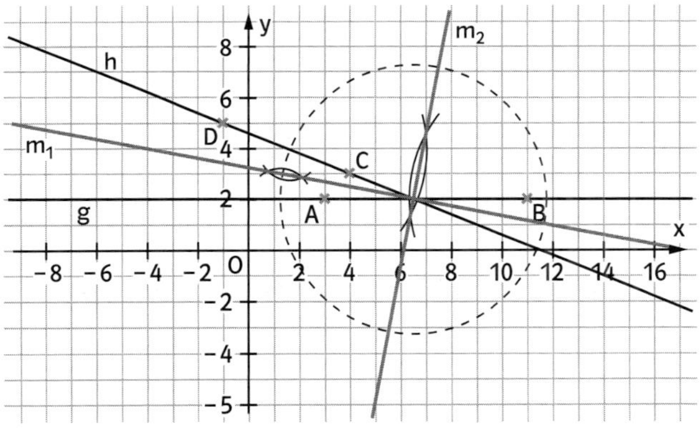

3 Zum Dreieck ABC konstruiert man die Mittelsenkrechten der drei Seiten und erhält die Mittelpunkte der Seiten. Dann verbindet man die Eckpunkte des Dreiecks mit den Mittelpunkten der gegenüberliegenden Seite. Wenn man die Winkelhalbierenden konstruiert, sieht man, dass diese nicht mit den zuvor konstruierten Verbindungslinien übereinstimmen."

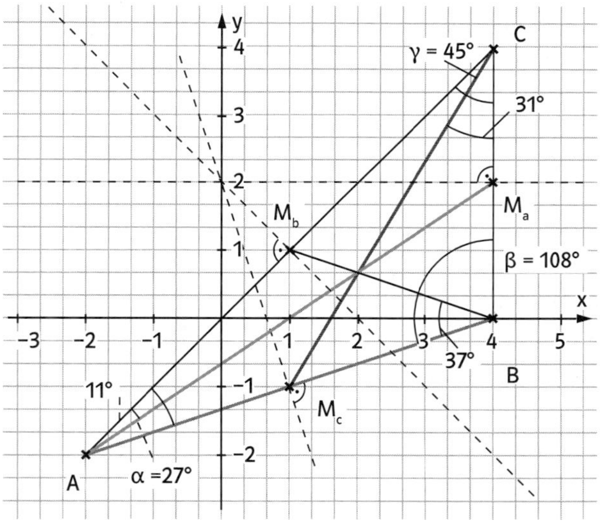

Seite 162

4 a) Wenn man das Blatt mit der Strecke $\overline{AB}$ so faltet, dass der Punkt A mit dem Punkt B zusammenfällt, dann ist die Faltlinie die Mittelsenkrechte der Strecke $\overline{AB}$, weil A und B dann punktsymmetrisch zu ihr sind.
b) Entsprechend a) erhält man die Winkelhalbierende zweier Geraden, wenn man so faltet, dass die Geraden aufeinander liegen. Dann geht die Faltlinie durch den Schnittpunkt und ist eine Winkelhalbierende. Wenn die beiden Geraden zueinander parallel sind, ist die Faltlinie die Mittelparallele.

5 Beide Ideen lösen das Problem.
In der Skizze ist die Winkelhalbierende an der Spitze des Pizzastücks auch die Mittelsenkrechte der Strecke $\overline{AB}$, da das Dreieck ABC gleichschenklig ist.

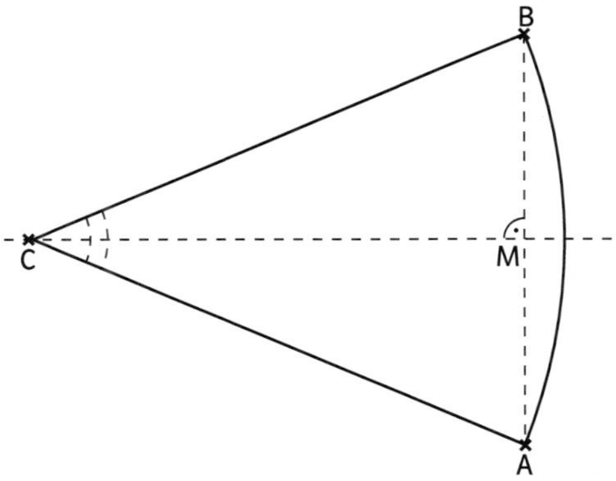

6 Aus den Angaben ergibt sich die untenstehende Zeichnung. Das Lot von Petra auf die „Hauptstraße" g misst 2,4 cm. Somit wohnt Petra 240 m von der Hauptstraße entfernt.

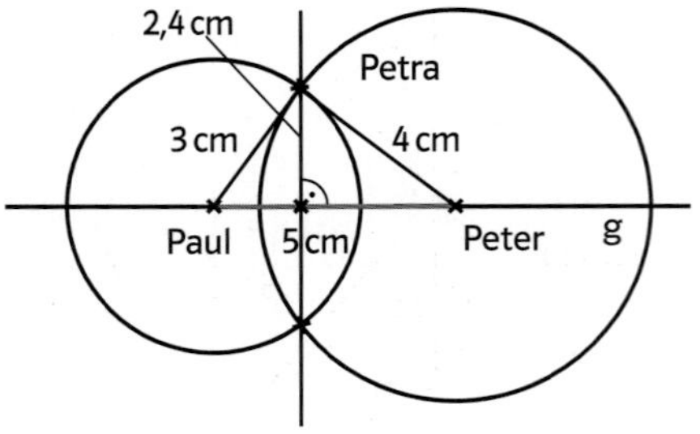

Maßstab 1 : 100

7 a) Für die Grenzen der Schuleinzugsgebiete wurden die „Mittelsenkrechten" zwischen den Verbindungsstrecken der Schulorte verwendet. Das Schuleinzugsgebiet innerhalb der roten Grenze besteht aus allen Orten, die den kürzesten Weg zu Schule 1 haben. Alle Schulwege zu anderen Schulen sind länger.

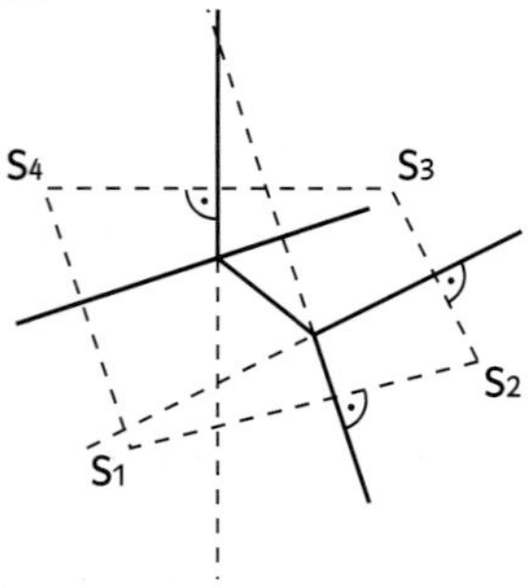

b)

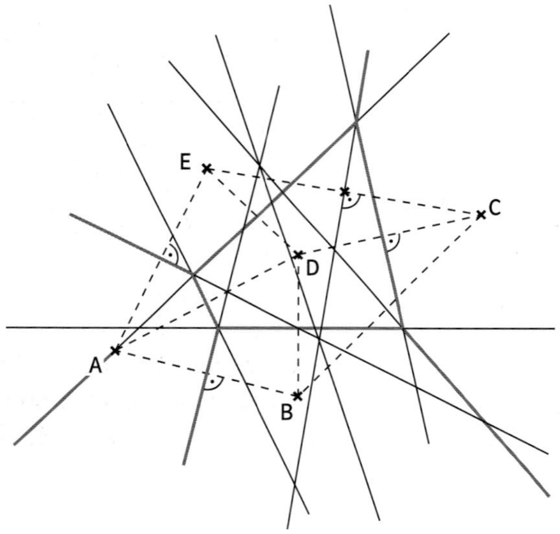

c) Es gibt unterschiedliche Lösungen.

Seite 163

8 a)
Planfigur:

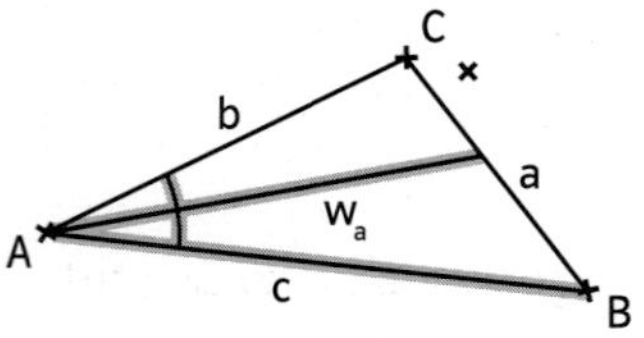

Konstruktionsbeschreibung:
1. Zeichne eine 6 cm lange Strecke $\overline{AB}$.
2. Trage in A den Winkel $\alpha = 70°$ ab.
3. Konstruiere die Winkelhalbierende von α.
4. Zeichne um A einen Kreis mit Radius 5 cm.
5. Beschrifte den Schnittpunkt des Kreises mit der Winkelhalbierenden mit W.
6. Die Gerade durch B und W schneidet den freien Schenkel von α im Punkt C. Das Dreieck ABC hat die geforderten Eigenschaften.

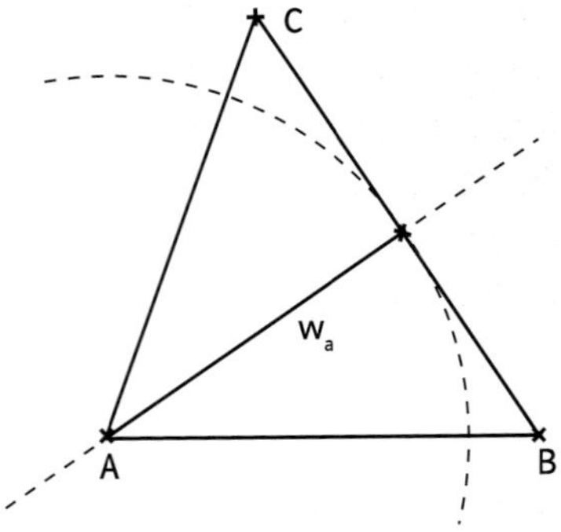

b) Zeichnung s. Fig. 1
Planfigur:

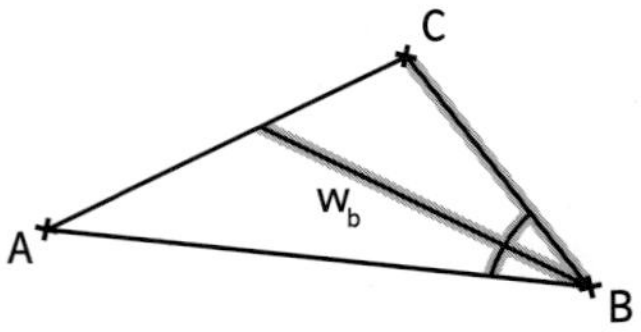

Konstruktionsbeschreibung:
1. Zeichne eine 7 cm lange Strecke $a = \overline{BC}$.
2. Trage in B den Winkel $\beta = 50°$ ab.
3. Konstruiere die Winkelhalbierende von β.
4. Zeichne um B einen Kreis mit Radius 4,5 cm.
5. Beschrifte den Schnittpunkt des Kreises mit der Winkelhalbierenden mit W.
6. Die Gerade durch C und W schneidet den freien Schenkel von β im Punkt A.

Das Dreieck ABC hat die geforderten Eigenschaften.

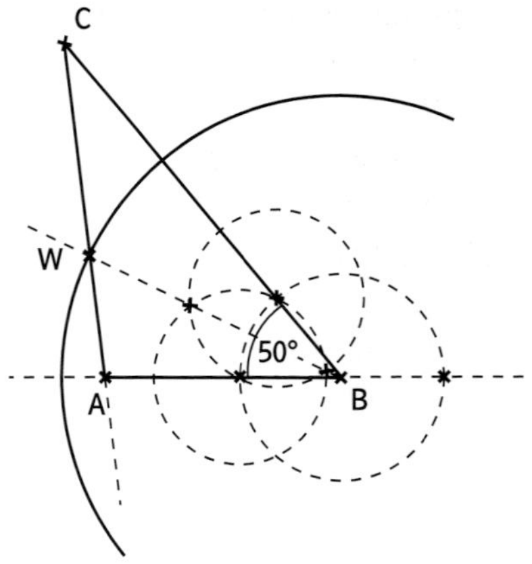

c) Planfigur: erstellen (siehe Fig. 1)
Konstruktionsbeschreibung:
1. Zeichne die 4 cm lange Strecke $c = \overline{AB}$.
2. Trage in A den Winkel $\alpha = 110°$ ab.
3. Zeichne um B einen Kreis mit Radius 5 cm.

4. Bezeichne den Schnittpunkt des Kreises mit der Halbgeraden, auf der die Seite b liegen muss, mit W.
5. Verdopple den Winkel den die Winkelhalbierende w_β mit c bildet, d.h.,
   5. a) Zeichne einen Kreis um B mit einem beliebigen Radius kleiner als 4 cm und markiere die Schnittpunkte mit der Seite c und der Winkelhalbierenden w_β.
   5. b) Zeichne einen Kreis mit Mittelpunkt im Schnittpunkt der Winkelhalbierenden mit dem Kreis aus 5. a), der durch den Schnittpunkt von c mit dem Kreis aus 5. a) verläuft.
   5. c) Markiere den zweiten Schnittpunkt der beiden Kreise und zeichne eine Halbgerade von B aus, die durch diesen Punkt verläuft.
6. Der Schnittpunkt der Halbgeraden aus 5. c) mit der Halbgeraden aus 2. ist der Eckpunkt C.

Das Dreieck ABC löst die Aufgabe.

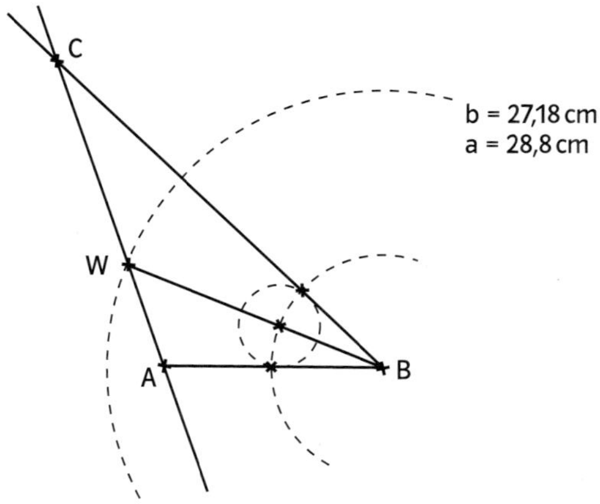

d) Planfigur: erstellen

Konstruktionsbeschreibung:
1. Zeichne die 6 cm lange Strecke $a = \overline{BC}$.
2. Trage in C den Winkel $\gamma = 82°$ ab.
3. Zeichne um C einen Kreis mit Radius 4 cm.
4. Beschrifte den Schnittpunkt des Kreises mit der Winkelhalbierenden von γ mit W.
5. Zeichne die Gerade BW.
6. Beschrifte den Schnittpunkt der Geraden BW mit dem freien Schenkel von γ mit A.

Das Dreieck ABC löst die Aufgabe.

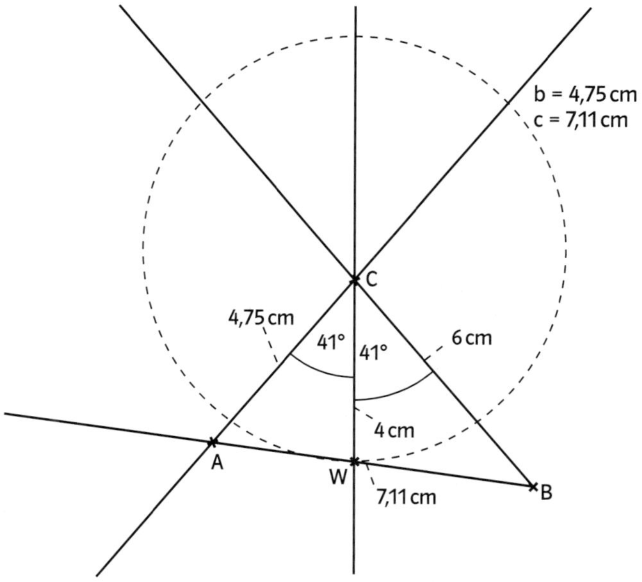

9 a)

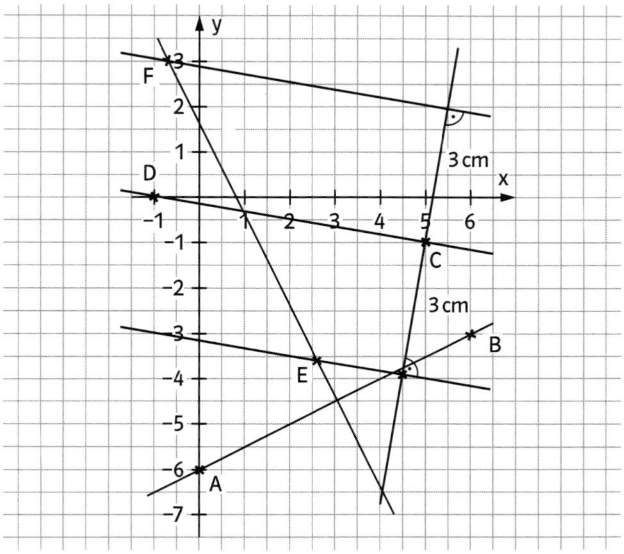

Die Punkte E und F ergeben sich aus den Schnittpunkten der Mittelsenkrechten der Strecke $\overline{AB}$ mit den beiden Parallelen zur Geraden durch C und D im Abstand 3 cm: Es gilt in etwa: E(2,6 | −3,6); F(−0,7 | 3).

b)

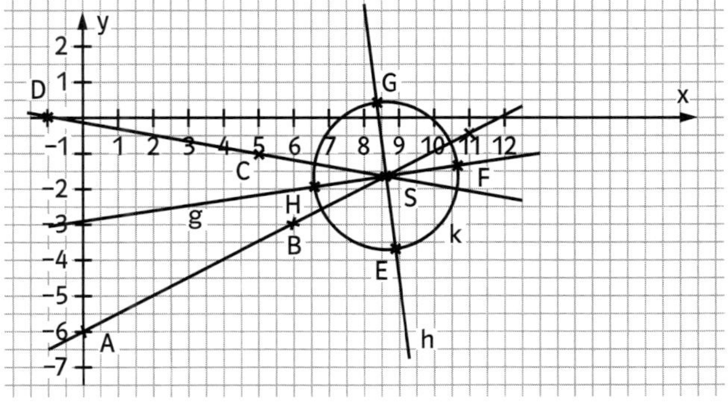

Die Punkte E, F, G und H ergeben sich als Schnittpunkte der Winkelhalbierenden g und h im Schnittpunkt S der Geraden AB und CD mit dem Kreis um S mit Radius 3 cm.

Es gilt in etwa: E(9 | −3,6); F(10,7 | −1,3); G(8,5 | 0,4); H(6,8 | −1,9).

10 Mögliche Lösungen:
(1) Einen Winkel kann man in vier gleich große Teile teilen, indem man zuerst eine Winkelhalbierende konstruiert und die dadurch entstandenen Winkel erneut durch eine Winkelhalbierende teilt. Dadurch wird der Winkel in vier Teile geteilt.
(2) Eine Strecke $\overline{AB}$ kann man in vier gleich große Teile teilen, indem man zuerst die Mittelsenkrechte zur Strecke $\overline{AB}$ konstruiert. Der Schnittpunkt S der Mittelsenkrechten mit der Strecke teilt die Strecke in zwei gleich große Teile. Wenn man nun die Mittelsenkrechte zu den Strecken $\overline{AS}$ und $\overline{SB}$ konstruiert, erhält man zwei weitere Schnittpunkte T und U. Die Punkte S, T und U teilen die Strecke $\overline{AB}$ in vier gleich große Teile.
(3) Auf Schülerbuchseite 157 wird im Beispiel dargestellt, wie man einen Winkel verdoppeln kann. Wenn man dieses Verfahren zweimal durchführt, wird ein Winkel vervierfacht.
(4) Zeichne eine beliebige Strecke $\overline{AB}$ und konstruiere die Mittelsenkrechte zu dieser Strecke. Am Schnittpunkt der Mittelsenkrechten mit der Strecke $\overline{AB}$ entsteht ein rechter Winkel.
Einen Winkel von 45° erhält man, indem man die Winkelhalbierende zu einem rechten Winkel konstruiert.
(5) Man zeichne einen Kreis um P, dessen Radius so groß ist, dass er die Gerade g schneidet. Die Schnittpunkte seien A und B. Nun konstruiere man die Mittelsenkrechte zur Strecke $\overline{AB}$. Diese Mittelsenkrechte geht durch P und ist senkrecht zu g. Somit entspricht sie dem Lot von P auf die Gerade g.

11 a) Die Vermutung von Alex ist falsch. Man muss dazu nur ein Dreieck so zeichnen, dass der Sachverhalt klar zu sehen ist. Dies ist z.B. im gezeichneten Dreieck in Fig. 3 der Fall.
b) Beispiel: „In einem Quadrat geht die Winkelhalbierende in einem Eckpunkt durch den gegenüberliegenden Eckpunkt."
Begründung: Da ein Quadrat symmetrisch zur Diagonalen ist, ist eine Diagonale im Quadrat auch die Winkelhalbierende für die Winkel in den zugehörigen Eckpunkten.

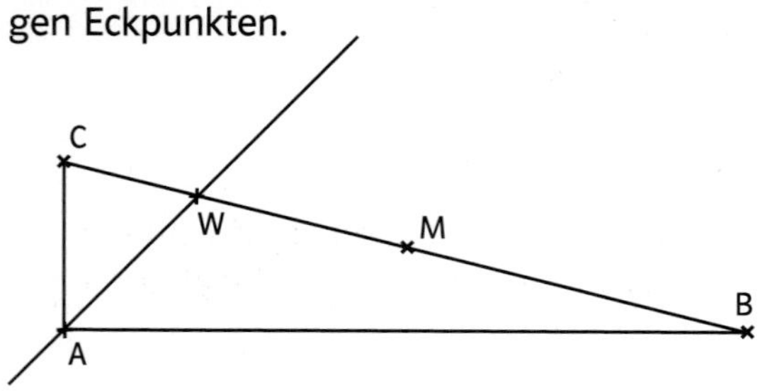

4 Umkreise und Inkreise

Seite 165

1 a) Der Umkreismittelpunkt ist der Mittelpunkt der Strecke $\overline{AC}$, weil β 90° misst.
b) Der Umkreismittelpunkt liegt auf der Winkelhalbierenden des Winkels γ und ist außerhalb des Dreiecks, weil das Dreieck gleichschenklig ist und bei der Spitze bei C einen stumpfen Winkel hat.
c) Der Umkreismittelpunkt ist der Mittelpunkt der Seite $\overline{AC}$, weil das Dreieck bei B einen rechten Winkel hat.
d) Der Umkreismittelpunkt liegt auf dem Schnittpunkt der Winkelhalbierenden, weil das Dreieck gleichseitig ist.

2 a) Konstruktionsbeschreibung:
1. Zeichne einen Kreis k um U mit Radius 4 cm.
2. Wähle auf dem Kreis k einen Punkt A.
3. Zeichne den Punkt C auf k mit $\overline{AC}$ = 3 cm.
4. Zeichne den Punkt B auf k mit $\overline{CB}$ = 5 cm.

Lösung: 2 Dreiecke ABC mit Umkreis k.

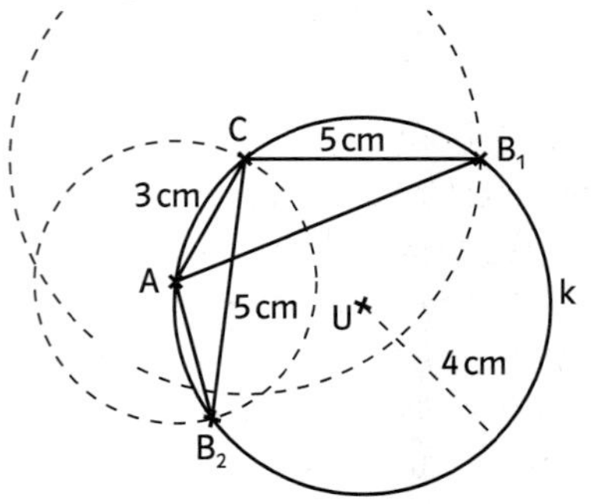

b) Konstruktionsbeschreibung (ohne Zeichnung):
1. Zeichne einen Kreis k um U mit Radius 6 cm.
2. Wähle auf k einen Punkt A.
3. Zeichne den Punkt B auf k mit c = $\overline{AB}$ = 8 cm.
4. Trage in A an c den Winkel α = 50° ab.
5. Der Schnittpunkt von α mit k wird mit C beschriftet.

Lösung: Dreieck ABC mit Umkreis k.
c) Konstruktionsbeschreibung:
1. Zeichne einen Kreis k um U mit Radius 5 cm.
2. Zeichne den Punkt B auf k mit c = $\overline{AB}$ = 5 cm.
3. Zeichne die Mittelsenkrechte m der Strecke $\overline{AB}$.
4. Ein Schnittpunkt m mit k wird mit C beschriftet.

Lösung: 2 Dreiecke ABC mit Umkreis k.

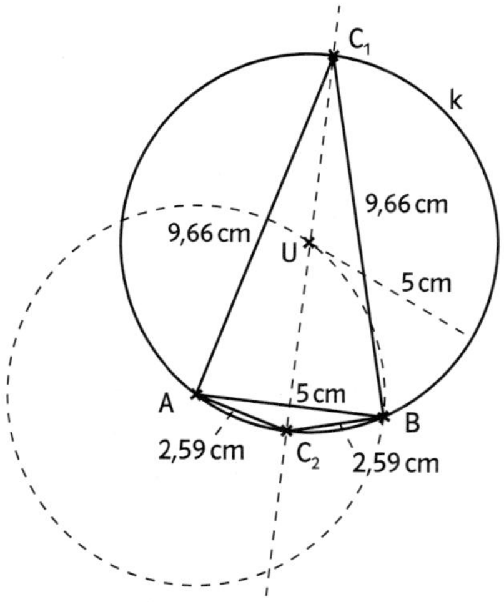

d) Konstruktionsbeschreibung (ohne Zeichnung):

1. Zeichne einen Winkel $\alpha = 50°$ mit Scheitel A.
2. Zeichne die Winkelhalbierende w zu α.
3. Zeichne auf w den Punkt U im Abstand 4,5 cm von A.
4. Zeichne den Kreis k um U durch den Punkt A.
5. Beschrifte die Schnittpunkte von α mit k mit B und C.

Lösung: Dreieck ABC mit Umkreis k.

3 (ohne Zeichnungen)
Zeichne zuerst das Dreieck aus den gegebenen Größen. Bestimme dann den Inkreismittelpunkt I als Schnittpunkt zweier Winkelhalbierenden. Der Radius des Inkreises wird durch das Lot von I auf eine Dreiecksseite bestimmt.
Besonderheiten: In b) und c) liegt der Inkreismittelpunkt auf einer Mittelsenkrechten, weil gleichschenklige Dreiecke vorliegen. In d) ist das Dreieck gleichseitig. Der Inkreismittelpunkt fällt mit dem Umkreismittelpunkt zusammen.

4 Peter kann drei Punkte A, B und C auf dem Umkreis wählen und dort mithilfe der zugehörigen Radien die Tangenten an den Kreis zeichnen. Die Schnittpunkte der Tangenten ergeben ein solches Dreieck. Paul kann drei Punkte des Inkreises durch Strecken verbinden. Paul hat es einfacher.

5 Aus einer maßstabsgetreuen Zeichnung ergibt sich ein 1,77 Meter großer Radius des Ziffernblattes.

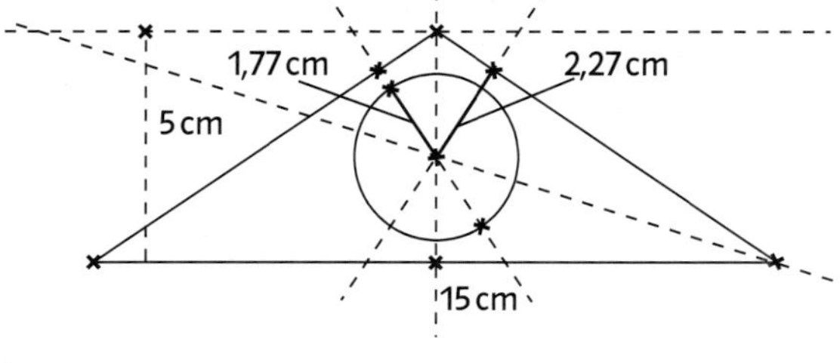

6 Die Koordinaten der Mittelpunkte lauten ungefähr $M_U(-1 | -0{,}69)$ und $M_I(-0{,}31 | 0{,}96)$.

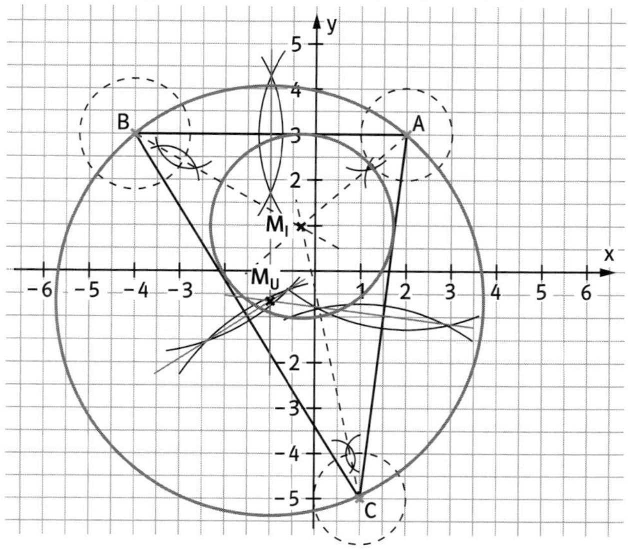

Seite 166

7 a) Individuelle Lösung.
b) Mögliche Lösung:
Wenn das Dreieck spitzwinklig ist, d. h. alle Winkel des Dreiecks kleiner als 90° sind, liegt der Mittelpunkt des Umkreises im Dreieck ABC.
Wenn das Dreieck rechtwinklig ist, liegt der Mittelpunkt des Umkreises auf der gegenüberliegenden Seite des rechten Winkels.
Wenn das Dreieck stumpfwinklig ist, d. h. ein Winkel größer als 90° ist, liegt der Mittelpunkt des Umkreises außerhalb des Dreiecks.

8 a) Individuelle Lösung.
b) Mögliche Lösungen:
(1) Das Dreieck ist gleichschenklig.
(2) Das Dreieck ist gleichschenklig.
(3) Das Dreieck ist gleichseitig.
(4) Der Mittelpunkt liegt innerhalb des Dreiecks: spitzwinkliges Dreieck.
Der Mittelpunkt liegt auf einer Seite des Dreiecks: rechtwinkliges Dreieck.
Der Mittelpunkt liegt außerhalb des Dreiecks: stumpfwinkliges Dreieck.

9 (1) Stimmt allgemein nicht, ist jedoch für gleichseitige Dreiecke richtig.
(2) Stimmt nicht.
(3) Stimmt nicht.
(4) Stimmt.
(5) Stimmt nicht. Man zeichne hierzu ein stumpfwinkliges Dreieck, dessen stumpfer Winkel fast 180° beträgt.

Seite 167

10

1. Konstruieren des Dreiecks im Maßstab 1:10, d.h. in der Zeichnung werden die Seiten mit $a = 14\,cm$, $b = 6\,cm$ und $c = 12\,cm$ konstruiert.
2. Konstruieren des Mittelpunktes des Inkreises, indem man den Schnittpunkt zweier Winkelhalbierenden bestimmt.
3. Das Lot von M_I auf die Seite b fällen, d.h. eine zu b senkrechte Gerade zeichnen, die durch M_I geht.
4. Den Schnittpunkt des Lotes mit der Seite b mit E bezeichnen und einen Kreis mit Mittelpunkt E und Radius 1 cm zeichnen (entspricht 10 cm in der Wirklichkeit).
5. Den Schnittpunkt des Kreises mit dem Lot aus 3. mit S bezeichnen. Der Kreis der ausgefräst werden soll, hat den Mittelpunkt M_I und geht durch S. Der Radius beträgt ungefähr 1,24 cm in der Zeichnung, d.h. etwa 12,4 cm in der Wirklichkeit.

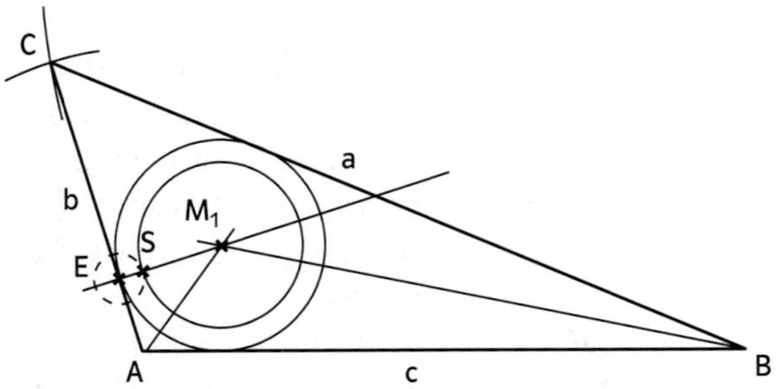

11 Idee: Die Ausgangsfiguren sind Rechtecke und Dreiecke mit gegebenen Abmessungen. Alle vorkommenden Kreise sind Inkreise von Teildreiecken in der jeweiligen Ausgangsfigur.

12 Eine maßstabsgetreue Konstruktion liefert einen Abstand von $5{,}7\,cm - 1{,}9\,cm = 3{,}8\,cm$.

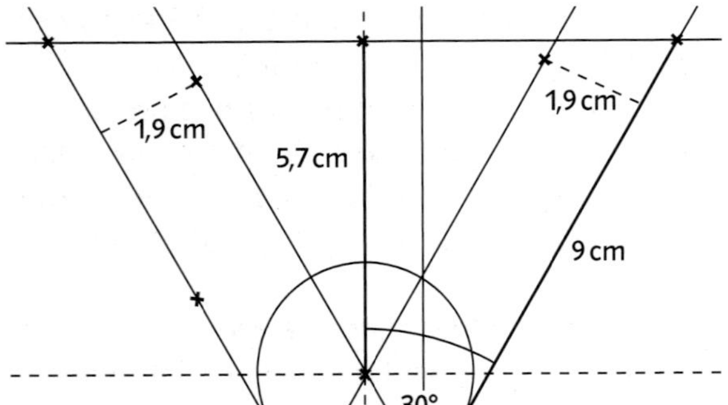

13 größter Inkreis: Ein gleichseitiges Dreieck, d.h. $a = 6\,cm$, $b = 6\,cm$ und $c = 6\,cm$
kleinster Inkreis: z.B. $a = 8\,cm$, $b = 2\,cm$, $c = 8\,cm$
größter Umkreis: z.B. $a = 5\,cm$, $b = 5\,cm$, $c = 8\,cm$
kleinster Umkreis: ein gleichseitiges Dreieck, d.h. $a = 6\,cm$, $b = 6\,cm$, $c = 6\,cm$

14 a) Der Kreis k geht durch A, B und C, aber nicht durch D. Weil der Mittelpunkt des Umkreises eines Dreiecks eindeutig bestimmt ist, gibt es keinen anderen Kreis, der durch A, B und C geht. Demnach ist es nicht möglich einen Kreis durch A, B, C und D zu zeichnen.

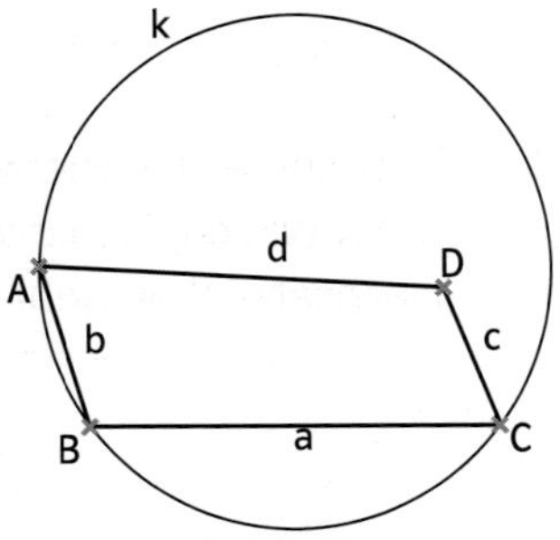

b) Bei Rechtecken ist der Mittelpunkt des Umkreises gleichzeitig der Schnittpunkt der Diagonalen.

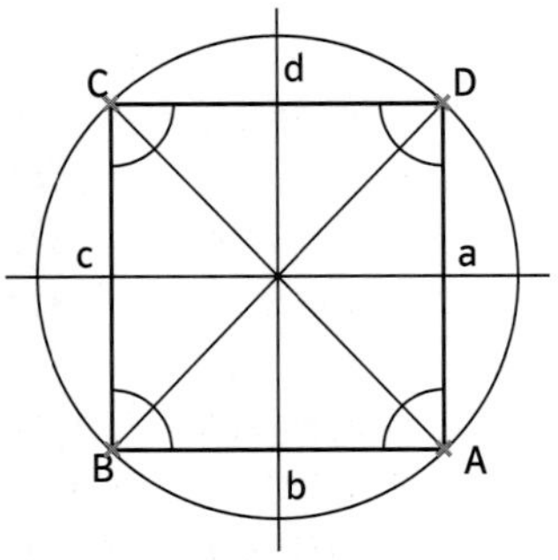

c) Zu Parallelogrammen und Rauten gibt es keinen Umkreis, es sei denn es sind Rechtecke bzw. Quadrate.
Bei Drachen gibt es einige Spezialfälle, in denen sich der Umkreis konstruieren lässt, es geht aber nicht immer.
Bei gleichschenkligen Trapezen kann man den Umkreis konstruieren.
d) Zum Viereck ABCD gibt es einen Umkreis. Zum Viereck EFGH gibt es keinen Umkreis.
2. Teil: Individuelle Lösung.

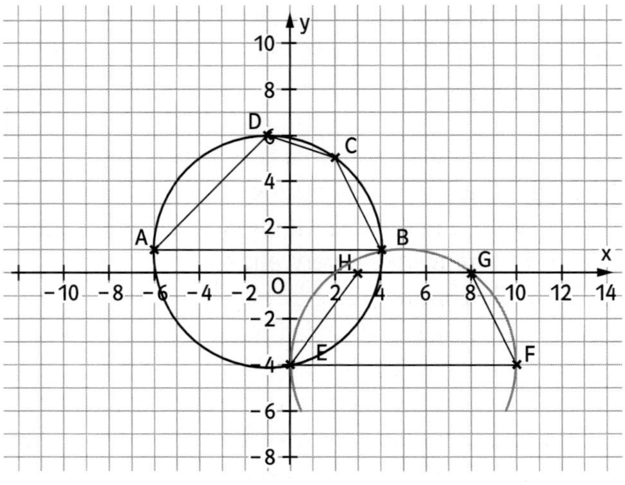

e) Individuelle Lösung.

5 Winkelbeziehungen erkunden

Seite 169

1 Individuelle Lösung.

2 A → Nebenwinkel
B, C, D, G, I, J, L, M, O, P, Q, R, S, U, V, W, Y
→ Keine besonderen Winkel
E → Stufenwinkel, Nebenwinkel
F → Stufenwinkel, Nebenwinkel
H → Wechselwinkel, Nebenwinkel
K → (Nebenwinkel, wenn man sich eine Linie „wegdenkt“)
N → Wechselwinkel
T → Nebenwinkel
X → Scheitelwinkel, Nebenwinkel
Z → Wechselwinkel

3 Mögliche Lösung:
a) γ und der gegebene Winkel sind Scheitelwinkel und daher gleich groß. Also gilt: $\gamma = 35°$.
β und γ sind Nebenwinkel und ergänzen sich somit zu 180°. Also gilt: $\beta = 180° - \gamma = 145°$.
α und β sind Scheitelwinkel und sind daher gleich groß. Also gilt: $\alpha = 145°$.
b) α und der gegebene 80°-Winkel (links) sind Scheitelwinkel. Daher gilt: $\alpha = 80°$.
β und α sind Nebenwinkel, also gilt
$\beta = 180 - \alpha = 100°$.
γ und β sind Scheitelwinkel. Daher gilt: $\gamma = \alpha = 100°$
β' und der gegebene 80°-Winkel (rechts) sind Scheitelwinkel. Daher gilt: $\beta' = 80°$.
α' und β' sind Nebenwinkel. Daher gilt:
$\alpha' = 180° - \beta' = 100°$.
γ' und α' sind Nebenwinkel, somit gilt: $\gamma' = \alpha' = 100°$
c) α und der gegebene 70°-Winkel sind Nebenwinkel. Also gilt: $\alpha = 180° - 70° = 110°$.
γ und α sind Scheitelwinkel. Also gilt: $\gamma = \alpha = 110°$
α, β und der gegebene 30°-Winkel ergänzen sich zu 180°. Somit gilt: $\beta = 180° - \alpha - 30° = 40°$.

4 Man kann die Eigenschaften der Scheitel- und Nebenwinkeln anwenden. Da g und h parallel sind, kann man auch noch die Eigenschaften von Wechsel- und Stufenwinkeln verwenden.
a) (Ohne Zeichnung) Es gibt nur zwei verschiedene Winkelgrößen von 50° und 130°.
b) (Ohne Zeichnung) An den Schnittpunkten der einen Geraden mit g und h gibt es nur Winkel von 78° und 102°. Entsprechend kommen bei der anderen Geraden nur die Winkelgrößen 120° und 60° vor.
c)

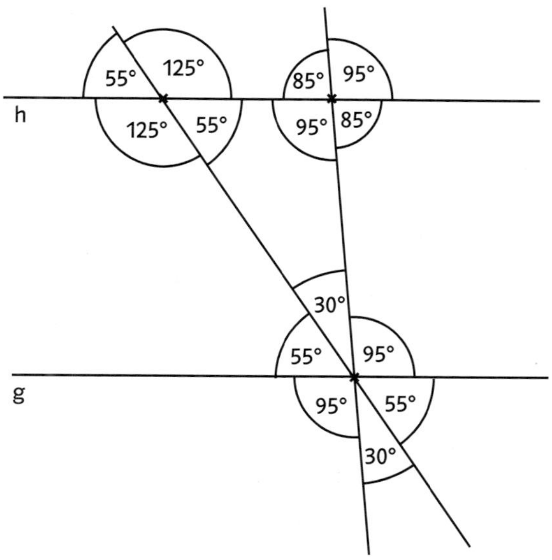

d) Individuelle Lösung.

Seite 170

5 a) Die Geraden g und h können nicht parallel sein. Sonst müsste der Winkel von 109° die Größe 110° haben, weil die beiden weiteren Geraden gleiche Stufenwinkel mit g und h hätten und somit parallel wären. Deshalb sind weder g und h noch die beiden anderen Geraden parallel.
b) Wenn die Geraden g und h parallel wären, müssten die Winkel 57° und 56,4° gleich groß sein (Wechselwinkel). Da dies nicht der Fall ist, sind g und h nicht parallel.
c) Individuelle Lösung.

6 (ohne Kontrollzeichnungen)
a) Wenn zwei sich schneidende Geraden gleich große Scheitel- und Nebenwinkel haben, dann sind sie zueinander senkrecht.
b) Lösungsvorschlag 1: Ein Winkel α und sein Nebenwinkel β ergeben zusammen 180°. Wenn der Winkel α um 15° größer sein soll als β, muss α gerade um 7,5° (die Hälfte von 15°) größer sein als 90° (denn hier wären α und β ja gerade wie in Teilaufgabe b) gleich groß). Also gilt $\alpha = 97{,}5°$ und $\beta = 82{,}5°$.
Lösungsvorschlag 2 (Verwendung von Gleichungen): Für α und β gilt $\alpha + \beta = 180°$ und $\alpha = \beta + 15°$.
Daraus kann man die Beziehung $\beta + \beta + 15° = 180°$ ableiten. Folglich gilt $2\beta = 180° - 15°$.
Daraus ergibt sich β und α wie im Lösungsvorschlag 1.
c) Der Winkel α und sein Nebenwinkel β zusammen ergeben 180°. Dies sind aber auch fünf Viertel des Winkels α. Deshalb gilt $\alpha = (180° : 5) \cdot 4 = 144°$ und $\beta = 36°$.

d) Der Scheitelwinkel α hat 1 Anteil am gestreckten Winkel und der Nebenwinkel β hat 3 Anteile davon. Deshalb gilt $\alpha = 180°:4 = 45°$; der Nebenwinkel misst 135°.

7 a) Diese Aussage gilt nicht. Die beiden roten Geraden verlaufen nicht parallel. Daher kann man hier mit den bekannten Winkelbeziehungen keine Aussagen treffen.
b) Die Aussage ist falsch. δ und γ sind Nebenwinkel. Folglich gilt $\delta = 180° - \gamma$.
c) Richtig, da α und β Nebenwinkel sind.
d) Die Aussage ist nicht richtig. ε und μ sind keine Scheitelwinkel.
e) Stimmt nicht. Es gilt $\varepsilon + \eta + \lambda = 180°$; aber γ ist nicht gleich λ.
f) Stimmt. Die Winkel $\varepsilon + \eta$ und γ sind Stufenwinkel.

8 a)

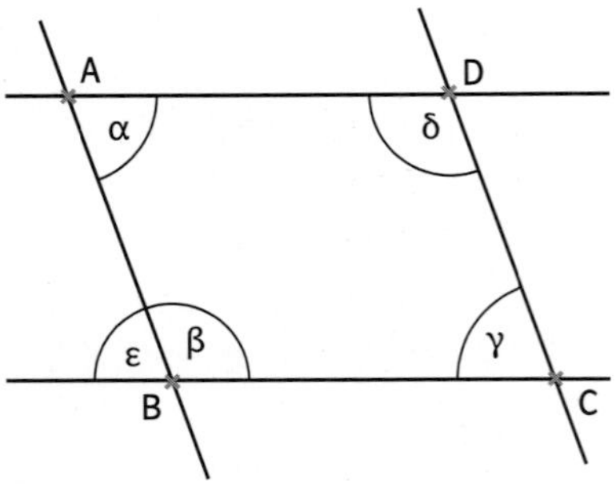

α und ε sind Wechselwinkel an zueinander parallelen Geraden und daher gleich groß.
ε und γ sind Stufenwinkel an zueinander parallelen Geraden und daher auch gleich groß.
Somit müssen auch α und γ gleich groß sein.
Ebenso kann man zeigen, dass β und δ gleich groß sind. Leonies Behauptung stimmt daher.
b) (1) Das erste Viereck ist kein Parallelogramm. Wenn man die untere Seite des Vierecks nach links verlängert, entsteht dort der Winkel
$\varepsilon = 180° - 114° = 66°$.
Die Wechselwinkel in der Figur sind nicht gleich groß und somit sind die obere und die untere Gerade nicht parallel zueinander.
(2) Das Viereck ist ein Parallelogramm.
(3) Das Viereck ist kein Parallelogramm. Da die Stufenwinkel nicht gleich groß sind, verlaufen die linke und rechte Seite des Vierecks nicht parallel zueinander.
(4) Das Viereck ist ein Parallelogramm.

Seite 171

9

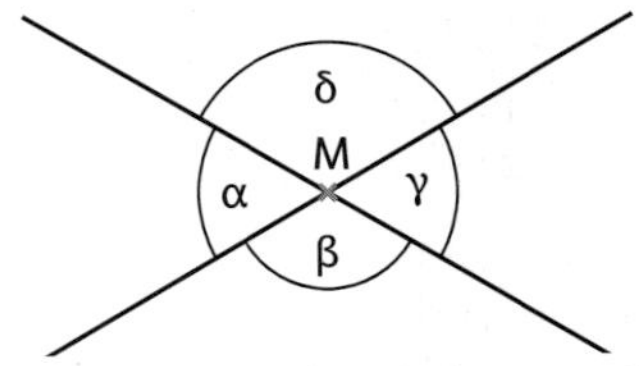

Voraussetzung: Es gilt $180° - \alpha = \beta$ und $180° - \gamma = \beta$
Daher muss $180° - \alpha = 180° - \gamma$ gelten und somit $\alpha = \gamma$.

10 Nebenwinkel α und β: $\alpha + \beta = 180°$
Nebenwinkel: $\frac{\alpha}{2} + \gamma - \alpha = 90°$
Daraus folgt: $\alpha = 36°$, $\beta = 144°$

11 a) Die Aussage ist richtig, denn die Winkelhalbierende des Winkels α ist auch die Winkelhalbierende des zugehörigen Scheitelwinkels von α.
b) Die Aussage ist falsch, denn die Winkelhalbierenden der beiden Nebenwinkel von α fallen zusammen.
c) Die Aussage ist richtig. Der Winkel α bildet mit seinem Nebenwinkel β zusammen einen 180°-Winkel. Die zugehörigen Winkelhalbierenden halbieren jeweils die Winkelgröße von α und β. Deshalb bilden die Winkelhalbierenden zueinander einen Winkel von 90°.

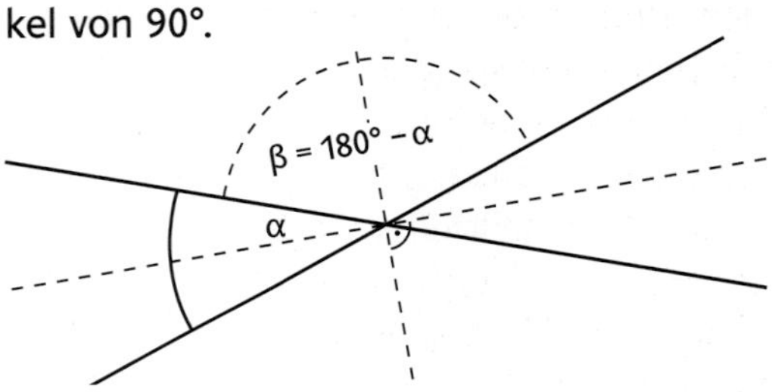

12 a) Es wird angenommen, dass die Angel einen Drehpunkt A hat. Ergebnisse aus unten stehender Zeichnung.
b) Verwendet man, wie im Tipp angegeben, die beiden parallelen Geraden g und h zur Wasserlinie, dann müssen die jeweils gleich großen Wechselwinkel zum 30°- und 50°-Winkel an g bzw. h zusammen mit dem gesuchten Winkel β jeweils 90° ergeben.
Damit erhält man $\beta = 60°$ und $\beta' = 40°$.

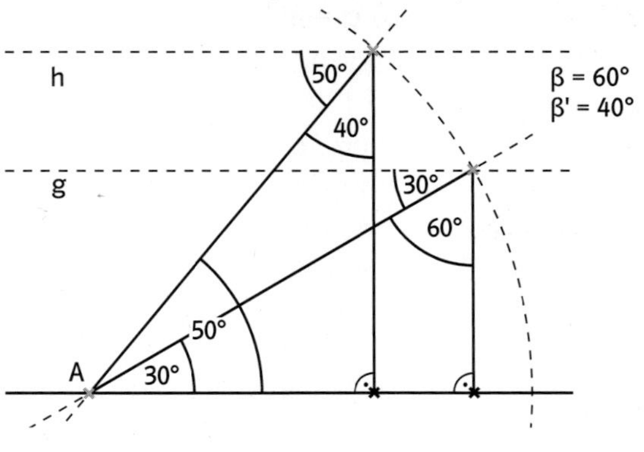

13 Mögliche Lösung:
Gegeben sind der Grundwert G = 19 930 € und der Prozentwert W = 15 990 €.
Der Prozentwert p kann wie folgt berechnet werden: $p = \frac{W}{G} = \frac{15\,990\,€}{19\,930\,€} \approx 0{,}8023 = 80{,}23\,\%$
Der neue Preis beträgt nur noch ca. 80,23 % des alten Preis. Der Preis wurde demnach um etwa 19,77 % heruntergesetzt.

14 a) Herr Rauck hat das Ziel nach 2:58:50 h erreicht.
b) $s \rightarrow t$ mit $t = 180 + 250\,s$

15 a) Man bringt die Brüche auf den gemeinsamen Nenner 21 und addiert dann die Zähler.
$\frac{2}{3} + \frac{8}{7} = \frac{14}{21} + \frac{24}{21} = \frac{38}{21}$
b) 1,35 kg

6 Regeln für Winkelsummen entdecken

Seite 173

1 a) Durch Experimentieren kann man zur Vermutung kommen, dass die Winkelsumme der drei Winkel immer 180° ist. Man kann auch vermuten, dass in einem Dreieck bei einer größeren Seite der gegenüberliegende Winkel größer ist als der Winkel, der einer kleineren Seite gegenüberliegt.
b) Mit Beispielen zu Sonderfällen kann man z. B. zu folgenden Vermutungen kommen: Bei den gleichschenkligen Dreiecken ist die Basis kleiner als ein Schenkel, solange der Winkel an der Spitze kleiner als 60° ist. Für einen Winkel an der Spitze von 60° ergibt sich ein gleichseitiges Dreieck. Für alle Winkel an der Spitze, die größer als 60° sind, ist die Länge der Basis größer als die der Schenkel. Bei einem rechtwinkligen Dreieck geht eine Seite durch den Mittelpunkt des Kreises. Es gibt ein gleichschenkliges Dreieck, das einen rechten Winkel an der Spitze hat.

2 Man kann den Winkelsummensatz im Dreieck benutzen:
a) $\gamma = 89°$

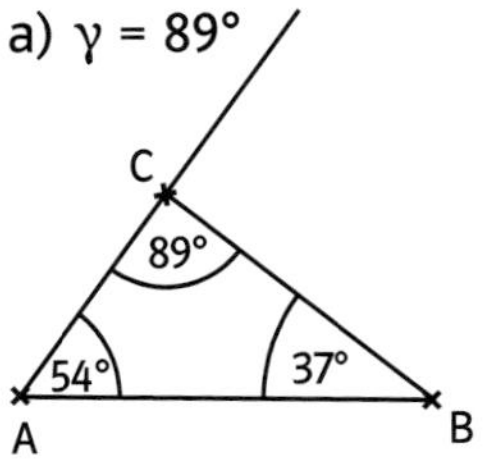

b) $\alpha = 80°$

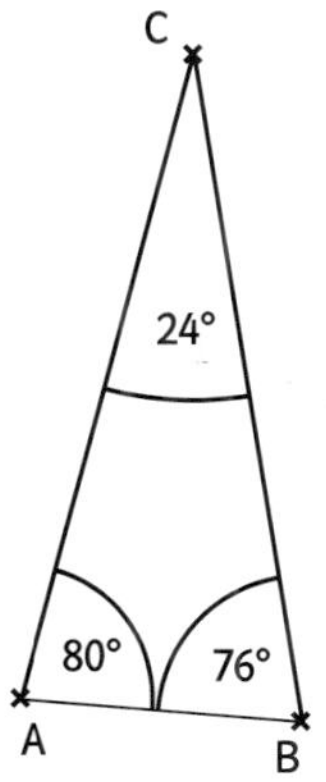

c) $\beta = 147°$

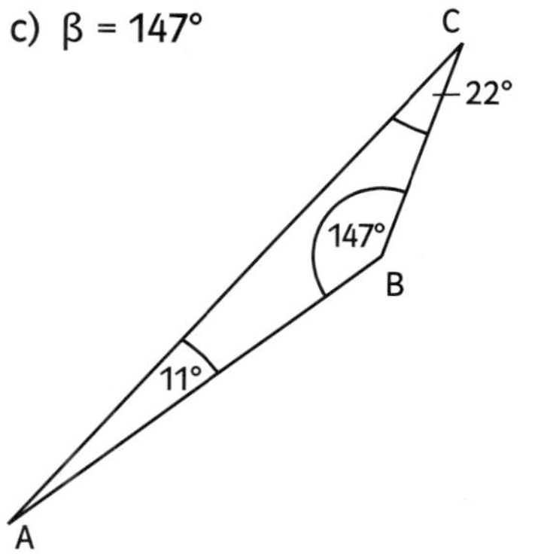

d) $\gamma = 90°$

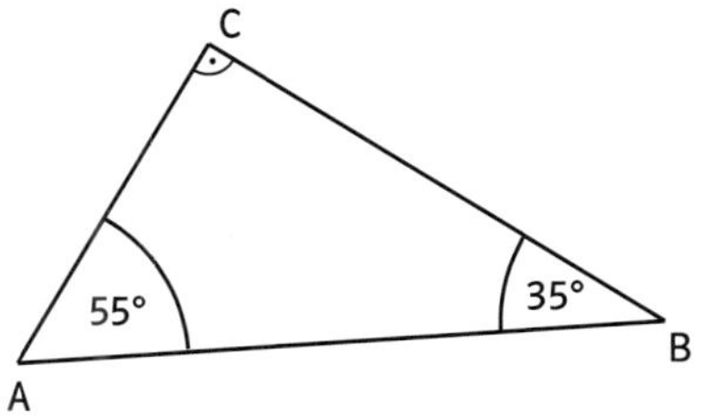

3 Mögliche Lösung:
Dreieck 1: Winkel: $\alpha = 90°$; $\beta = 24°$; $\gamma = 66°$
Dreieck 2: $\alpha = 30°$; $\beta = 106°$; $\gamma = 44°$
Dreieck 3: $\alpha = 60°$; $\beta = 36°$; $\gamma = 84°$

4 a) $\gamma = 180° - 20° - 99° = 61°$

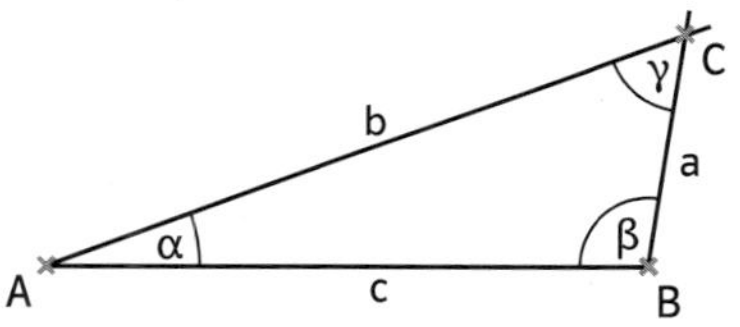

b) $\alpha = 180° - 75° - 44° = 61°$

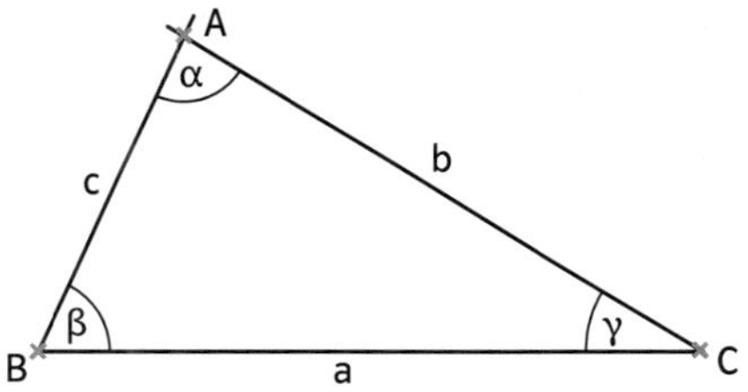

c) $\beta = 180° - 96° - 31° = 53°$

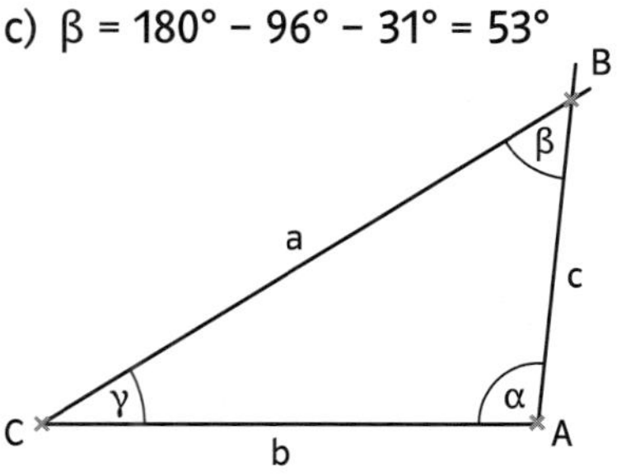

5 Alle gegebenen Dreiecke sind gleichschenklig:
a) Mit $\alpha = 46°$ und $\beta = \gamma$ folgt aus dem Winkelsummensatz $\alpha + \beta + \gamma = 180°$ die Beziehung $46° + \beta + \beta = 180°$. Daraus ergibt sich $2\beta = 134°$ und somit gilt $\beta = \gamma = 67°$.

b) Mit $\alpha = 90°$ kann es keinen weiteren Winkel dieser Größe geben. Deshalb müssen die beiden anderen Winkel zusammen 90° ergeben (Winkelsummensatz) und gleich groß sein (Basiswinkelsatz). Deshalb gilt $\beta = \gamma = 45°$.

c) Da α und β gleich groß sind, ist der Winkel an der Spitze: $\gamma = 180° - 70° = 110°$.

d) Wegen des Winkelsummensatzes ist: $\beta = 70°$. Also gilt $\alpha = \beta$. γ ist an der Spitze.

e) $\alpha = 60°$; $\beta = 60°$; $\gamma = 60°$

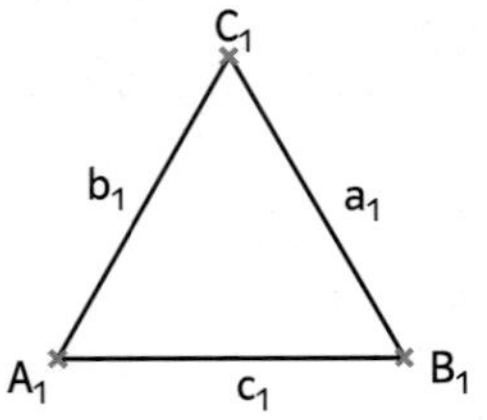

f) $\alpha = 110°$; $\beta = 35°$; $\gamma = 35°$

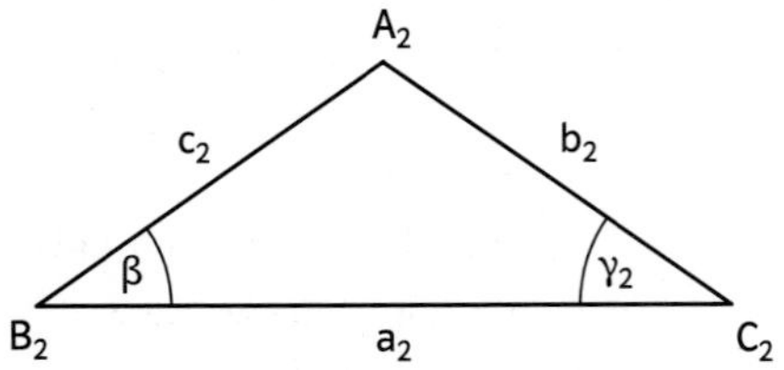

g) Es reicht in b) und f) die Angabe eines Winkels, denn der Winkel ist mindestens 90° groß. Es kann also keinen zweiten Winkel in dem Dreieck geben, der ebenso groß ist. Folglich sind die beiden anderen Winkel die Basiswinkel des gleichschenkligen Dreiecks. Man kann sie berechnen, indem man den gegebenen Winkel von 180° abzieht und das Ergebnis durch 2 teilt.

6 Konstruktionsbeschreibung:
1. Zeichne die Strecke $c = \overline{AB}$ der Länge 6 cm.
2. Trage an c in A den Winkel $\alpha = 90°$ an und in B den Winkel $\beta = 45°$.
3. Der Schnittpunkt der beiden freien Schenkel ist C.

Das Dreieck ABC löst die Aufgabe.
Für γ gilt: $\gamma = 180° - (90° + 45°) = 45°$ (Winkelsummensatz). Deshalb ist das Dreieck ABC gleichschenklig.

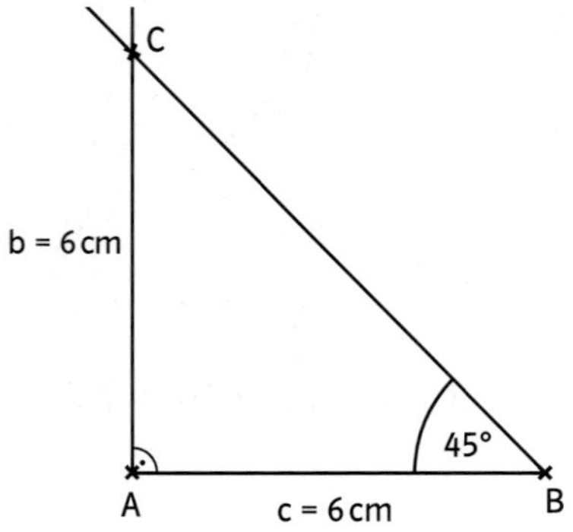

b) Konstruktionsbeschreibung:
1. Zeichne den Winkel γ der Größe 50° mit dem Scheitel C.
2. Trage auf den Schenkeln von γ die Strecken $a = \overline{BC}$ und $b = \overline{AC}$ mit gleicher Länge 5 cm ab.

Das Dreieck ABC löst die Aufgabe.
Das Dreieck ABC hat zwei gleich lange Seiten a und b. Deshalb ist γ der Winkel an der Spitze. Aus dem Winkelsummensatz folgt $\alpha + \beta = (180° - \gamma) = 130°$. Da α und β gleich groß sind, gilt $\alpha = \beta = 65°$.

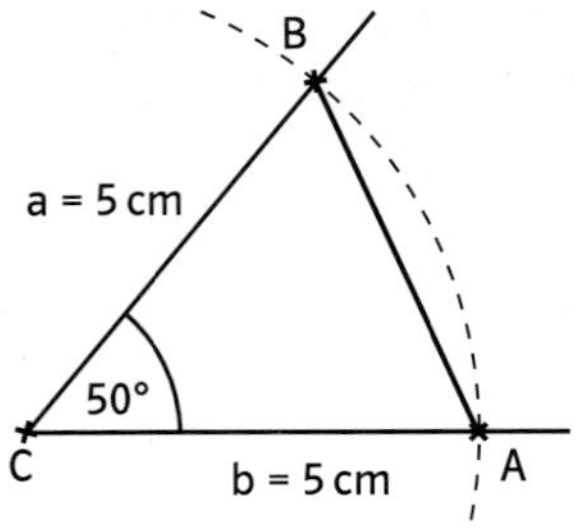

c) Alle drei Winkel sind gleich groß. Deshalb misst jeder 60°.
Konstruktionsbeschreibung:
1. Zeichne die Strecke $a = \overline{BC}$ mit der Länge 5 cm.
2. Trage in B und C die 60°-Winkel β und γ an.
3. Beschrifte den Schnittpunkt der freien Schenkel mit A.

Das Dreieck ABC löst die Aufgabe.

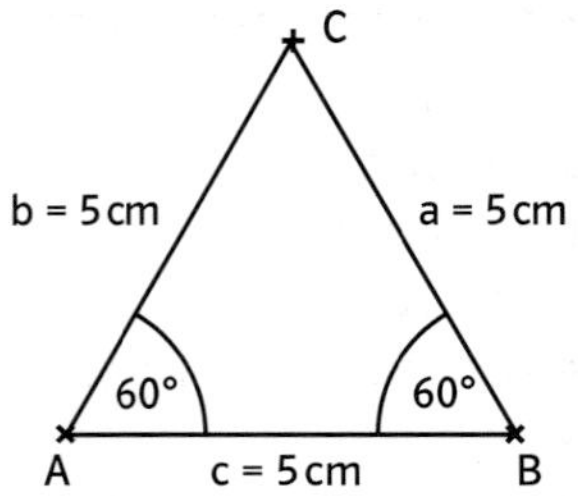

d) Konstruktionsbeschreibung:
1. Zeichne die Strecke $c = \overline{AB}$ mit der Länge 6 cm.
2. Trage in B den Winkel $\beta = 50°$ ab.
3. Zeichne um A den Kreis mit Radius 6 cm.
4. Der Kreis hat mit dem freien Schenkel von β die Schnittpunkte B und C.

Das Dreieck ABC löst die Aufgabe.
Weil die Strecken c und d gleich lang sind, ist das Dreieck ABC gleichschenklig. Der Punkt A ist die Spitze des Dreiecks. Deshalb gilt $\beta = \gamma = 50°$ und $\alpha = 80°$.

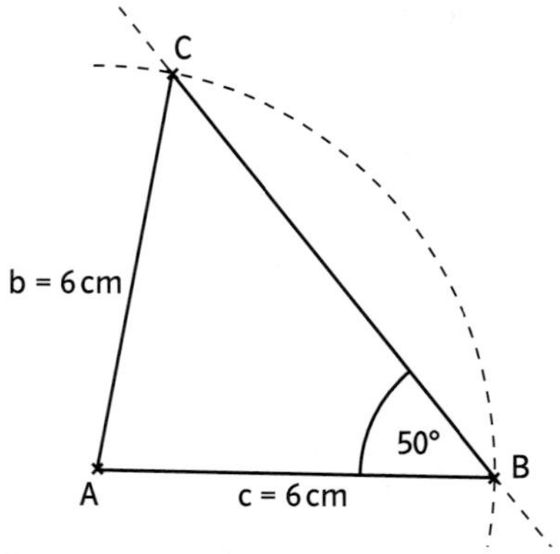

7 a) $\gamma = 71°$; gleichschenklig, Spitze A
b) $\alpha = 90°$ (rechtwinkliges Dreieck)
c) $\beta = 10°$
d) Es gilt $\alpha + \gamma = 185°$. Die Summe zweier Winkel muss kleiner als 180° sein. Ein Dreieck mit diesen Angaben gibt es nicht.
e) $\gamma = 120°$. Das Dreieck ist gleichschenklig und stumpfwinklig.
f) $\alpha = \beta = 45°$. Das Dreieck ist rechtwinklig und gleichschenklig.
g) Aus $\alpha = \beta = \gamma$ ergibt sich nach dem Winkelsummensatz, dass alle Winkel gleich groß sind. Dann kann α nicht 58° messen. Ein Dreieck mit diesen Eigenschaften ist nicht möglich.
h) Es gilt $\alpha + \gamma = 180°$. Deshalb müsste $\beta = 0°$ sein. Damit ist kein Dreieck möglich.

8 a) Das Dreieck hat einen nicht beschrifteten Winkel. Dieser ist ein Scheitelwinkel zum 69°-Winkel und deshalb genauso groß wie dieser. Nach dem Winkelsummensatz gilt
$\gamma = 180° + 30° - 69° = 81°$.
Der Winkel α ist ein Wechselwinkel zum 30°-Winkel, weil a || b ist; deshalb gilt $\alpha = 30°$.
Der Winkel β bildet zusammen mit α und dem Winkel der Größe 69° einen gestreckten Winkel. Deshalb gilt $\beta = 180° - (30° + 69°) = 81°$ (β ist auch noch ein Stufenwinkel zu γ).
b) β ist ein Wechselwinkel zum Winkel der Größe 77°; somit gilt $\beta = 77°$. Daraus lässt sich der nicht beschriftete Winkel im Dreieck links zu 77° berechnen (Scheitelwinkel). Aus der Winkelsumme im Dreieck ergibt sich $\alpha = 49°$. Das äußere Dreieck ist gleichschenklig. Der Winkel γ ist der Winkel an der Spitze. Daraus ergibt sich $\gamma = 72°$.
c) Man erhält die in der Zeichnung angegebenen Winkel.

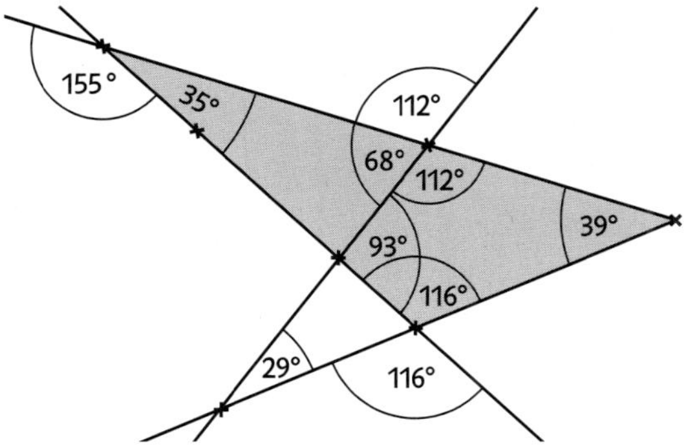

Seite 174

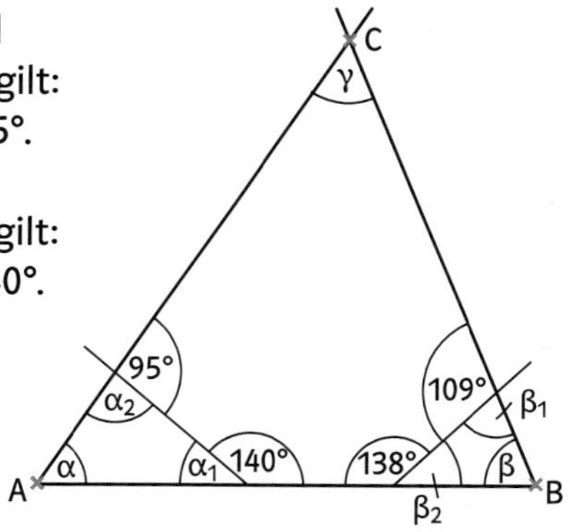

9 α_2 und 95° sind Nebenwinkel, also gilt:
$\alpha_2 = 180° - 95° = 85°$.
α_1 und 140° sind Nebenwinkel, also gilt:
$\alpha_1 = 180° - 140° = 40°$.
Der Winkel α kann nun mit dem Innenwinkelsummensatz berechnet werden:
$\alpha = 180° - \alpha_1 - \alpha_2 = 180° - 40° - 85° = 55°$.
β_2 und 138° sind Nebenwinkel, also gilt:
$\beta_2 = 180° - 138° = 42°$.
β_1 und 109° sind Nebenwinkel, also gilt:
$\beta_1 = 180° - 109° = 71°$.
Der Winkel β kann nun mit dem Innenwinkelsummensatz berechnet werden:
$\beta = 180° - \beta_1 - \beta_2 = 180° - 42° - 71° = 67°$.
Den Winkel γ kann man nun mit dem Innenwinkelsummensatz für das große Dreieck ausrechnen:
$\gamma = 180° - \alpha - \beta = 180° - 55° - 67° = 58°$.
Der Winkel an der abgerissenen Ecke betrug 58°.

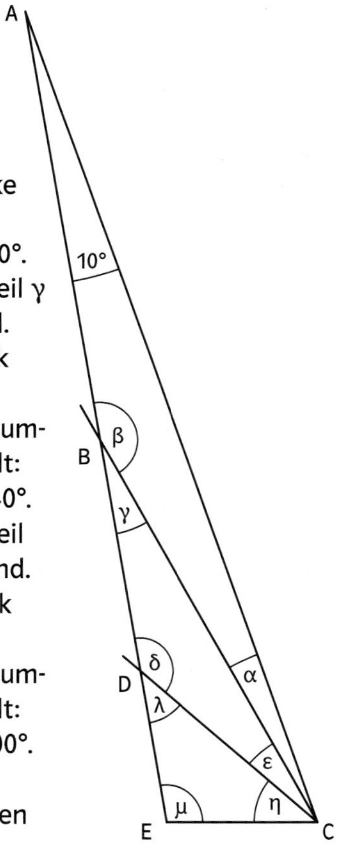

10 $\alpha = 10°$, da das Dreieck ABC gleichschenklig ist.
Nach dem Innenwinkelsummensatz für Dreiecke gilt:
$\beta = 180° - 10° - 10° = 160°$.
$\gamma = 180° - 160° = 20°$, weil γ und β Nebenwinkel sind.
$\varepsilon = 20°$, weil das Dreieck CDB gleichschenklig ist.
Nach dem Innenwinkelsummensatz für Dreiecke gilt:
$\delta = 180° - 20° - 20° = 140°$.
$\lambda = 180° - 140° = 40°$, weil δ und λ Nebenwinkel sind.
$\eta = 40°$, weil das Dreieck EDC gleichschenklig ist.
Nach dem Innenwinkelsummensatz für Dreiecke gilt:
$\mu = 180° - 40° - 40° = 100°$.
Der Gesamtwinkel am Punkt C setzt sich aus den Winkeln α, ε und η zusammen, somit beträgt er $40° + 20° + 10° = 70°$.

11 a) ε ist der Winkel zwischen dem Lot von C auf AB und der Winkelhalbierenden von γ. Bei C ist ein rechter Winkel, deshalb gilt $\sphericalangle$ ACW = 45°. Nach dem Winkelsummensatz im Dreieck AWC gilt $\sphericalangle$ CWA = 97°. Der zugehörige Nebenwinkel $\sphericalangle$ HWC misst dann 83°. Nach dem Winkelsummensatz im Dreieck WHC misst ε dann 7°.

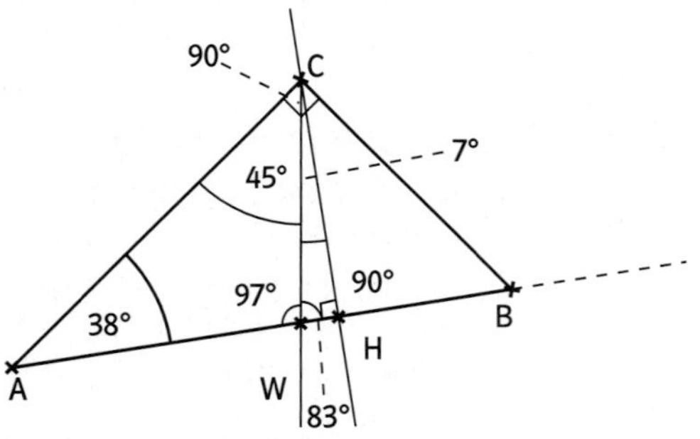

b) Mit den Beschriftungen in der unten stehenden Abbildung kann man folgendermaßen argumentieren:
Im Dreieck EDC ist der Winkel bei D nach dem Winkelsummensatz 47° groß. Dann hat jedoch der Winkel ε die Größe 43°, denn er ergänzt sich zusammen mit dem 47°-Winkel zu 90°. Dabei ist es egal ob a und b gleich lang sind oder nicht.

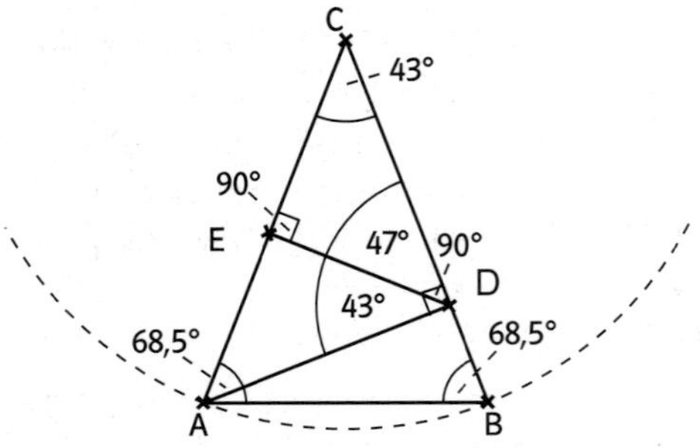

c) Die gestrichelte Linie ist die Winkelhalbierende von α. Da $a = b$ gilt, ist das Dreieck gleichschenklig und α ist ein Basiswinkel. Weil der Winkel an der Spitze 40° misst, gilt $\alpha = 70°$. Die Winkelhalbierende hat dann mit b einen Winkel der Größe 35°. Mit dem Winkelsummensatz ergibt sich
$\varepsilon = 180° - 35° - 40° = 105°$.

12 Aus den Angaben folgt, dass $\overline{MA} = \overline{MC} = \overline{MB}$ gilt. Deshalb sind die Dreiecke AMC und CMB gleichschenklig, jeweils mit der Spitze bei M. Verwendet man den Winkelsummensatz und die Eigenschaften des gleichschenkligen Dreiecks, so gilt:
$\sphericalangle$ BCM = 68,5° und
$\sphericalangle$ CMB = 180° − (68,5° + 68,5°) = 43°.
Der zugehörige Nebenwinkel $\sphericalangle$ AMC misst dann 137° und die Winkel $\sphericalangle$ MAC und $\sphericalangle$ ACM sind gleich große Basiswinkel der Größe
(180° − 137°) : 2 = 21,5°. Deshalb hat der Winkel bei C die Größe 68,5° + 21,5° = 90°.
Also: $\alpha = 21{,}5°$; $\alpha = 68{,}5°$ und $\gamma = 90°$.

13 Mögliche Lösung:
1. Ricarda zeichnet zuerst die Höhe des Dreiecks ein (rote Linie), d.h. eine zur Grundseite senkrechte Strecke mit der Spitze des Dreiecks als Anfangspunkt s.
2. Sie faltet das Dreieck entlang der Mittelsenkrechten zu der Höhe. Es entstehen drei Dreiecke. Das linke und das rechte sind jeweils gleichschenklig.
3. Sie faltet die gleichschenkligen Dreiecke entlang der Symmetrieachse.

Die Winkel des ursprünglichen Dreiecks treffen sich im Fußpunkt der Höhe. Sie ergänzen sich zu 180°, weil sie gemeinsam einen gestreckten Winkel auf der Grundseite des ursprünglichen Dreiecks bilden. Ricarda hat Recht. Bei rechtwinkligen und stumpfwinkligen Dreiecken muss man jedoch so falten, dass die längste Seite die Grundseite ist.

Seite 175

14 a) $\alpha_1 = 180° - \alpha$; da α_1 und α Nebenwinkel sind.
$\beta_1 = 180° - \beta$; da β_1 und β Nebenwinkel sind.
$\gamma_1 = 180° - \gamma$; da γ_1 und γ Nebenwinkel sind.
$\alpha_1 + \beta_1 + \gamma_1 = 180° - \alpha + 180° - \beta + 180° - \gamma$
$= 540° - \alpha - \beta - \gamma = 540° - (\alpha + \beta + \gamma)$
$= 540° - 180° = 360°$
Als Lösung kann hier auch das Messen der Winkelgrößen zugelassen werden.
$\alpha \approx 44°$ $\alpha_1 = 180° - \alpha \approx 136°$
$\beta \approx 43°$ $\beta_1 = 180° - \beta \approx 137°$
$\gamma \approx 93°$ $\gamma_1 = 180° - \gamma \approx 87°$
$\alpha_1 + \beta_1 + \gamma_1 = 360°$
b) Zeichnungen: Individuelle Lösung.
Beweis: siehe oben

15 Die Tatsache, dass man sich nach einem „Kreislauf" im Dreieck um 360° gedreht hat, erklärt zunächst, dass die Summe der Außenwinkel im Dreieck 360° sein muss, denn die Außenwinkel entsprechen an jeder Ecke der Drehung, die man macht, wenn man auf dem Dreieck läuft.

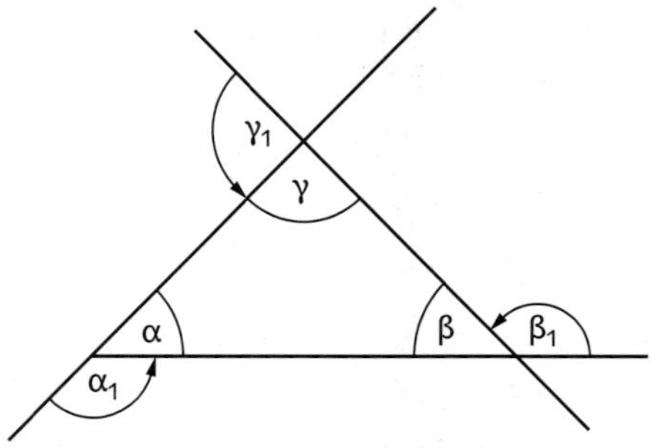

Da die Innenwinkel jeweils die Nebenwinkel der Außenwinkel sind, gilt:
$\alpha = 180° - \alpha_1$; da α_1 und α Nebenwinkel sind.
$\beta = 180° - \beta_2$; da β_1 und β Nebenwinkel sind.
$\gamma = 180° - \gamma_3$; da γ_1 und γ Nebenwinkel sind.

Für die Summe der Innenwinkel gilt demnach:

$\alpha + \beta + \gamma = 180° - \alpha_1 + 180° - \beta_1 + 180° - \gamma_1$
$= 540° - \alpha_1 - \beta_1 - \gamma_1$
$= 540° - (\alpha_1 - \beta_1 - \gamma_1)$
$= 540° - 360° = 180°$

Mithilfe der Summe für Außenwinkel kann man also den Innenwinkelsummensatz für Dreiecke beweisen.

16 a) Der Mittelpunktswinkel α misst $360°:5 = 72°$.
b) Der Innenwinkel β misst 108°.
c) Konstruktionsbeschreibung:
1. Zeichne ein gleichschenkliges Dreieck mit der Basis 5 cm und den Basiswinkeln 54°.
2. Zeichne einen Kreis um die Spitze durch die Endpunkte der Basis.
3. Trage dann den Winkel an der Spitze noch viermal wiederholt an.

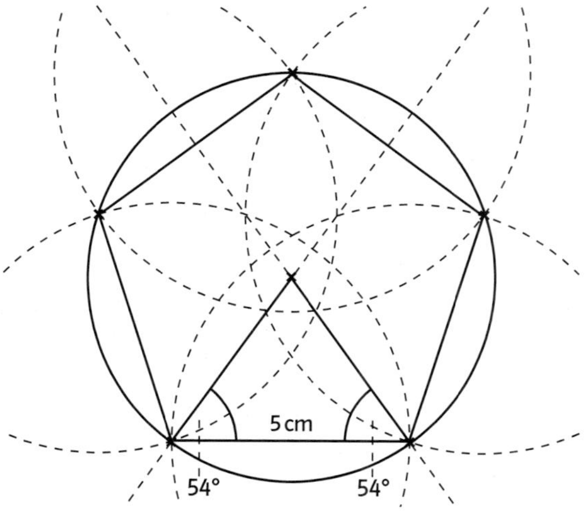

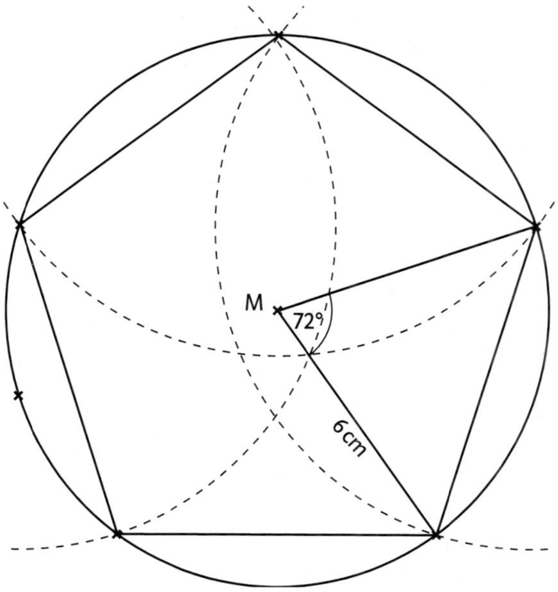

d) Konstruktionsbeschreibung:
1. Zeichne einen Kreis mit Radius 6 cm und Mittelpunkt M.
2. Zeichne im Punkt M einen Winkel der Größe 72° und bestimme die Schnittpunkte der Schenkel mit dem Kreis. Trage die Basis des Dreiecks noch viermal auf dem Kreis ab.

17 a) Ein Sechseck hat den Mittelpunktswinkel $\alpha = 60°$.
Ein Achteck hat den Mittelpunktswinkel $\alpha = 45°$.
Ein 12-Eck hat den Mittelpunktswinkel $\alpha = 30°$.
Die Zeichnung erstellt man wie in Aufgabe 16 d).
b) Mittelpunktswinkel beim n-Eck: $\alpha = 360°:n$
Innenwinkel $\beta = 2\cdot(180° - \alpha):2$ oder
$\beta = 180° - \alpha = 180° - \frac{360°}{n}$

18 Bei einem Sechseck ist der Radius des zugehörigen Umkreises so groß wie eine Seitenlänge des Sechsecks. Da man gleichseitige Dreiecke nur mit dem Zirkel und Lineal zeichnen kann, hat Frank Recht.

Seite 176

19 a) Im Rechteck ist die Winkelsumme 360°, weil an jeder Ecke ein 90°-Winkel ist.
In dem Parallelogramm sind die beiden Winkel an einer Seite zusammen 180° groß, weil der eine Winkel jeweils der Nebenwinkel zu einem Stufenwinkel des anderen ist. Die vier Winkel paralleler Seiten ergeben somit 360°.
b) In Fig. 2 und Fig. 3 teilt die gestrichelte Linie das Viereck in zwei Dreiecke. In jedem Dreieck ist die Winkelsumme 180°. Zusammen ergibt das 360°.
c) Jedes Viereck hat entweder eine Form wie in Fig. 2 oder wie in Fig. 3. Deshalb ist in allen Vierecken die Summe der Winkel 360°.

20 a) Ein Fünfeck kann man mit zwei Verbindungsstrecken von einem Punkt aus in drei Dreiecke unterteilen. Deshalb ist die Winkelsumme im 5-Eck 3-mal 180°, also 540° groß. Mit den gleichen Überlegungen erhält man im Sechseck die Winkelsumme 4-mal $180° = 720°$.
b) In dem Term $180°\cdot(n - 2)$ bedeutet n die Anzahl der Ecken eines Vielecks.
c) Zieht man von einer Ecke eines n-Ecks die Verbindungsstrecken zu den anderen Punkten, so entstehen insgesamt $n - 2$ Dreiecke, die das Vieleck zusammensetzen.

21 a) Individuelle Lösung. Die Summe der Außenwinkel muss stets 360° betragen.
b) Individuelle Lösung. Bei n-Ecken gilt die gleiche Überlegung wie bei Dreiecken. Wenn man entlang eines n-Ecks läuft, entspricht dies einer Drehung um 360° (vgl. Aufgabe 15). Also ergibt die Außenwinkelsumme von Vielecken immer 360°.
Mit der Formel für die Innenwinkelsumme in n-Ecken aus Aufgabe 20 kann dieses auch bewiesen werden:
Beim Fünfeck gilt für die Außenwinkel in der Figur aus dem Lehrbuch:

$\alpha' = 180° - \alpha$ $\beta' = 180° - \beta$
$\gamma' = 180° - \gamma$ $\delta' = 180° - \delta$
$\varepsilon' = 180° - \varepsilon$
Für die Summe der Außenwinkel gilt demnach:
$\alpha' + \beta' + \gamma' + \delta' + \varepsilon'$
$= 180° - \alpha + 180° - \beta + 180° - \gamma + 180° - \delta + 180° - \varepsilon$
$= 900° - (\alpha + \beta + \gamma + \delta + \varepsilon)$
$= 900° - (180° \cdot 3) = 900° - 540° = 360°$.

22 In Fig. 7 und Fig. 8 wurden Parallelen im gleichen Abstand benutzt.

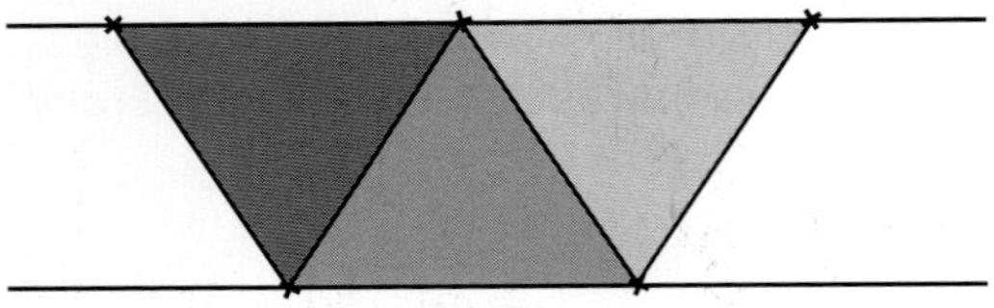

23 a) Legt man drei gleiche Dreiecke mit ihren verschiedenen Winkeln aneinander, so entsteht eine Gerade, da $\alpha + \beta + \gamma = 180°$.
b) Legt man Rauten an einer Ecke zusammen, so entstehen noch freie Bereiche mit jeweils 90°. Diese lassen sich immer wieder mit zwei Rauten füllen. Fünfecke, die an einer gemeinsamen Ecke ($\alpha = 108°$) zusammengefügt werden, ergänzen sich nicht zu einem Winkel von 360°. Mit Fünfecken kann man deshalb kein Parkett legen.
Je drei Sechsecke ergeben einen 360° Winkel. Deshalb kann man mit Sechsecken ein Parkett legen.
c) Legt man die Vierecke so zusammen, dass α, β, γ und δ aneinandertreffen, so entstehen bei allen Vierecken Parallele, denn $\alpha + \beta + \gamma + \delta = 360°$.

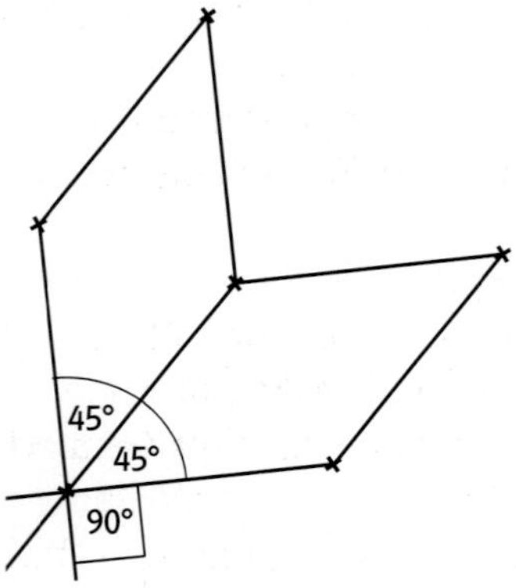

7 Der Satz des Thales

Seite 178

1 a) Zeichne die Strecke $\overline{AB} = 5\,cm$. Konstruiere den Mittelpunkt M_{AB} der Strecke $\overline{AB}$ und zeichne den Thaleskreis mit Mittelpunkt M_{AB} und Radius $r = 2{,}5\,cm$. Für alle Punkte C, die auf dem Thaleskreis über $\overline{AB}$ liegen gilt, dass $\gamma = 90°$ ist.

b) Die Strecke $\overline{AB}$ muss durch den Mittelpunkt des Kreises gehen. Sie ist dann ein Durchmesser des Kreises. Nun kann man für C irgendeinen anderen Punkt auf dem Kreis wählen, weil der ursprüngliche Kreis der Thaleskreis zur Strecke $\overline{AB}$ ist.

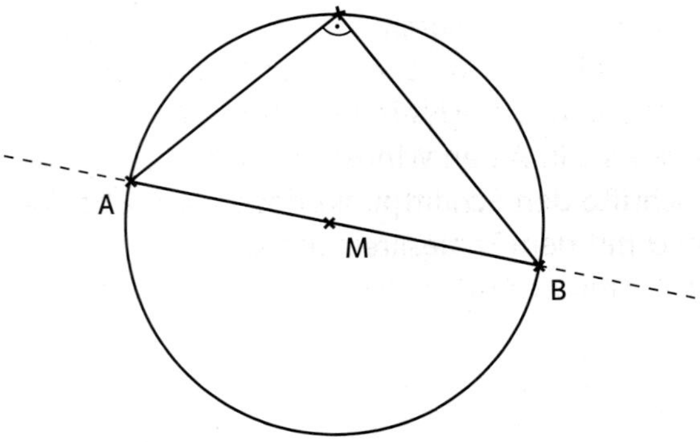

2 Mögliche Lösung:
Alle Punkte mit der geforderten Eigenschaft liegen auf dem Thaleskreis der Strecke $\overline{AB}$.
Die Punkte mit folgenden Koordinaten liegen (ungefähr) auf dem Thaleskreis:
$P_1(1|4)$, $P_2(2|3{,}8)$, $P_3(3{,}1|3{,}1)$.
Die Koordinaten dieser Punkte können aus der Zeichnung bestimmt werden.

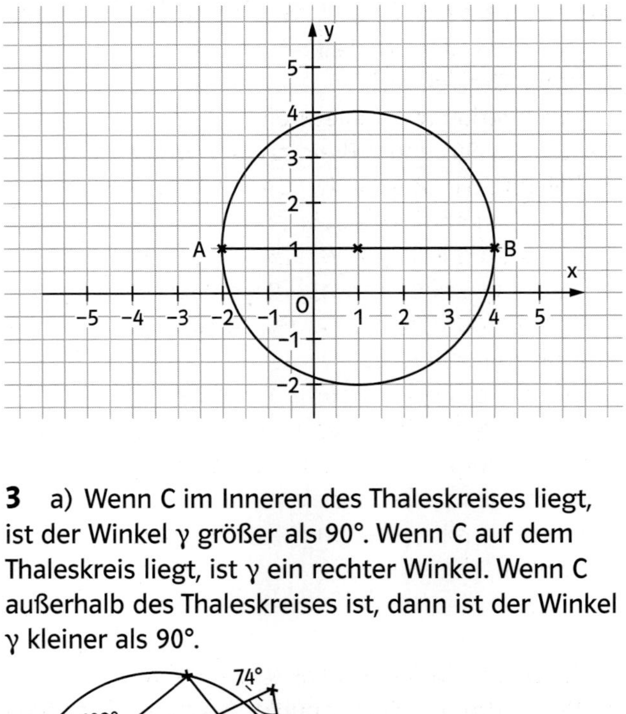

3 a) Wenn C im Inneren des Thaleskreises liegt, ist der Winkel γ größer als 90°. Wenn C auf dem Thaleskreis liegt, ist γ ein rechter Winkel. Wenn C außerhalb des Thaleskreises ist, dann ist der Winkel γ kleiner als 90°.

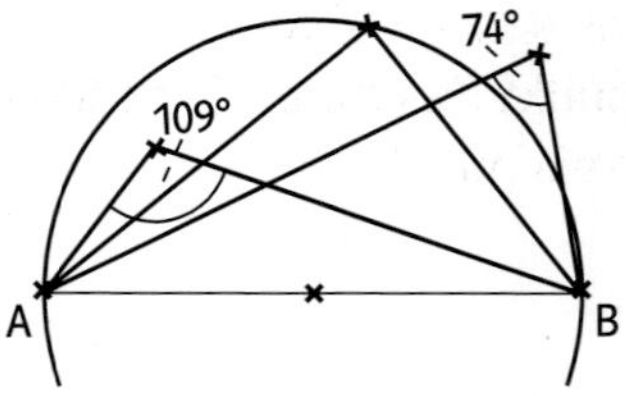

b) Das Dreieck ABC ist rechtwinklig. Wenn man die Lage der Halbgeraden variiert, bewegt sich der Punkt C auf dem Thaleskreis der Strecke AB.

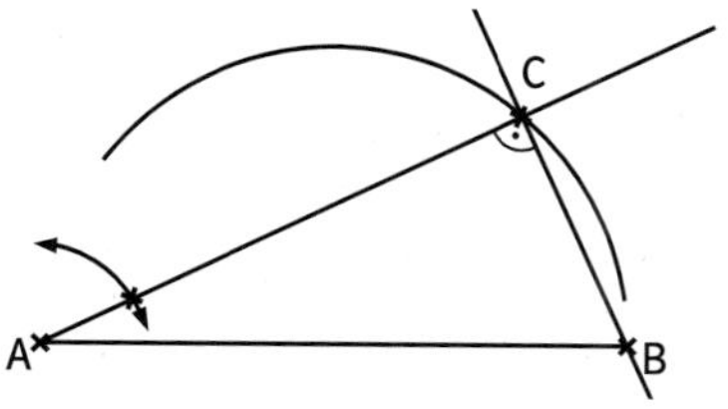

4 a) Konstruktionsbeschreibung mit Thaleskreis:
1. Zeichne die Strecke $c = \overline{AB}$ der Länge 6 cm.
2. Zeichne den Thaleskreis zur Strecke AB.
3. Trage an c in A den Winkel $\alpha = 50°$ ab.
4. Beschrifte den Schnittpunkt des freien Schenkels von α mit dem Thaleskreis mit C.

Lösung: Dreieck ABC.

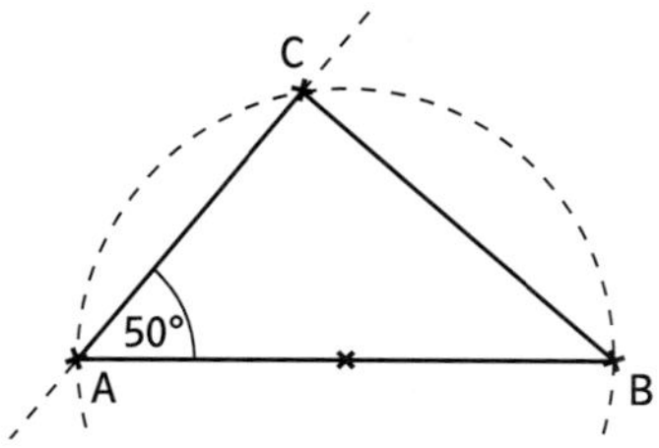

b) Konstruktionsbeschreibung mit Thaleskreis (ohne Zeichnung):
1. Zeichne die Strecke $b = \overline{CA}$ der Länge 7 cm.
2. Zeichne den Thaleskreis zur Strecke $\overline{CA}$.
3. Trage an b in A den Winkel $\alpha = 50°$ ab.
4. Beschrifte den Schnittpunkt des freien Schenkels von α mit dem Thaleskreis mit B.

Lösung: Dreieck ABC.

c) Kontruktion mit Thaleskreis:
Da $\alpha + \gamma = 90°$ muss β ein rechter Winkel sein.
1. Zeichne die Strecke $\beta = \overline{CA}$ der Länge 5 cm.
2. Zeichne den Thaleskreis zu b.
3. Trage an b in C den Winkel $\gamma = 50°$ ab.
4. Beschrifte den Schnittpunkt des freien Schenkels von γ mit dem Thaleskreis mit B.

Lösung: Dreieck ABC.

d) Da α und β gleich groß sind, muss γ der rechte Winkel sein; α und β messen dann jeweils 45°. Da die Grundseite c zu $\gamma = 90°$ gegeben ist, kann man den Satz des Thales nutzen.
Konstruktionsbeschreibung mit Thaleskreis (ohne Zeichnung):
1. Zeichne die Strecke $c = \overline{AB}$ der Länge 8 cm.
2. Zeichne den Thaleskreis zu c.
2. Trage an c in A den Winkel $\alpha = 45°$ ab.
4. Beschrifte den Schnittpunkt des freien Schenkels von α mit dem Thaleskreis mit C.

Lösung: Dreieck ABC.

5 (ohne Planfigur)
Das Dreieck hat einen rechten Winkel bei C. Deshalb liegt der Punkt C auf dem Thaleskreis der Strecke c.
a) Konstruktionsbeschreibung (Zeichnung Fig. 1):
1. Zeichne die Strecke $c = \overline{AB}$ der Länge 6 cm.
2. Zeichne den Thaleskreis zur Strecke $\overline{AB}$.
3. Zeichne eine parallele Gerade g zu c im Abstand 2 cm.
4. Beschrifte die Schnittpunkte von g mit dem Thaleskreis mit C_1 und C_2.

Die Dreiecke ABC_1 und ABC_2 sind deckungsgleiche Lösungen.

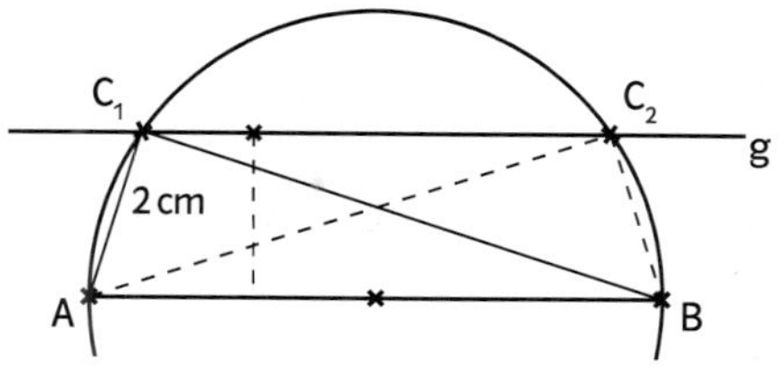

b) Da α ein rechter Winkel ist, gilt $h_c = b$.
Konstruktionsbeschreibung:
1. Zeichne die Strecke $a = \overline{BC}$ der Länge 5 cm.
2. Zeichne den Thaleskreis zur Strecke $\overline{BC}$.
3. Zeichne einen Kreis um C mit Radius 1,5 cm.
4. Beschrifte einen Schnittpunkt des Kreises mit dem Thaleskreis mit A.

Lösung: Dreieck ABC; der andere Schnittpunkt liefert ein deckungsgleiches Dreieck.

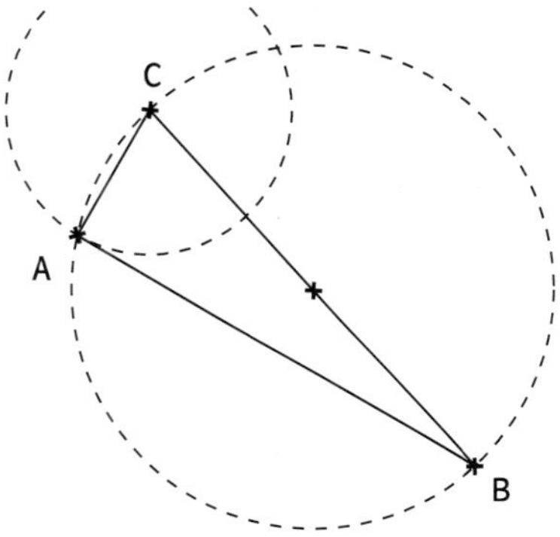

c) Im Punkt B hat das Dreieck einen rechten Winkel. Deshalb liegt B auf dem Thaleskreis zur Strecke b.
Konstruktionsbeschreibung:
1. Zeichne die Strecke $b = \overline{AC}$ der Länge 7,8 cm.
2. Zeichne den Thaleskreis zur Strecke $\overline{AC}$.
3. Zeichne eine parallele Gerade g zu b im Abstand 3,2 cm.
4. Beschrifte die Schnittpunkte von g mit dem Thaleskreis mit B_1 und B_2.

Die Dreiecke AB_1C und AB_2C sind deckungsgleiche Lösungen.

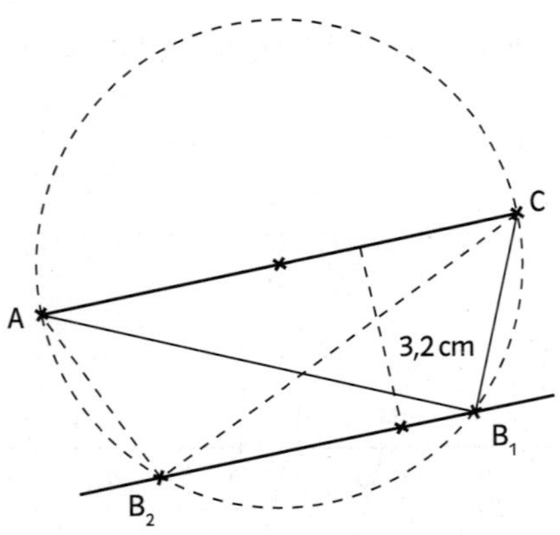

d) Der Punkt C liegt auf dem Thaleskreis zu c, weil γ 90° misst.
Konstruktionsbeschreibung:
1. Zeichne die Strecke $c = \overline{AB}$ der Länge 5,4 cm.
2. Zeichne den Thaleskreis zur Strecke $\overline{AB}$.
3. Trage in B an c den Winkel $\beta = 35°$ an.
4. Beschrifte den Schnittpunkt des freien Schenkels von β mit dem Thaleskreis mit C.

Das Dreieck ABC löst die Aufgabe.

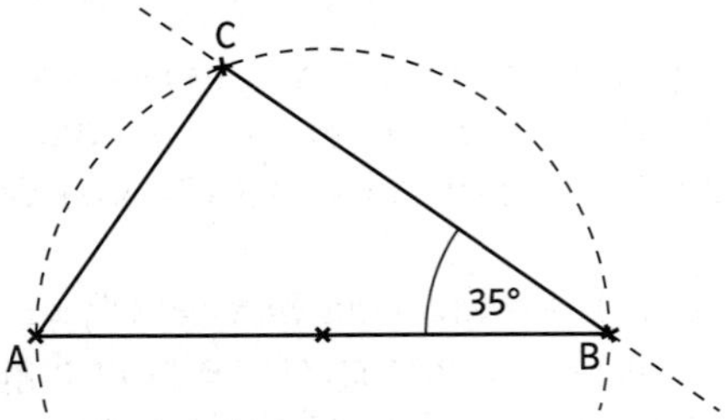

6 a) Verwende die Flächeninhaltsformel für Dreiecke $A = \frac{g \cdot h}{2}$. Ist c = 6 cm die Grundseite und soll der Flächeninhalt 6 cm² betragen, so lässt sich die zugehörige Höhe hc berechnen:
$h_c = 2 \cdot \frac{A}{c} = 2 \cdot \frac{6\,\text{cm}^2}{6\,\text{cm}} = 2\,\text{cm}$.
Konstruktionsbeschreibung:
1. Zeichne die Strecke c der Länge 6 cm.
2. Zeichne den Thaleskreis zu c.
3. Zeichne eine parallele Gerade g zu c mit dem Abstand 2 cm.
4. Beschrifte einen der Schnittpunkte von g und dem Thaleskreis mit C.

Lösung: Dreieck ABC
b) Bei dem gesuchten Dreieck muss der Punkt C auf dem Thaleskreis über der Strecke $\overline{AB}$ liegen. Aus der Zeichnung erkennt man, dass ein solches Dreieck die größtmögliche Höhe hat, wenn der Punkt C_b auf der Mittelsenkrechten der Strecke $\overline{AB}$ liegt (s. Punkt C_b in der Zeichnung unten).
Größtmöglicher Flächeninhalt: $(6 \cdot 3\,\text{cm}^2) : 2 = 9\,\text{cm}^2$

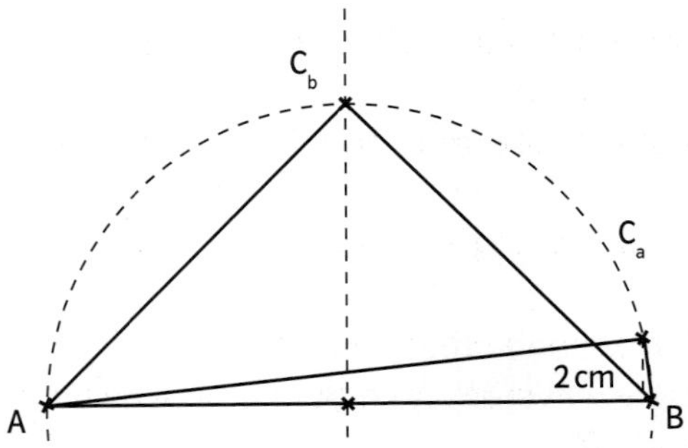

7 (ohne Zeichnung)
a) Wenn in einem rechtwinkligen Dreieck ein weiterer Winkel 45° misst, muss auch der dritte Winkel 45° messen (Winkelsumme). Das gesuchte Dreieck ist dann rechtwinklig und gleichschenklig. Konstruktion: Man beginnt mit einer Strecke $\overline{AB}$ und dem zugehörigen Thaleskreis. Dann konstruiert man die Mittelsenkrechte zur Strecke $\overline{AB}$. Ein Schnittpunkt C mit dem Thaleskreis ergibt das gesuche Dreieck ABC.
b) Wenn in einem rechtwinkligen Dreieck ein weiterer Winkel 30° misst, muss der dritte Winkel 60° messen (Winkelsumme). Das gesuchte Dreieck ist dann ein halbes gleichseitiges Dreieck.
Konstruktion: Man konstruiert ein gleichseitiges Dreieck ABC mit der Mittelsenkrechten einer Seite. Dabei entstehen zwei kongruente Dreiecke mit der gesuchten Eigenschaft.

Seite 179

8 (Lösungsvorschläge ohne Zeichnung)
Vorschlag 1: Man zeichnet die Diagonale $\overline{AC}$ der Länge 6 cm mit dem zugehörigen Thaleskreis. Dann zeichnet man einen Kreis um A mit dem Radius 5 cm und erhält beim Schnittpunkt mit dem Thaleskreis die Ecke B des Rechtecks. Auf die gleiche Art kann man mit einem gleich großen Kreis um den Punkt C den noch fehlenden Eckpunkt D konstruieren.
Vorschlag 2: Man beginnt wie bei Vorschlag 1 und erhält die Eckpunkte A, B und C. Dann spiegelt man den Punkt B am Mittelpunkt der Diagonalen $\overline{AC}$ und erhält den Eckpunkt D.
Vorschlag 3: Man beginnt mit einem Kreis mit dem Radius 3 cm um den (späteren) Mittelpunkt M des Rechtecks. Dann bestimmt man zwei Punkte A und B auf dem Kreis mit dem Abstand 5 cm. Die zu den Punkten gehörenden Durchmesser des Kreises sind die Diagonalen des gesuchten Rechtecks.

9 Aus den Angaben kann man ablesen:
Das Dreieck ABC ist gleichschenklig, der Kreis ist der Thaleskreis zu $\overline{AB}$:
Der Winkelsummensatz im Dreieck ABC liefert
$\alpha + \beta = 180° - 48° = 132°$.

Da die Basiswinkel α und β gleich groß sind, gilt $\alpha = \beta = 66°$.
Der Winkelsummensatz im oberen Teildreieck liefert $\alpha_2 = 42°$.
Damit erhält man $\alpha_1 = \alpha - \alpha_2 = 66° - 42° = 24°$.

10 Die Zuschauer der ersten Reihe sehen die Durchmesser der kreisförmigen Bühne unter einem Blickwinkel von 90°.

11 Uta hat für die Strecke $\overline{AB}$ nicht den Durchmesser des Kreises verwendet.

Seite 180

12 Zur Konstruktion verwendet man einen Thaleskreis über der Strecke $\overline{PM}$. Die Schnittpunkte des Thaleskreis mit dem Kreis um M sind die Berührpunkte der Tangenten. Die Berührpunkte der Tangenten haben die Koordinaten $B_1(4{,}5\,|\,2)$ und $B_2(0{,}6\,|\,4{,}6)$.

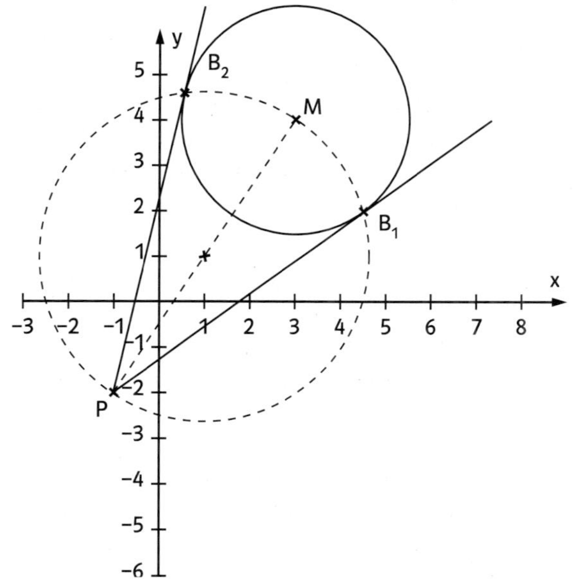

13 Maßstäbliche Zeichnung mithilfe eines Koordinatensystems:

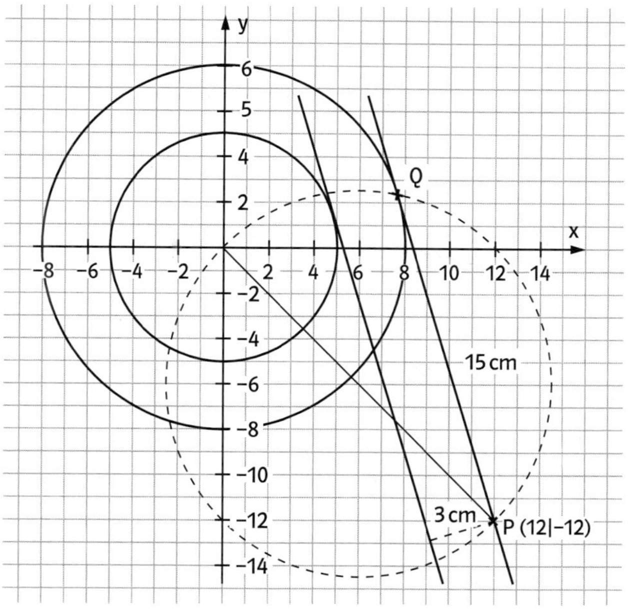

14 Die Geraden werden mit g_1 bis g_5 in der aufgeführten Reihenfolge bezeichnet. Alle Geraden gehen entweder durch den Punkt O(0 | 0) oder den Punkt P(6 | 0).
Zeichnet man den Thaleskreis zur Strecke $\overline{OP}$, so erkennt man, dass sich g_1 und g_2 sowie g_4 und g_5 rechtwinklig schneiden, weil ihre Schnittpunkte auf dem genannten Thaleskreis liegen.

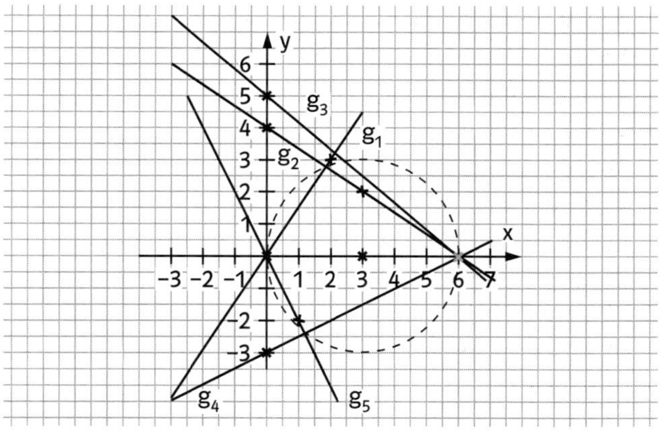

15 Der Winkel oberhalb von δ ist so groß wie α, denn er ist ein Stufenwinkel zu α. Zusammen mit dem Winkel δ ergibt er einen rechten Winkel, weil der Scheitel von δ auf dem gezeichneten Thaleskreis liegt. Deshalb hat δ die Größe 60°, wenn α die Größe 30° hat. Allgemein: $\delta = 90° - \alpha$.

Wiederholen – Vertiefen – Vernetzen

Seite 181

1 (1) Die Aussage gilt für jedes Dreieck. Die Mittelsenkrechten schneiden sich im Mittelpunkt des Umkreises.
(2) Ein solches Dreieck gibt es nicht. Wenn zwei Winkel gleich groß sind, dann ist es gleichschenklig. Nach dem Basiswinkelsatz gilt dann, dass auch die Schenkel gleich groß sein müssen.
(3) Die Aussage gilt für kein Dreieck. Wenn alle drei Winkel gleich groß sind, dann müssen auch alle Seitenlängen gleich groß sein.
(4) Die Aussage gilt für kein Dreieck. Wenn ein Dreieck zwei Symmetrieachsen hat, ist es gleichseitig und hat somit drei Symmetrieachsen.
(5) Die Aussage gilt für Fig. 2, Fig. 3 und Fig. 4, da diese Dreiecke gleichschenklig oder sogar gleichseitig sind. Bei gleichschenkligen Dreiecken stimmt die Mittelsenkrechte der Basis mit der Winkelhalbierenden der Spitze überein. Da sich die drei Mittelsenkrechten stets in einem Punkt schneiden, liegt dieser dann auch auf der Winkelhalbierenden des Winkels an der Spitze.

2 Aus den Sätzen über Winkel an parallelen Geraden und den Winkelsätzen im Dreieck erhält man die Winkel $\delta = 30°$, $\gamma = 90°$ und $\varepsilon = 120°$.

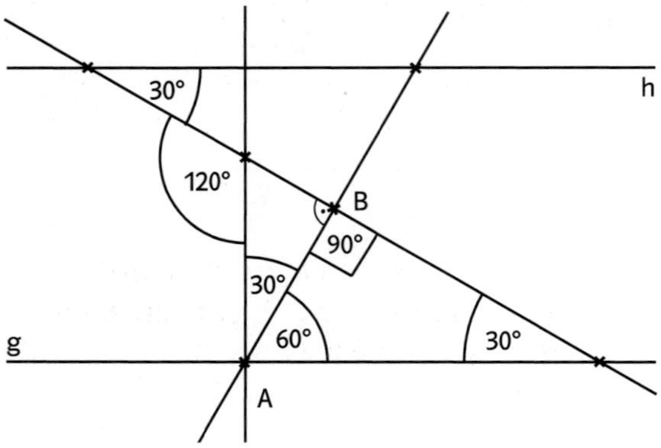

3 Aus der Übereinstimmung der Winkel γ und δ an zwei Stellen kann man erkennen, dass die beiden Dreiecke mit den Winkeln 30°, γ, γ und γ, δ, δ gleichschenklig sind.
Deshalb gilt $\gamma = (180° - 30°):2 = 75°$ und $\delta = (180° - \gamma):2 = 52{,}5°$.
In dem noch nicht genannten Dreieck ist ein Winkel Nebenwinkel zu δ; er hat deshalb die Größe 127,5°. Aus der Winkelsumme in diesem Dreieck ergibt sich $\alpha = 180° - 30° - 127{,}5° = 22{,}5°$.

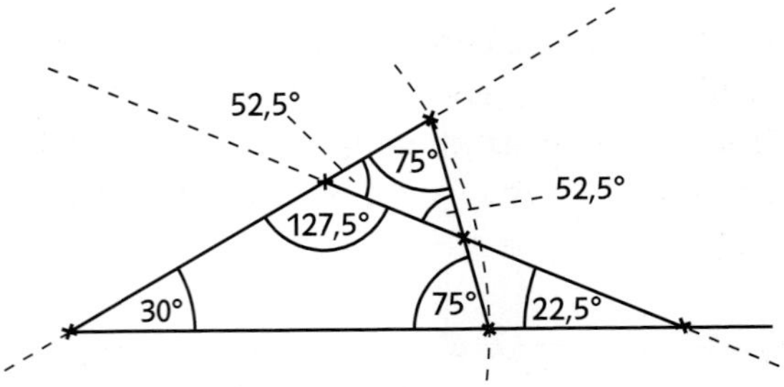

4 Das Dreieck wird in der üblichen Weise mit ABC bezeichnet.
Konstruktionsbeschreibung:
1. Zeichne eine Strecke $\overline{AB}$ der Länge 4 cm.
2. Trage in A an $\overline{AB}$ den Winkel 90° ab.
3. Trage in B an $\overline{AB}$ den Winkel 24° ab.
4. Beschrifte den Schnittpunkt der Winkel α und β mit C.
5. Zeichne die Winkelhalbierende w zum Winkel γ.
6. Zeichne das Lot h von A auf die Seite $\overline{BC}$.
7. Beschrifte den Schnittpunkt von w mit h mit P.

Berechnung der fehlenden Winkel:
In C ist $\gamma = 66°$; der Nebenwinkel zu α in P hat die Größe $90° - 33° = 57°$. Deshalb gilt $\alpha = 123°$.

5 Der Mittelpunkt eines Kreises hat den gleichen Abstand zu den Punkten auf der Kreislinie. Deshalb liegt der Mittelpunkt eines Kreises auf der Mittelsenkrechten zu jeder Sehne. Der Schnittpunkt der Mittelsenkrechten zweier Sehnen ist dann der gesuchte Mittelpunkt des Kreises. Man benötigt dazu mindestens drei verschiedene Punkte eines Kreises.

6 Die Abbildung in Fig. 8 zeigt ein gleichschenkliges Dreieck ABC und einen Thaleskreis über der Strecke $\overline{AB}$. Die Gerade h geht durch B und den Schnittpunkt des Thaleskreises mit der Strecke $\overline{AC}$, der nun mit T bezeichnet wird.
Mit dem Winkelsummensatz berechnet sich α im rechtwinkligen Dreieck ABT zu 62°.
Weil im gleichschenkligen Dreieck ABC der Winkel im Punkt B so groß ist wie α, muss β_1 die Größe 34° haben. Außerdem gilt $\gamma = 56°$.
Der Winkel δ ist der Nebenwinkel zum Winkel der Größe 146°. Deshalb gilt $\delta = 34°$. Weil nun δ und β_1 gleich groß sind, sind die Geraden g und h parallel.

7 Wenn man zwei Winkel und eine Seite des Dreiecks kennt, kann man mit dem Innenwinkelsummensatz den dritten Winkel berechnen.
Daher gilt der Kongruenzsatz wsw sobald man zwei Winkel und eine Seite kennt.

8 a) Konstruktion der beiden Tangenten mithilfe des Thaleskreises der Strecke $\overline{PM}$.
b) $\alpha = 49{,}2°$. Wenn P näher bei M liegt, wird der Winkel α immer größer und die beiden Berührpunkte rücken näher zusammen.

9 Es ist a = 64 cm. Wenn sich das Netz um den Ball legt, bildet sein Querschnitt Tangenten an einen Kreis. Mit einer Zeichnung im Maßstab 1:10 ergibt sich für b die Strecke 4,8 cm. Deshalb ist b 48 cm lang.

Seite 182

10 Die Spitze der Tanne bewegt sich auf einem Kreis um die „Knickstelle" mit dem Radius 36 m − 8 m = 28 m. Aus einer maßstabsgetreuen Zeichnung liest man ab, dass die Spitze dann ca. 27 Meter vom Stamm entfernt den Boden trifft. Mit 5 m Sicherheitsabstand muss Förster Heinrich eine kreisförmige Absperrung mit ca. 32 m Radius anbringen.

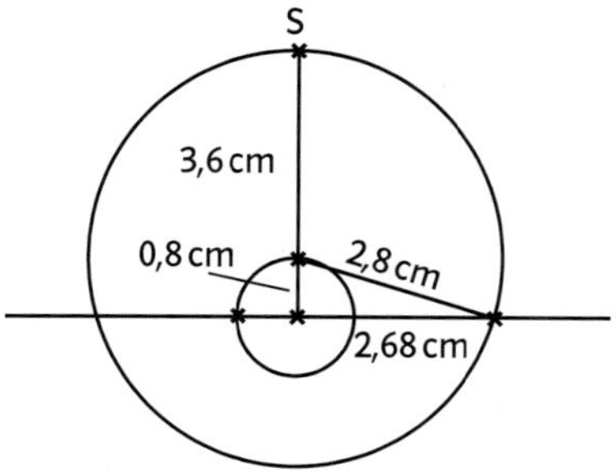

11 Der Ingenieur hat im Plan den Punkt C so gelegt, dass die Verbindungsstrecke $\overline{CB}$ so groß ist wie die Strecke $\overline{CB}'$. Dazu hat er den Punkt B an der Geraden (Hochspannungsleitung) gespiegelt. Da die Verbindungsstrecke von A zu B′ die kürzestmögliche Entfernung von A zu B′ ist, sind auch die beiden Strecken $\overline{AC}$ und $\overline{CB}$ die besten Verbindungen der Punkte A und B.

12 Die untenstehende Abbildung zeigt die folgende Strategie:
Man spiegelt A an der blauen Wand und erhält A_1. Man spiegelt B an der roten Wand und erhält B_1. Man verbindet A_1 und B_1 und erhält so die Abklatschpunkte auf den Wänden. Wären die Wände Spiegelflächen, so würde man einfach in die Richtung laufen, in der man B sieht. (Mit den Überlegungen aus Aufgabe 11 ergibt sich der dargestellte Weg.)

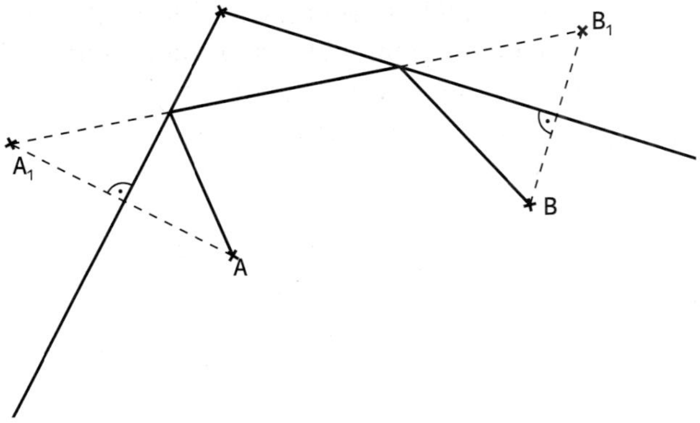

13 a) In diesem Fall bilden die Geraden ein Dreieck. Der Schnittpunkt P der drei Winkelhalbierenden ist dann der einzige Punkt, der von allen drei Geraden den gleichen Abstand hat.

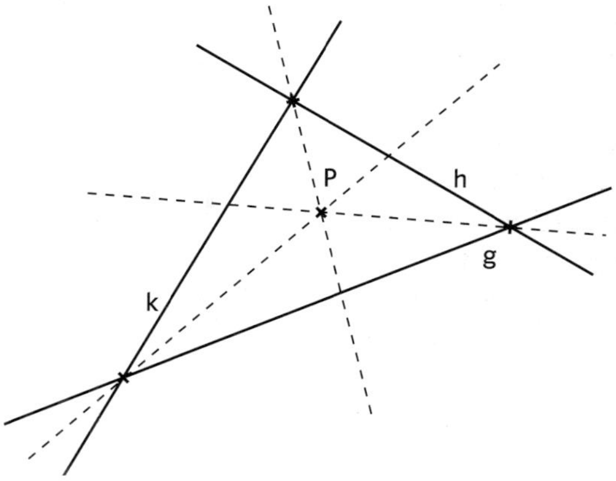

b) Alle Punkte, die von den parallelen Geraden g und h den gleichen Abstand haben, liegen auf der Mittelparallelen m. Die Gerade k schneidet m in S. Zeichnet man noch zwei parallele Geraden zu k im gleichen Abstand wie derjenige von m zu g, so erhält man genau zwei Punkte P und Q, die von allen drei Geraden g, h und k den gleichen Abstand haben.

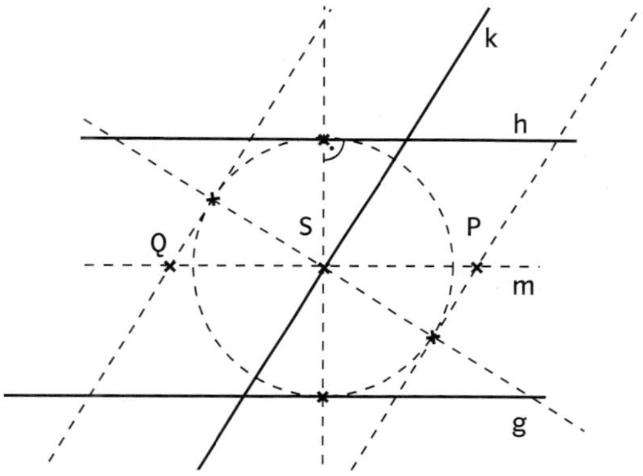

c) Wenn sich die drei Geraden in einem Punkt S schneiden, gibt es nur den Punkt S, der von allen drei Geraden den Abstand 0 hat.

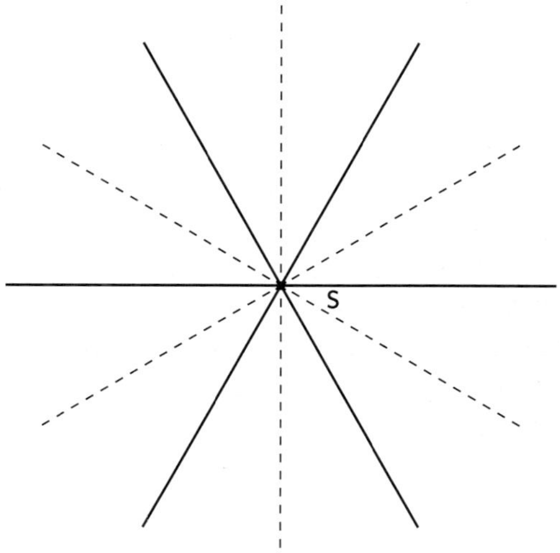

d) Ja, zeichnet man drei nicht identische parallele Geraden, so gibt es keinen Punkt, dessen Abstände zu den drei Geraden gleich groß sind.

14 a) 31,2%
b) 2881 m, wenn das Seil nicht durchhängen würde, tatsächlich etwas mehr.

Seite 183

15 a) $\gamma = 12°$, $\alpha = 90°$, $\beta = 78°$
b) $\alpha = 80°$, $\beta = 10°$, $\gamma = 90°$
c) Wegen $\beta = 100°$ kann es keinen Winkel der Größe 90° geben.
d) $\alpha = \gamma = 45°$, $\beta = 90°$
e) Lösung 1: $\beta = 90°$, $\gamma = \alpha = 45°$ oder Lösung 2: $\alpha = 90°$, $\beta = 60°$, $\gamma = 30°$
f) $\gamma = 90°$, $\alpha = \beta = 45°$
g) $\gamma = 90°$, $\alpha = 20°$, $\beta = 70°$
h) Da γ doppelt so groß sein muss wie α und β zusammen, kann höchstens γ die Größe 90° haben. Dann müssten α und β zusammen 45° ergeben. Dann wäre jedoch die Winkelsumme nur 135° groß. Es gibt demnach kein rechtwinkliges Dreieck mit der gewünschten Eigenschaft.

16 a) Die Dreiecke AB'A', BC'B', CD'C' und DA'D' sind nach dem Kongruenzsatz sws zueinander kongruent.
Was folgt aus der Kongruenz dieser Figuren?
- Die Strecken $\overline{A'B'}$, $\overline{B'C'}$, $\overline{C'D'}$ und $\overline{D'A'}$ sind gleich lang, weil in zueinander kongruenten Dreiecken einander entsprechende Seiten gleich lang sind.
- Der gestreckte Winkel an den Punkten A', B', C' bzw. D' setzt sich jeweils zusammen aus den beiden spitzen Winkeln der Dreiecke (rot und gelb in Fig. 1) und dem unbekannten Innenwinkel des Vierecks (blau). Nach dem Winkelsummensatz ist der blaue Winkel dann 90° groß.

Damit ist das Viereck A'B'C'D' ein Quadrat.
b)

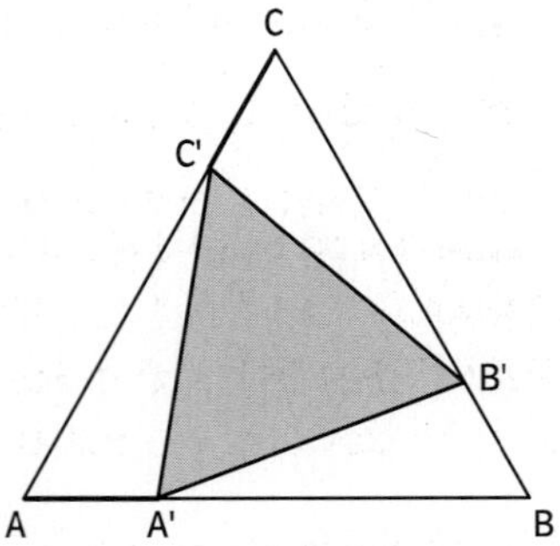

Mit diesen Bezeichnungen gilt:
Die Dreiecke A'BB', B'CC' und C'AA' sind nach dem KGS sws zueinander kongruent.
Damit sind auch die Strecken $\overline{A'B'}$, $\overline{B'C'}$ und $\overline{C'A'}$ gleich lang und das Dreieck A'B'C' somit gleichseitig.

c)

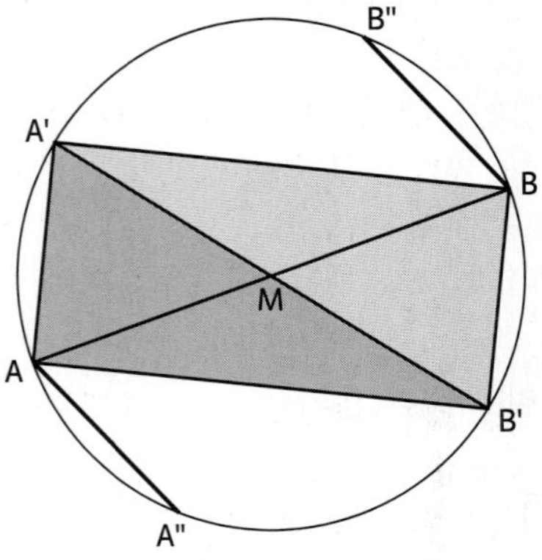

Die Dreiecke A'B'B und AB'A' sind nach dem Satz des Thales rechtwinklig und damit nach dem KGS Ssw zueinander kongruent. Damit sind alle vier Winkel im Viereck AB'BA' rechte und das Viereck ist ein Rechteck und in einem Rechteck sind gegenüberliegende Seiten parallel.

17 Individuelle Lösung.

Seite 184

18 Der Sender liefert für alle drei Gemeinden eine gleich gute Qualität, wenn er von den Ortschaften gleich weit entfernt ist. Deshalb zeichnet man den Umkreismittelpunkt des Dreiecks, das die drei Gemeinden bilden. Mit einer maßstabsgetreuen Zeichnung kann man ermitteln, dass dann die Anschlussleitung zur Stromleitung bei gerader Verlegung 1,1 km lang ist.

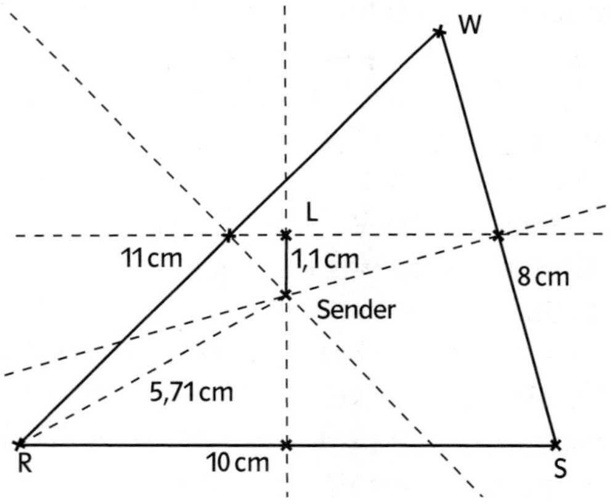

19 a) Ein solcher Schnitt teilt mindestens drei Kanten. Er kann jedoch bis zu sechs Kanten teilen. Deshalb gibt es Dreiecke, Vierecke, Fünfecke und Sechsecke als Schnittflächen.
b) Wenn der Schnitt durch drei Ecken des Würfels geht, entstehen entweder Rechtecke (links) oder gleichseitige Dreiecke (rechts).

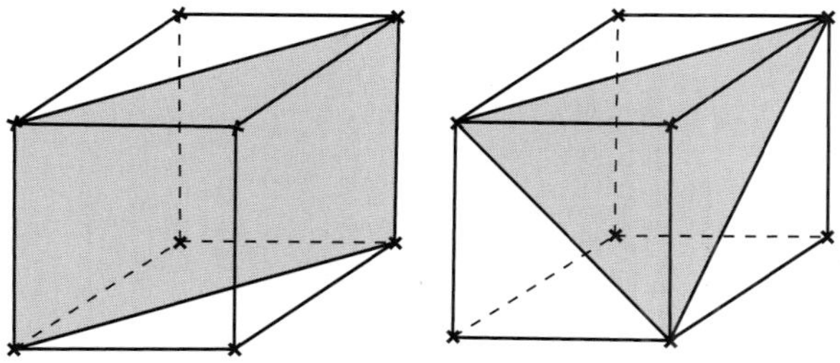

c) Wenn der Schnitt durch drei Mittelpunkte von Kanten geht, können alle oben genannten Figuren entstehen.

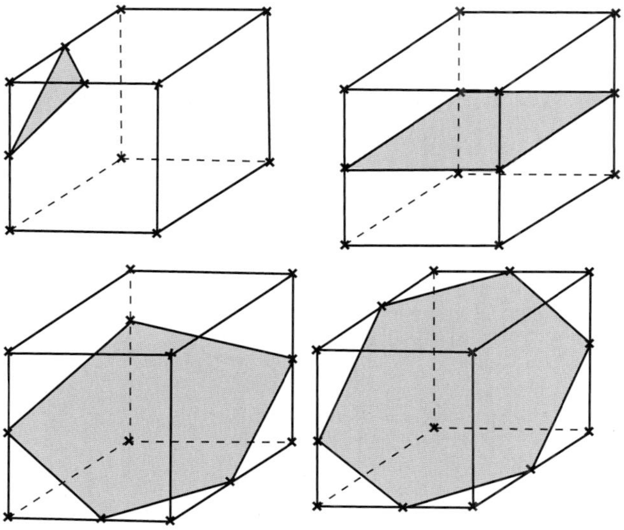

20 a) Die gesuchte Höhe entspricht der Strecke $\overline{MS}$ in Fig. 1. Sie ist z.B. im Dreieck AMS enthalten. Wählt man den Maßstab 1:2000, so entsprechen 230 m 11,5 cm und 219 m 10,95 cm. Zunächst bestimmt man die Strecke $\overline{AM}$, indem man die Grundfläche maßstabsgetreu konstruiert (Fig. 2). Damit konstruiert man das Dreieck AMS (Fig. 3) und erhält für die Strecke $\overline{MS}$ 7,4 cm; das entspricht 148 m. Die Cheopspyramide ist etwa 148 m hoch.

b) $\sphericalangle MM_1S$ in Fig. 1 bezeichnet man als Neigungswinkel. Er beträgt 51,3°. Wählt man $\sphericalangle MAS$ als Neigungwinkel erhält man 41,4°. Die Kantenlänge ist 217 m.

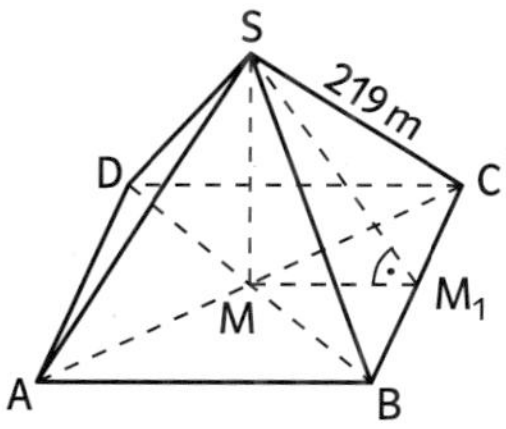

Fig. 1

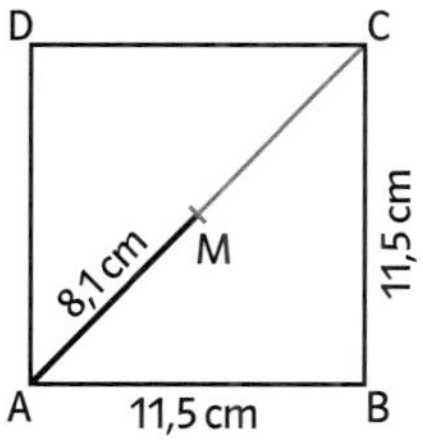

Fig. 2

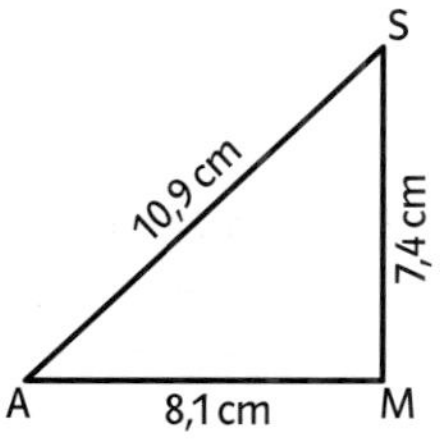

Fig. 3

21 a) α und ε sind Wechselwinkel an zueinander parallelen Geraden, daher ist $\varepsilon = 45°$.
Der Winkel $\eta = 45°$, weil die Figur symmetrisch ist und α und η Basiswinkel sind.
η und δ ergänzen sich zu 90°, somit ist $\delta = 45°$.
Da η und δ Wechselwinkel an zueinander parallelen Geraden sind, sind sie gleich groß und $\lambda = 45°$.
Der Winkel γ kann nun mit dem Innenwinkelsummensatz für Dreiecke berechnet werden. Es gilt:
$\gamma = 180° - 45° - 45° = 90°$

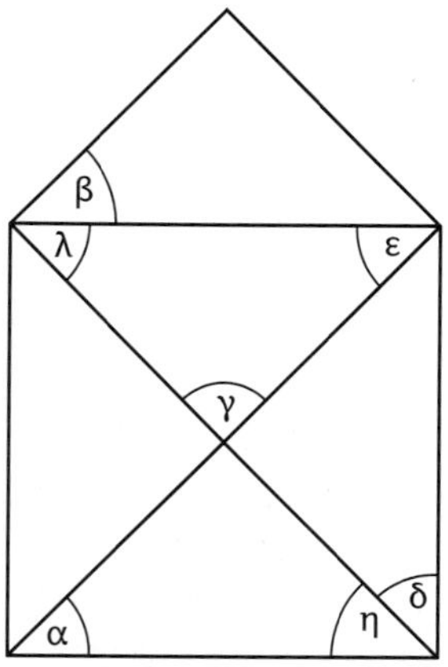

b) α und ε sind Wechselwinkel an zueinander parallelen Geraden, daher ist $\varepsilon = 50°$.
Der Winkel $\eta = 50°$, weil die Figur symmetrisch ist und α und η Basiswinkel sind.
η und δ ergänzen sich zu 90°, somit ist $\delta = 40°$.
Da η und λ Wechselwinkel an zueinander parallelen Geraden sind, sind sie gleich groß und $\varepsilon = 50°$.
Der Winkel γ kann nun mit dem Innenwinkelsummensatz für Dreiecke berechnet werden. Es gilt:
$\gamma = 180° - 50° - 50° = 80°$

c) Mögliches Vorgehen:
1. Zeichne die Strecke $\overline{AB} = 5$ cm.
2. Zeichne am Punkt A den Winkel $\alpha = 50°$ ein.
3. Da der untere Teil der Figur achsensymmetrisch ist, ist $\beta = \alpha = 50°$.
   Zeichne am Punkt B den Winkel $\beta = 50°$ ein.
4. Zeichne eine zu a senkrechte Gerade durch A und eine zu a senkrechte Gerade durch B.
5. Bestimme die Schnittpunkte C und D der Geraden aus 4. mit den in 2. und 3. gezeichneten Schenkeln der Winkel α und β.
6. Verbinde die Punkte C und D. Es entsteht eine zu a parallele Seite.
7. Zeichne am Punkt D den Winkel $\beta = 30°$ ein.
8. Bestimme den Mittelpunkt M der Strecke $\overline{CD}$ als Schnittpunkt der Mittelsenkrechten von $\overline{CD}$ mit der Strecke $\overline{CD}$.
9. Zeichne den Thaleskreis zur Strecke $\overline{CD}$, d.h. den den Kreis mit Mittelpunkt M, der durch C und D geht.
10. Bezeichne den Schnittpunkt des Thaleskreises mit dem in 7. gezeichneten Schenkel mit E. Der Satz des Thales besagt, dass am Punkt E im Dreieck DEC ein rechter Winkel entsteht.

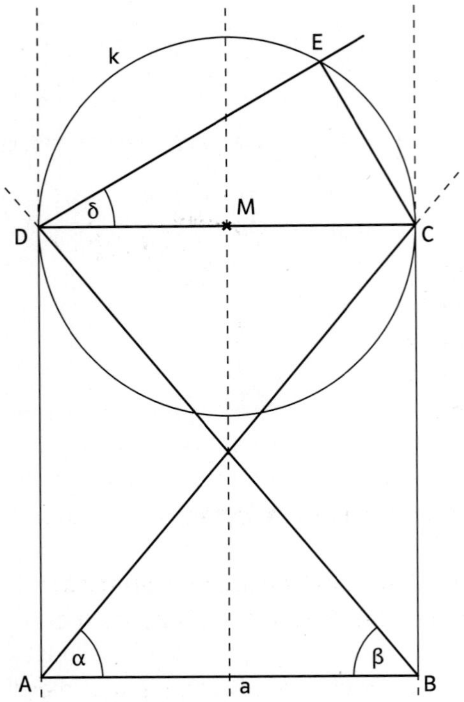

d) Ohne Zeichnung.
Die Sonnenuhr muss am Punkt M liegen, da M von den Punkten C, D und E den gleichen Abstand hat. Man kann den Punkt M auch bestimmen, indem man die Mittelsenkrechten zu den Seiten im Dreieck CDE konstruiert und ihren Schnittpunkt bestimmt. Dieser muss mit M übereinstimmen.
e) Thales hat Recht, denn es gilt auch die Umkehrung des Satz des Thales, d.h., dass der Punkt E auf dem Thaleskreis liegen muss, wenn dort ein rechter Winkel entsteht. Somit ist der Mittelpunkt des Thaleskreises in allen Häusern die Position der Sonnenuhr.

VI Systeme linearer Gleichungen

Lösungshinweise Kapitel VI – Erkundungen

Seite 190

1. Was gehört zusammen?

Es ergeben sich folgende Kombinationen:
S1-G2-R4-GR3
S2-G3-R2-GR1
S3-G4-R1-GR4
S4-G1-R3-GR2

Aufgabe S1
Sieben Flaschen Orangenlimonade und acht Flaschen Zitronenlimonade kosten 8,20 €. Sieben Flaschen Zitronenlimonade und acht Flaschen Orangenlimonade kosten 8,30 €. Wie viel kostet eine Flasche Zitronenlimonade, wie viel eine Flasche Orangenlimonade?
Lösung: Orangenlimonade 60 Cent, Zitronenlimonade 50 Cent

Aufgabe S2
In einer Geldbörse befinden sich 24 € in 20- und 50-Cent-Stücken. Gib vier verschiedene Möglichkeiten an, wie viele 20- und wie viele 50-Cent-Stücke in der Geldbörse sein können.
Lösung:

20 Cent	0	20	40	60
50 Cent	48	40	32	24

Aufgabe S3
Es gibt kleine Postkarten zu 1,50 € je Stück und große Postkarten zu 2 € je Stück. Wie viele Postkarten kann man für 18 € kaufen? Gib verschiedene Möglichkeiten an.
Lösung:

kleine	0	4	8
große	9	6	3

Aufgabe S4
9 Lkw mit insgesamt 24 t verließen gestern die Hauptstadt. Sie haben 2 bzw. 4 t geladen. Wie viele Lkw haben 4 t geladen, wie viele 2 t?
Lösung: 3 Lkw mit 4t und 6 Lkw mit 2t.

Seite 191

2. Knackt die Box

Forschungsauftrag 1:
Boxen knacken
a) Blau: 3, Rot: 2
b) Blau: 4, Rot: 1
c) Blau: 3, Rot: 2

Forschungsauftrag 2:
Boxengleichungen zusammenwerfen
Rot: 2, Blau: 2
Im ersten Schritt hat man Boxen und Hölzer auf den linken und rechten Seiten jeweils zusammengefasst.
Im zweiten Schritt hat man auf beiden Seiten die drei blauen Boxen entfernt.
Im dritten Schritt hat man noch auf beiden Seiten zwei rote Boxen weggenommen.
Übersetzung der Boxengleichungen:
a) $x + 3 = 3y$ und $2x = 3y$
b) $x = 4y$ und $x + 4y = 5$
c) $3x + 2y = x + 5y$ und $x + 3 = 3y$

1 Lineare Gleichungen mit zwei Variablen

Seite 193

1 a) ja b) nein c) nein
d) ja e) nein f) ja

2

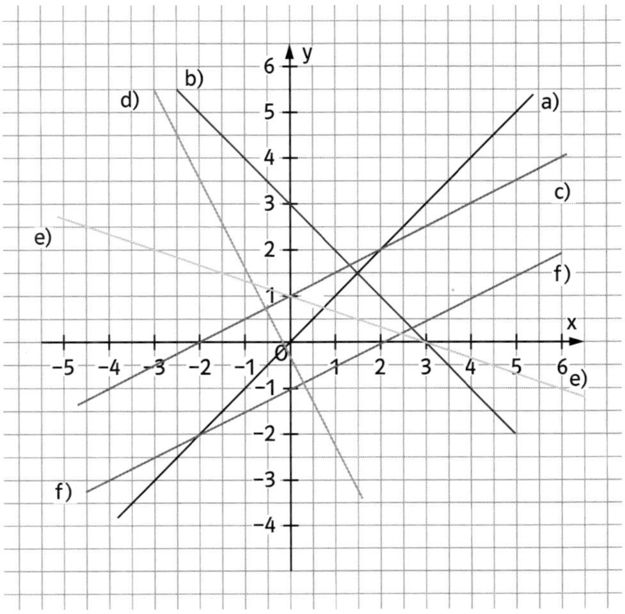

Beispiellösungen:
a) (1 | 1); (2 | 2); (3 | 3); (4 | 4)
b) (1 | 2); (2 | 1); (3 | 0); (4 | −1)
c) (1 | 1,5); (2 | 2); (3 | 2,5); (4 | 3)
d) $\left(1 \mid -2\frac{1}{3}\right)$; $\left(2 \mid -4\frac{1}{3}\right)$; $\left(3 \mid -6\frac{1}{3}\right)$; $\left(4 \mid -8\frac{1}{3}\right)$
e) $\left(1 \mid \frac{2}{3}\right)$; $\left(2 \mid \frac{1}{3}\right)$; (3 | 0); $\left(4 \mid -\frac{1}{3}\right)$
f) (1 | −0,5); (2 | 0); (3 | 0,5); (4 | 1)

3 Der Graph gehört zu den Gleichungen b), c) und e)
a) z. B. (1,5 | 1) und (−0,5 | 2)
d) z. B. (4 | 0) und (3 | 1)
f) z. B. (0 | 2) und (1 | 3)
Lösungen für b), c) und e) jeweils z. B. (0 | 2) und (2 | 3)

4 Gleichungen der Geraden:
a) $y = -x + 3$ b) $y = -\frac{2}{3}x - \frac{2}{15}$

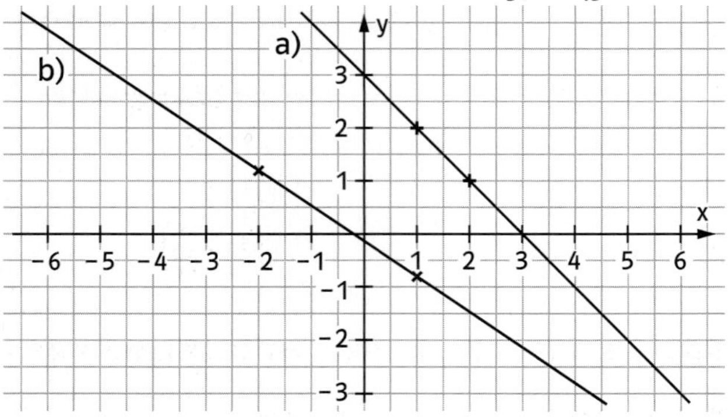

Seite 194

5 Beispiellösung:
a) $1 \cdot x + 0 \cdot y = 3$ bzw. $x = 3$
$1 \cdot x + 0 \cdot y = -4{,}7$ bzw. $x = -4{,}7$
b) $0 \cdot x + 1 \cdot y = 2$ bzw. $y = 2$
$0 \cdot x + 1 \cdot y = -3{,}3$ bzw. $y = -3{,}3$
c) $1 \cdot x - 2 \cdot y = 0$ bzw. $x - 2y = 0$

6 Nein, denn $y = x$ und $y = 2 \neq 4 = x$.

7 a)

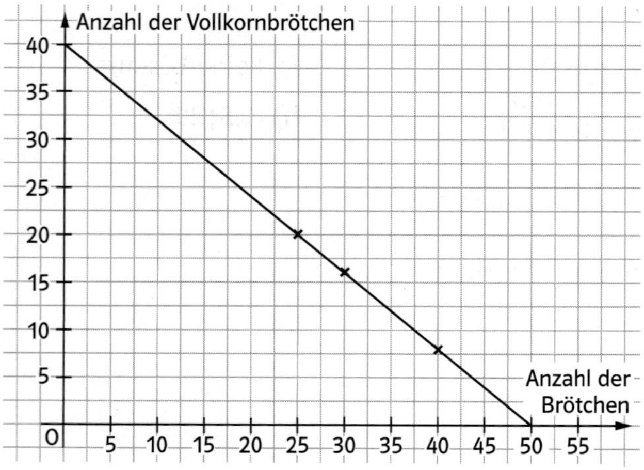

Drei Lösungen: (25 | 20), (30 | 16), (40 | 8)
b) mögliche Lösung:

Brötchen	40 ct	35 ct	30 ct
Vollkornbrötchen	40 ct	45 ct	50 ct

c) Beide Brötchensorten kosten 40 Cent.

8 Ist x die Wassermenge in Liter und y die Sirupmenge in Liter, so hat die gesuchte Gerade die Gleichung $x + 1{,}125 \cdot y = 0{,}3$. Die Lösungen liegen auf der Verbindungsstrecke von (0 | 0,267) und (0,3 | 0).

9 Ist x die Anzahl der 2-Cent-Stücke und ist y die Anzahl der 5-Cent-Stücke, so gilt:
$3x + 4y = 630 - 150$, also $3x + 4y = 480$ und somit $y = 120 - 0{,}75x$.
Tobias kann nicht sicher sein, dass das Geld reicht, denn (40 | 90) ist eine Lösung der obigen Gleichungen und $40 \cdot 2$ Cent $+ 90 \cdot 5$ Cent $= 530$ Cent.
Falls das Geld reicht, kann er nicht so bezahlen, dass er kein Wechselgeld zurück erhält, dies verdeutlicht die Tabelle:

x	4	8	12	0
$y = 120 - 0{,}75x$	117	114	111	120
Gesamtbetrag in Cent $x \cdot 2 + y \cdot 5$	593	586	579	600

10 Individuelle Lösung.

2 Lineare Gleichungssysteme – grafisches Lösen

Seite 196

1 a) (2 | 6)

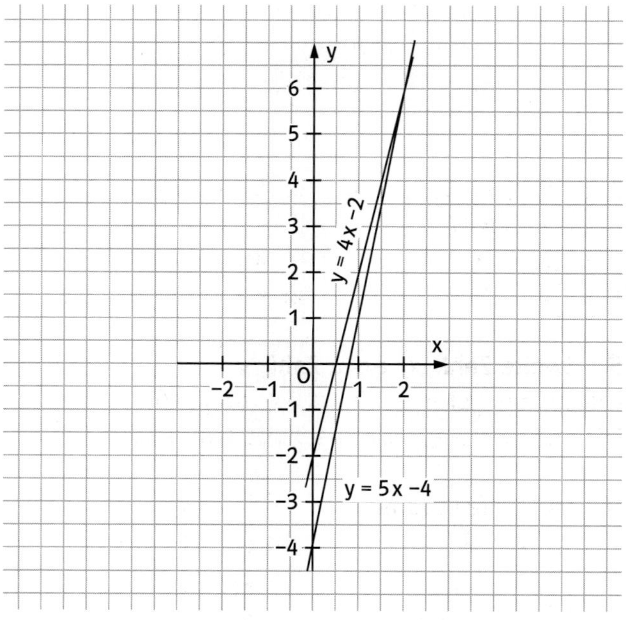

b) (10 | 3)

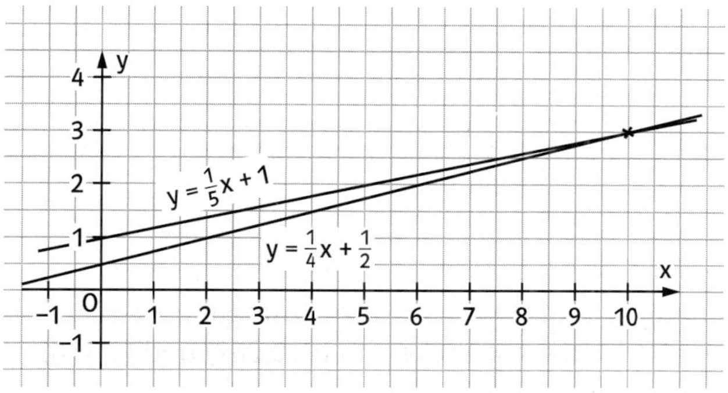

c) (4 | 1)

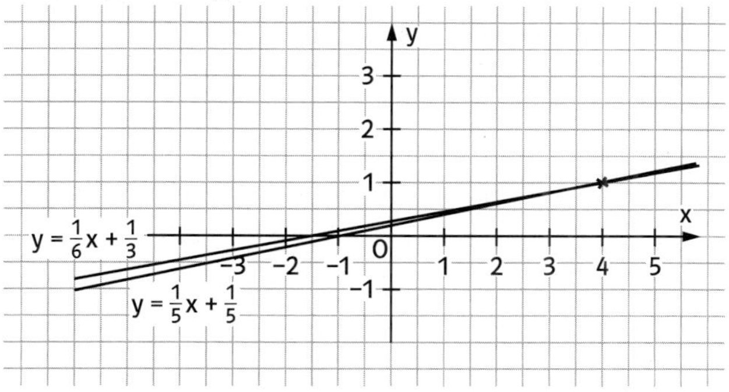

d) (−2 | −3)

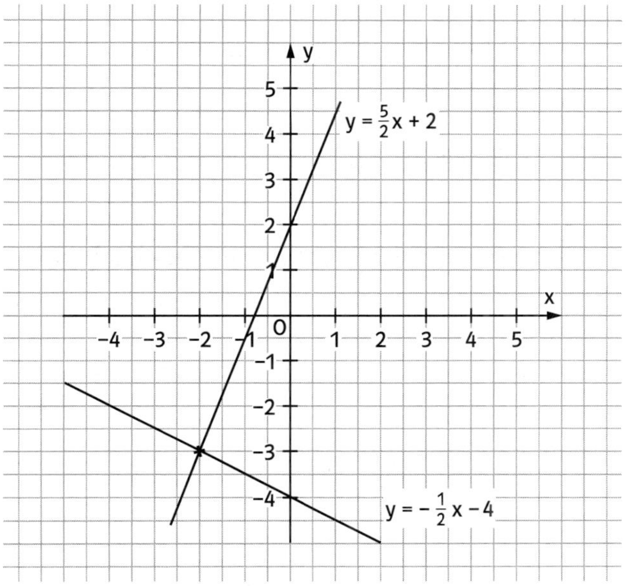

2 I: $x + 2y = 5$ II: $6x + y = 8$; (1 | 2)
I: $4x + 3y = 17$ II: $-2x + y = -1$; (2 | 3)
I: $6x + y = 0$ II: $4x - 3y = 11$; (0,5 | −3)
I: $x + y = 10$ II: $x - y = 9$; (9,5 | 0,5)

3 Zweite Zahl: x; erste Zahl: y
Gleichungssystem: I: $y = 1{,}5x$; II: $y = 5 - x$
Lösung: Die erste Zahl ist 3, die zweite 2.

4 Mögliche Lösung:
a) $2x + y = 11$
$\frac{1}{2}x + 2y = 15$
b) $3x + y = 12$
$2x - 2y = 16$
c) $2x - 3y = -1{,}7$
$4x + \frac{1}{2}y = 7{,}65$
d) $2x - 3y = 1{,}7$
$3x + 2y = -8{,}5$
e) $y = \frac{3}{8}x$
$\frac{4}{7}x - y = 0$
f) $2x + \frac{1}{2}y = -5$
$10x - 3y = -58$

5 a) (3 | 1) b) keine Lösung
c) unendl. viele Lösungen d) (−1,5 | −4)

6 Mögliche Lösung:
a) I: $x + y = 1$ II: $x + y = 2$
b) I: $x + y = 1$ II: $2x + 2y = 2$
c) I: $3x - y = -10$ II: $-3x + y = 10$
d) I: $0x + y = 5$ II: $0x + 2y = 10$
Das System der Aufgaben c) und d) muss unendlich viele Lösungen haben.

3 Einsetzungsverfahren und Gleichsetzungsverfahren

Seite 198

1 a) (−13 | −45) b) keine Lösung
c) (7 | 0) d) (−15 | −1)
e) (16 | 0) f) $\left(-\frac{1}{3} \middle| 2\right)$
g) $\left(\frac{21}{5} \middle| \frac{6}{5}\right)$ h) $\left(-\frac{31}{44} \middle| -\frac{9}{22}\right)$

Seite 199

2 a) (1 | 11) b) (1 | 1,5)
c) (4 | −2) d) $\left(\frac{10}{3} \middle| 8\right)$
e) $\left(-\frac{61}{297} \middle| \frac{21}{22}\right)$ f) $\left(\frac{1}{15} \middle| \frac{7}{75}\right)$
g) $\left(\frac{41}{9} \middle| \frac{11}{9}\right)$ h) $\left(\frac{1}{3} \middle| -\frac{2}{9}\right)$

3 a) Blau: 3, Rot: 4 b) Blau: 4, Rot: 11
c) Blau: 8, Rot: 6 d) Blau: 1, Rot: 1
e) Blau: 3, Rot: 4
f) In der blauen Box muss ein Holz mehr sein als in der roten.

4 a) (−10 | −23) b) keine Lösung
c) (0 | 4) d) (−1 | 0)
e) $\left(\frac{44}{27} \middle| 0\right)$ f) keine Lösung
g) $\left(\frac{533}{64} \middle| \frac{147}{8}\right)$ h) (0,5 | 20)

5 Individuelle Lösung.

6 Individuelle Lösung.

Seite 200

7 Individuelle Lösung.

8 a) Blau: $y = 3x + 3$; Rot: $y = -3x + 6$;
Lösung: $(0{,}5 \mid 4{,}5)$
b) Blau: $y = -2x - 2$; Rot: $y = 2x + 4$;
Lösung: $(-1{,}5 \mid 1)$
c) Blau: $y = 2x - 2$; Rot: $y = x + 4$; Lösung: $(6 \mid 10)$
d) Blau: $y = 2x - 1$; Rot: $y = -2x + 4$;
Lösung: $(1{,}25 \mid 1{,}5)$

9 a) keine Lösung
b) keine Lösung
c) $(0 \mid 0)$
d) unendlich viele Lösungen, zum Beispiel
$\left(\frac{3}{7} \middle| 0\right)$; $\left(0 \middle| \frac{3}{7}\right)$; $\left(\frac{2}{7} \middle| \frac{1}{7}\right)$
e) keine Lösung
f) $(-61 \mid 44)$
g) $\left(\frac{1}{12} \middle| -\frac{5}{21}\right)$
h) unendlich viele Lösungen, zum Beispiel $(0 \mid -2{,}5)$; $(1 \mid 0)$; $(2 \mid 2{,}5)$

10 a) $(5 \mid -1)$ b) $(-2 \mid -9)$ c) $\left(\frac{1}{7} \middle| -2\right)$
d) keine Lösung e) $\left(\frac{1}{2} \middle| \frac{53}{112}\right)$ f) $\left(\frac{44}{27} \middle| 0\right)$
g) keine Lösung h) $(9 \mid 8)$

11 a) $\left(-\frac{29}{7} \middle| -\frac{22}{7}\right)$ b) keine Lösung c) $\left(-\frac{1}{5} \middle| \frac{6}{5}\right)$

12 Einsetzungsverfahren:

I: $2{,}7x + 3{,}2y = 2{,}5$	I: $x = 5y - \frac{2}{5}$
II: $2{,}7x = y + 0{,}4$	II: $5y = 2x + \frac{1}{3}$
Lösung: $\left(\frac{1}{3} \middle| \frac{1}{2}\right)$	Lösung: $\left(\frac{1}{15} \middle| \frac{7}{75}\right)$

Gleichsetzungsverfahren:

I: $y = x - 16$	I: $x + 11 = 11y$
II: $y = 16 - x$	II: $x + 22 = 33y$
Lösung: $(16 \mid 0)$	Lösung: $\left(-\frac{11}{2} \middle| \frac{1}{2}\right)$

4 Additionsverfahren

Seite 202

1 a) $(-2 \mid 8)$ b) unendlich viele Lösungen
c) $(1{,}375 \mid 2{,}25)$ d) keine Lösungen
e) $(0 \mid 1)$ f) unendlich viele Lösungen
g) unendlich viele Lösungen
h) keine Lösungen
i) $(-1 \mid 1)$ j) keine Lösung
k) $\left(\frac{4}{5} \middle| -\frac{2}{5}\right)$ l) keine Lösung

2 Lara: $20x + 100y = 20{,}8$
Katharina: $40x + 70y = 16{,}9$
SMS: 9 ct, Minute: 19 ct

Seite 203

3 a) Blau: 2, Rot: 2 b) Blau: 0, Rot: 1
c) Blau: 2, Rot: 4 d) Blau: 3, Rot: 1

4

I: $x + y = 7$	I: $2x + 5y = 3$
II: $x - y = 3$	II: $x - 5y = 9$
Lösung: $(5 \mid 2)$	Lösung: $(4 \mid -1)$
I: $6x + 2y = 7$	I: $y - 2x = 1$
II: $-6x + 7y = 11$	II: $y + 2x = 5$
Lösung: $(0{,}5 \mid 2)$	Lösung: $(1 \mid 3)$

5 a) (doppelter) Vorzeichenfehler in Gleichung IIa:
IIa: $-6x - 14y = 10$
Vorzeichenfehler beim Addieren der Gleichungen:
$23y = 38$
b) Vorzeichenfehler beim Abziehen der Gleichungen: $10y = 1$
Fehler beim Einsetzen in Gleichung II: statt $6 \cdot \left(-\frac{1}{2}\right)$ wurde $6 - \frac{1}{2}$ gerechnet.
Hannah hätte ihre Fehler bemerken können, wenn sie eine Probe gemacht hätte.

Seite 204

6 a) Blau: $y = 2x - 1$, Rot: $y = x + 2$, Lösung: $(3 \mid 5)$
b) Blau: $y = -0{,}5x + 2$, Rot: $y = 0{,}5x + 1$,
Lösung: $(1 \mid 1{,}5)$
c) Blau: $y = -2x - 2$, Rot: $y = x$, Lösung: $\left(-\frac{2}{3} \middle| -\frac{2}{3}\right)$
d) Blau: $y = -0{,}5x + 1$, Rot: $y = 4x + 4$,
Lösung: $\left(-\frac{2}{3} \middle| \frac{4}{3}\right)$

7 Individuelle Lösung.

8 Die Gruppen treffen sich um 10.40 Uhr. Sie sind zu diesem Zeitpunkt $13\frac{1}{3}$ km vom See entfernt.

9 Das Flugzeug käme bei Windstille 725 km weit. Die Windgeschwindigkeit beträgt $35\,\frac{\text{km}}{\text{h}}$.

Seite 205

10 a) Das Schiff hat relativ zum Wasser die Geschwindigkeit $20{,}9\,\frac{\text{km}}{\text{h}}$.
b) Die Fließgeschwindigkeit des Wassers beträgt $1{,}6\,\frac{\text{m}}{\text{h}}$.

11 Individuelle Lösung; Ergebnisse:
a) $(-1 \mid 2)$ b) $\left(4 \middle| \frac{4}{3}\right)$
c) $(0 \mid 4)$ d) $(0 \mid 4)$

12 Die Lösung findet man im Online-Link „Additionsverfahren", 734431-2052.

13 a) $11\frac{1}{5}$ und $\frac{1}{5}$
b) $7x + 4y = 1$
$6x - 8y = -2$
Erste Zahl: 0; zweite Zahl: $\frac{1}{4}$

Seite 206

14 a) Addiert man zum Dreifachen der ersten Zahl das Vierfache der zweiten Zahl, so erhält man 2. Subtrahiert man vom Doppelten der zweiten Zahl die erste Zahl, so erhält man 8.
Erste Zahl: $-\frac{14}{5}$, zweite Zahl: $\frac{13}{5}$
b) Addiert man zum Doppelten der ersten Zahl das Dreifache der zweiten Zahl, so erhält man −5. Wenn man von der zweiten Zahl die erst abzieht, erhält man 8.
Erste Zahl: $-\frac{29}{5}$, zweite Zahl: $\frac{11}{5}$
c) Addiert man zum Fünffachen der ersten Zahl das Siebenfache der zweiten Zahl, so erhält man -9. Subtrahiert man von der ersten Zahl das Doppelte der zweiten Zahl, dann erhält man 0.
Erste Zahl: $-\frac{18}{17}$, zweite Zahl: $-\frac{9}{17}$

15 Eine Rose kostet 1,50 Euro, eine Lilie 2,50 Euro. Der Vater bezahlt 25,50 Euro.

16 a) x: Colafläschchen, y: Schlumpf
$3x + 3y = 24$
$5x + 2y = 25$
Colafläschchen: 3 ct, Schlumpf: 5 ct
b) Mögliche Beispiele:
(1) Martin zahlt für 10 Minuten Telefongespräche und 5 SMS 3,95 €. Michael zahlt für 8 Minuten und 7 SMS 4,03 €. Wie viel kostet eine Gesprächsminute, wie viel eine SMS?
Lösung: Gesprächsminute: 25 ct, SMS: 29 ct
(2) Kauft man 5 kg Äpfel und 2 kg Birnen, so zahlt man 16 €, kauft man dagegen 2 kg Äpfel und 5 kg Birnen, so zahlt man 19 €.
Lösung. 1 kg Äpfel kostet 2 €, 1 kg Birnen 3 €.
(3) Jan hat 3 Minuten telefoniert und zahlt pauschal 5 € für beliebig viele SMS. Er muss 5,57 € zahlen. Jana hat 5 Minuten telefoniert und 10 SMS versandt und muss dafür 3,85 € zahlen. Wie viel kostet eine Gesprächsminute, wie viel eine SMS?
Minute: 19 ct, SMS: 29 ct
(4) Zwei Erwachsene und zwei Kinder kosten zusammen 70 €. Ein Erwachsener und vier Kinder kosten 80 €. Wie viel kostet ein Erwachsener, wie viel ein Kind?
Lösung: Erwachsener: 20 €, Kind: 15 €.

17
1. Zeichne zwei parallele Geraden g und h im Abstand 4 cm.
2. Wähle auf g einen Punkt A.
4. Trage in A an g den Winkel 50° an.
5. Beschrifte den Schnittpunkt des Schenkels von α mit h mit C.

18 $\alpha = \left(\frac{1080}{11}\right)^\circ \approx 98{,}18^\circ$
$\beta = \left(\frac{540}{11}\right)^\circ \approx 49{,}09^\circ$
$\gamma = \left(\frac{360°}{11}\right)^\circ \approx 32{,}73^\circ$

Wiederholen – Vertiefen – Vernetzen

Seite 207

1 a) $\frac{2}{3}$ und eine beliebige Zahl
b) Die Zahlen sind 4 und 2.

2 a) 24 b) 72

3 Die Zahl heißt 72.

4 Individuelle Lösung.

5 In den Geldbörsen waren 12 Euro und 18 Euro.

6 a) Der Vater ist heute 42 Jahre alt, sein Sohn 12 Jahre.
b) Charlotte ist jetzt 7 Jahre alt, Jens ist jetzt 4 Jahre alt.

7 Die Mutter ist heute 30 Jahre alt, ihr Sohn ist heute 6 Jahre alt.

8 Die Stäbe sind 12 cm und 5 cm lang. Sie wiegen 112 g und 108 g.

Seite 208

9
a) Ia: $8x + 12y = 36$
IIa: $-8x - 6y = -30$
$6y = 6$

b) I: $2x + 3y = 9$
IIb: $-4x - 3y = -15$
$-2x = -6$

c) In (1) sind die Geraden eingezeichnet, die zu den beiden Ausgangsgleichungen I und II gehören.
In (2) ist die Gerade eingezeichnet, die sich nach Addition von Ia und IIa (Aufgabenteil a)) ergibt und die zu Gleichung I gehörende Gerade.

In (3) ist die Gerade eingezeichnet, die sich aus b) ergibt (I + IIb) und die zur Gleichung II gehörende Gerade.
d) In (2) und (3) ist jeweils eine Gerade parallel zu einer Koordinatenachse (weil x bzw. y weggefallen ist). In allen drei Schaubildern ist der Schnittpunkt gleich geblieben. Die Koordinaten des Schnittpunktes entsprechen der Lösung des Gleichungssystems.

10 Der Esel trägt 5 Maß, das Maultier 7 Maß.

11 Die Leute haben $19\frac{1}{3}$ und $14\frac{1}{2}$ Rubel.

12 Acht Hähne, 11 Hennen und 81 Küken kosten zusammen 154 Sapeks.

13 Die gesuchten einstelligen Zahlen sind x, y und z mit
I: $x < y < z$ und
II: $x + y + z = 15$.
Es ist $100x + 10y + z + 396 = 100z + 10y + x$
hieraus folgt: $z - x = 4$
möglich wäre deshalb: $z = 9$ und $x = 5$ (915); $z = 8$ und $x = 4$ (834); $z = 7$ und $x = 3$ (753); $z = 6$ und $x = 2$ (672); $z = 5$ und $x = 1$ (591).
Wegen I und II ist die gesuchte Zahl 753.

Seite 209

14 Die Messungen wurden um 9 Uhr begonnen. Zu diesem Zeitpunkt betrug der Wasserstand in Behälter A bereits 30 cm. Behälter B war leer. Das Wasser in Behälter B steigt schneller. Er ist also schmäler als Behälter A. Kurz vor halb zehn steht das Wasser in beiden Behältern gleich hoch (Schnittpunkt). Um 9.37 Uhr bzw. 9.40 Uhr wurde das Wasser entweder abgestellt oder der jeweilige Behälter ist zu diesem Zeitpunkt bis zum oberen Rand gefüllt.

15 a) Die Bewegungen von Kai werden durch den Graphen B, die von Johanna von A beschrieben.
b) Individuelle Lösung.

16 Die Klasse 7b hat 28 Schülerinnen und Schüler.
2 essen Hamburger für 1,70 €.
8 essen Hamburger mit Mayo-extra für 2 €.
12 essen Turbo-Hamburger für 2,20 €.
6 essen Turbo-Hamburger mit Mayo-extra für 2,50 €.

Seite 210

17 Die meisten Systeme werden genau eine Lösung besitzen. Keine oder unendlich viele Lösungen bedeutet, dass man Gleichungen würfelt, die zu parallelen Geraden gehören. Die Wahrscheinlichkeit hierfür ist eher niedrig.

18 Die Ziffer auf Karte A ist 1, die auf Karte B ist 2.

19 Man muss $\frac{2}{3}$ Liter der 35 %igen Säure mit $4\frac{1}{3}$ Liter der 20 %igen Säure mischen.

20 Diese Aufgabe ist geeignet, formale Parameter zu verwenden.
Sind y_1 die verbleibende Brenndauer von Kerze 1 und l_1 ihre Anfangslänge, y_2 die verbleibende Brenndauer von Kerze 2 und l_2 ihre Anfangslänge sowie x die Brenndauer, dann gilt
für Kerze 1: $y_1 = l_1 - \frac{1}{3,5} \cdot l_1 \cdot x$
für Kerze 2: $y_2 = l_2 - \frac{1}{5} \cdot l_2 \cdot x$
Da nach zwei Stunden beide Kerzen gleich lang sind gilt:
$l_1 - \frac{1}{3,5} \cdot l_1 \cdot 2 = l_2 - \frac{1}{5} \cdot l_2 \cdot 2$
hieraus folgt
$l_1 = \frac{7}{5} l_2$
Die Länge der ersten Kerze betrug also 140 % der Länge der zweiten Kerze.

21 Wenn man Gleichungen aufstellt für die Höhe der Kerzen in Abhängigkeit von der Brenndauer t und diese gleichsetzt, so stellt man fest, dass die Kerzen nach $t \approx 11\,h$ die gleiche Höhe besitzen. Da die Kerzen aber bereits vorher abgebrannt sind, besitzen sie gleiche Höhe sobald beide Kerzen abgebrannt sind (nach 10 Stunden).

Seite 211

22 a)

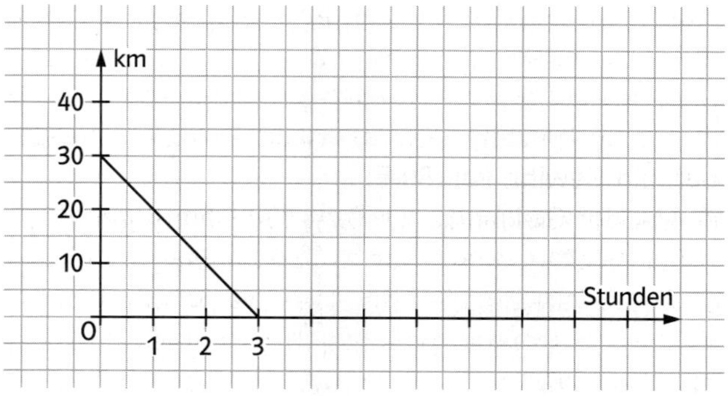

b) Irene muss mit der gleichmäßigen Geschwindigkeit $12\,\frac{km}{h}$ fahren.

c)

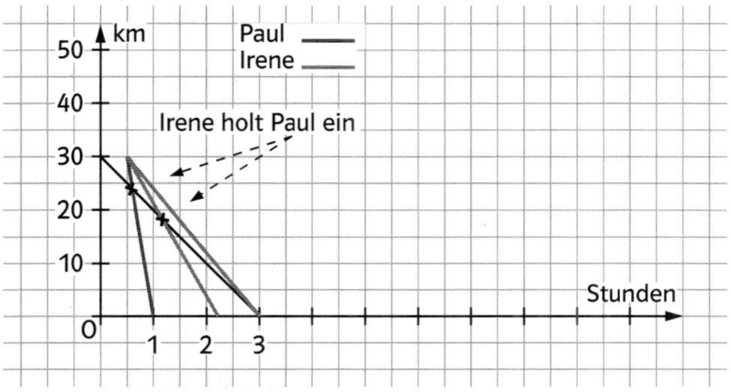

d) Die jeweilige Gerade wird „steiler".
e) Die jeweilige Gerade wird nach rechts verschoben.

23 a) Ausgaben:
Band: 300 €, Mineralwasser: 30 €, Saft: 32 €.
Insgesamt: 362 €
Also müssen 562 € über den Getränkeverkauf eingenommen werden.
Die Lösungen werden durch den Graphen mit der Gleichung $y = -0{,}5x + 281$ dargestellt. (x Anzahl der Mineralwasser, y Anzahl der Cocktails)
Mögliche Lösungen: (562 | 0); (200 | 181); (300 | 131).
b) Bloody Mary: 0,1 l Mineralwasser, 0,25 l Kirschsaft, 0,05 l Orangensaft
Tropical Sunshine: 0,1 l Mineralwasser, 0,2 l Orangensaft, 0,1 l Kirschsaft
Beide Cocktails kosten die SV je knapp 28 ct, das sind 14 % des Verkaufspreises.
c) Wenn x die Anzahl der Bloody Marys ist und y die Anzahl der Tropical Sunshine-Cocktails, so ergeben sich folgende Gleichungen:
I: $0{,}25x + 0{,}1y = 20$ (für den Kirschsaft)
II: $0{,}05x + 0{,}2y = 20$ (für den Orangensaft)
Zeichnet man die zugehörigen Geraden in ein Koordinatensystem, so erhält man den Schnittpunkt S(44,4 | 88,9) Durch Einsetzen in die Gleichung stellt man fest:
Wenn man 44 Bloody Mary und 89 Tropical Sunshine mixt, bleiben, 0,1 l Kirschsaft kein Orangensaft und 70,7 l Mineralwasser übrig. Neben den 133 Cocktails kann die SV dann noch 176 0,4-l-Gläser Mineralwasser verkaufen. Also ergeben sich Einnahmen in Höhe von 442 € und nach Abzug der Ausgaben ein Gewinn von 80 €.
d) Mit der Gleichung $x + 2y = 100$ kann man alle Möglichkeiten berechnen (x: 1-€-Stücke, y: 2-€-Stücke). Insgesamt sollte man eher mehr 1-€-Münzen nehmen, weil man damit flexibler ist.
e) $\frac{1}{15}\,l \approx 0{,}067\,l$
f) Im Blut befänden sich 3,33 Promille Alkohol.

Exkursion: Drei Gleichungen, drei Variablen – das geht gut

Seite 212

oben (blauer Kasten):
Gleichungssystem: I: $3x + y + 3z = 23$
II: $2y + 3z = 13$
III: $z = 3$
Lösung: $x = 4$; $y = 2$; $z = 3$ also (4 | 2 | 3)

1 Weil man mit der dritten Gleichung beginnend „nur noch einsetzen muss".

Seite 213

2 a) (2 | 3 | 4) b) (5 | 3 | 1)
c) $\left(\frac{943}{173} \,\middle|\, \frac{465}{173} \,\middle|\, \frac{-166}{173}\right) = \left(5\frac{78}{173} \,\middle|\, 2\frac{119}{173} \,\middle|\, \frac{-166}{173}\right)$
$\approx (5{,}45 \mid 2{,}69 \mid -0{,}96)$
d) (0,3 | −0,4 | 0,5)

3 a) $a + b = 10$; $a + c = 11$; $b + c = 12$;
$\left(4\frac{1}{2} \,\middle|\, 5\frac{1}{2} \,\middle|\, 6\frac{1}{2}\right)$
b) $\frac{x+y}{2} = 10$; $\frac{x+z}{2} = 10$; $\frac{y+z}{2} = 10$; liefert (10 | 10 | 10)
$\frac{x+y}{2} = m$; $\frac{x+z}{2} = m$; $\frac{y+z}{2} = m$; liefert (m | m | m)
also kann sich bei verschiedenen Zahlen x, y und z nicht der gleiche Mittelwert ergeben.

4 a) $a + b - c = 12$; $b + c - a = 14$; $a + c - b = 16$
Lösung: (14 | 13 | 15)
b) $3a - (b + c) = 13$; $3b - (c + a) = 25$;
$3c - (a + b) = 37$
Lösung: (22 | 25 | 28)

5 $5s + 3l + 2k = 10{,}6$; $3s + 2l + 4k = 9{,}70$;
$4s + 4l + k = 9{,}90$
Hieraus folgen die Preise für

Landschoko (s):	0,90 Euro
Lomo-Limo (l):	1,30 Euro
Kika-Kekse (k):	1,10 Euro.

6 a) 1. Schritt:
I: $3x + 9y - 3z = 15$
II: $-8x - 19y + 3z = 6 \quad |+\text{I}$
III: $2x + y + 3z = 0 \quad |+\text{I}$
2. Schritt:
I: $3x + 9y - 3z = 15$
IIa: $-5x - 10y = 21$
IIIa: $5x + 10y = 15 \quad |+\text{IIa}$
3. Schritt:
I: $3x + 9y - 3z = 15$
IIa: $-5x - 10y = 21$
IIIb: $0x + 0y = 36$

Die Gleichung III b wird von keiner Zahl erfüllt.
Das Gleichungssystem besitzt keine Lösung.

b)

1. Schritt:

I: $3x + 9y - 3z = 15$
II: $-8x - 19y + 3z = -30$ | + I
III: $2x + y + 3z = 0$ | + I

2. Schritt:

I: $3x + 9y - 3z = 15$
II a: $-5x - 10y = -15$
III a: $5x + 10y = 15$ | + II a

3. Schritt:

I: $3x + 9y - 3z = 15$
II a: $-5x - 10y = -15$
III b: $0x + 0y = 0$

Die Gleichung III b wird von allen Zahlenpaaren erfüllt.

Aus II a folgt: $x = -2y + 3$
Aus I folgt: $z = x + 3y - 5$
Aus I und II a folgt:
$z = (-2y + 3) + 3y - 5$; $z = y - 2$

Das Gleichungssystem besitzt unendlich viele Lösungen.
y ist frei wählbar. x berechnet sich dann zu $x = -2y + 3$; z berechnet sich dann zu $z = y - 2$.

Sachthema: Fahrradurlaub in Frankreich

Seite 216

1 1 Zoll = 2,54 cm

2 Die Zollangabe gibt den Durchmesser des Laufrades an.
28-Zoll-Laufrad: $d = 2{,}54 \cdot 28 = 71{,}12\,cm$
Den Umfang eines Kreises berechnet man mit der Formel $U = 2 \cdot 3{,}14 \cdot r$, wobei r der Radius des Laufrades ist.
Treckingrad:
$d = 71{,}12\,cm$, also $r = 35{,}56\,cm \Rightarrow$
$U = 2 \cdot 3{,}14 \cdot 35{,}56 = 223{,}32$. Der Umfang beträgt 223,32 cm = 2,23 m.
Tourenrad:
26 Zoll = 66,04 cm $\Rightarrow$ r = 33,02 cm
$\Rightarrow U = 2 \cdot 3{,}14 \cdot 33{,}02 = 207{,}37$
Der Umfang beträgt beim 26-Zoll-Fahrrad 207,37 cm = 2,07 m und beim 28-Zoll-Fahrrad 223,32 cm = 2,23 m (s. o.).

3 Neben 26- und 28-Zoll-Fahrrädern gibt es auch noch 24-Zoll- und 20-Zoll-Fahrräder.
24 Zoll = 60,96 cm $\Rightarrow$ r = 30,48 cm
$\Rightarrow U = 2 \cdot 3{,}14 \cdot 30{,}48 = 191{,}41$
20 Zoll = 50,8 cm $\Rightarrow$ r = 25,4 cm
$\Rightarrow U = 2 \cdot 3{,}14 \cdot 25{,}4 = 159{,}512$
Der Umfang beim 24-Zoll-Fahrrad beträgt 191,41 cm = 1,91 m und beim 20-Zoll-Fahrrad 159,51 cm = 1,60 m.

4 „Ritzel“: Zahnrad am Hinterrad
„Kettenblatt“: Zahnrad bei den Pedalen

Seite 217

1 Das Verhältnis aus der Zähnezahl am Kettenblatt und der Zähnezahl am Ritzel gibt an, wie häufig sich das Hinterrad (beim Ritzel) dreht, wenn sich das Kettenblatt einmal voll gedreht hat. Beträgt die Übersetzung 2, bedeutet dies, dass sich das Hinterrad bei einer vollen Umdrehung des Kettenblattes 2-mal gedreht hat.

2 Die Werte in der Tabelle sind teilweise gerundet auf zwei Nachkommastellen.
Beispiel: $32:21 = 1{,}5238095\ldots \approx 1{,}52$. Gleiche bzw. annähernd gleiche Übersetzungen ergeben sich bei folgenden Schaltpositionen:
Zähne Kettenblatt/Zähne Ritzel:
$22/16 \approx 32/24$
$22/14 \approx 32/21 \approx 42/28$
$22/12 = 32/18 = 42/24$
$22/11 = 32/16 = 42/21$
$32/14 = 42/18$
$32/12 \approx 42/16$
$32/11 = 42/14$
Dort, wo die Übersetzung gleich bzw. annähernd gleich ist, ist es gleich „anstrengend“ beim Fahren.

3 Rechnerisch hat der Verkäufer Unrecht, weil es in der Tabelle mehr als 13 verschiedene Übersetzungen gibt. Aber da die annähernd gleichen Übersetzungen beim „realen Treten in die Pedale“ keinen registrierbaren Unterschied machen, reduziert sich die Anzahl der wahrnehmbaren verschiedenen Übersetzungen, also Gänge, auf ca. 13:
0,8; 0,9; 1,05; 1,22; 1,33; 1,52; 1,8; 2; 2,3; 2,62; 3; 3,5; 3,8

4 Die angegebenen Schaltungen sind sinnvoll, weil die Kette dann gerade läuft. Eine schräg laufende Kette nutzt sich schneller ab und läuft schlechter. Zum Beispiel: bei 42/21 läuft sie schräg, bei 32/16 gerade.
Die angegebene Schaltung ist sinnvoll, weil es von Gang zu Gang eine leichte Übersetzungsänderung gibt. Wenn man beispielsweise im Gang $22/21 = 1{,}05$ in den Gang $32/28 = 1{,}14$ schalten würde, wäre der nächste Gang $32/24 = 1{,}33$ eine relativ hohe Übersetzungsänderung ($1{,}33 - 1{,}14 = 0{,}19$). In diesem Sinne kann man weitere Übergänge begründen.

5 Mögliche Lösungen:
„Aus ökologischen Gründen würde ich mit der Bahn fahren, wenn der Preisunterschied zum Auto nicht sehr groß wäre.“
oder
„Aus praktischen Gründen würde ich mit dem Auto fahren, weil wir immer so viel Gepäck haben.“
oder
„Ich würde gerne fliegen, weil die Reisezeit dadurch sehr gering wäre.“

Seite 218/219

1 Der Darstellung aus der Zeitschrift Umwelt entnimmt man: Lkw 0,4 % und Pkw 1,7 % – der Anteil des Straßenverkehrs beträgt somit 2,1 %.

2 In dem Graphen sind zwei Zusammenhänge dargestellt: Zum einen wird die Entwicklung der Fahrleistung in Mrd. km pro Jahr in den Jahren 1970 bis 2020 grafisch beschrieben und zum anderen wird der Kraftstoffverbrauch in kt pro Jahr für den

gleichen Zeitraum dargelegt. Man kann erkennen, dass der Kraftstoffverbrauch trotz stetig steigender Fahrleistung ab dem Jahr 1990 kontinuierlich fällt. 1980 betrug die Fahrleistung ca. 300 Mrd. km bei einem Kraftstoffverbrauch von ca. 38 000 kt. 2000 ist die Fahrleistung schon 700 Mrd. km, wobei der Kraftstoffverbrauch „nur" auf ca. 48 000 kt ansteigt.
1980: 26 Mio. Fahrzeuge fahren 325 Mrd. km:
$\Rightarrow$ 12 500 km pro Fahrzeug und Jahr
2000: 45 Mio. Fahrzeuge fahren 650 Mrd. km:
$\Rightarrow$ 14 400 km pro Fahrzeug und Jahr

3 Für die An- und Abreise mit dem Auto muss man mehrere Kosten kalkulieren:
a) Benzinkosten: $968\,\text{km} \cdot 2 = 1936\,\text{km}$
$1936 : 100 \cdot 6{,}9 = 133{,}584$ Liter Benzin
$133{,}584 \cdot 1{,}03 \approx 137{,}59$ €
Der Benzinverbrauch kostet ca. 137,59 €.
(Bei anderen Treibstoffen entsprechend.)
b) Wertverlust: $1936 \cdot 0{,}22 = 425{,}92$ €
c) Mautgebühren: mautpflichtig sind 729 km, also insgesamt 1458 km (Hin- & Rückfahrt), die durchschnittlichen Kosten betragen 13 € pro 200 km
also $13 \cdot (1458 : 200) = 94{,}77$ €
d) Gesamtkosten: 137,59 € + 425,92 € + 94,77 € = 658,28 €. Wenn man mit Benzin fährt, muss man für die An- und Abreise ca. 658,28 € kalkulieren.

4 Zu Fazit 1: $3{,}5 \cdot 40 = 140$ – die erste Aussage stimmt, die anderen beiden Aussagen kann man anhand des Materials nicht überprüfen.
zu Fazit 2: zuerst wird die Zunahme des erschlossenen Rohöls bestimmt:
140 Mrd. t $\triangleq$ 101,2 %
1,66 Mrd. t $\triangleq$ 1,2 % (Zunahme)
als Nächstes bestimmt man die Verbrauchszunahme
3,5 Mrd. t $\triangleq$ 100,9 %
$\approx$ 0,0312 Mrd. t $\triangleq$ 0,9 % (Zunahme)
also ist die Erschließungszunahme um den Faktor ($\approx$) 53,17 höher als die Verbrauchszunahme.
Das Fazit 2 ist damit ungefähr korrekt.

5 Die Bahnkosten setzen sich aus dem Sparangebot sowie den Reservierungen zusammen:
513,60 € Sparpreis
+ 10,40 € (2-mal Reservierungen in Deutschland)
+ 40 € (2-mal Reservierungen in Frankreich, 4 Personen)
oder + 224 € für die Frankreichreservierung
also zahlt man insgesamt je nach Tag der Fahrt zwischen 564 € und 748 €.
Hinzukommen die Kosten für die Fahrräder: $8 \cdot 10$ € für die Hin- und Rückfahrt für 4 Personen, also ergeben sich insgesamt 644 € bis 828 € Reisekosten.

6 Bei den Berechnungen ergibt sich, dass das Bahnfahren günstiger ist, wenn man den Wertverlust des Autos (425,92 €) mit berücksichtigt. Auch aus ökologischen Gründen ist die Bahn das bessere Verkehrsmittel.

7 Zunächst einmal werden alle Wortmöglichkeiten, die man mit den 4 Buchstaben hat, aufgeschrieben:
BAHN; BANH; BHAN; BHNA; BNAH; BNHA;
ABHN; ABNH; AHBN; AHNB; ANBH; ANHB;
HBAN; HBNA; HABN; HANB; HNAB; HNAB;
NBAH; NBHA; NABH; NAHB; NHAB; NHAB.
Dies sind insgesamt 24 Möglichkeiten. Da BAHN eine dieser 24 Möglichkeiten ist, beträgt die Wahrscheinlichkeit, das Wort „Bahn" zu ziehen, auch $\frac{1}{24}$, also ca. 4,17 %
Damit hat die Mutter Recht.

8 Nun ist der erste Buchstabe bereits gezogen, damit erhöht sich die Wahrscheinlichkeit, das Wort „BAHN" zu ziehen, weil nur noch 3 Buchstaben fehlen. Hierfür gibt es folgende Möglichkeiten:
AHN; ANH; HAN; HNA; NAH; HNA.
Dies sind nun 6 Möglichkeiten und AHN ist eine dieser Möglichkeiten. Die Wahrscheinlichkeit, nun das Wort „BAHN" zu ziehen beträgt demnach $\frac{1}{6}$ also ca. 16,67 %. Sie ist also viermal so hoch wie zuvor (siehe Aufgabe 7).

Seite 220

1 Tipps müssen selbst abgegeben werden.

2
- Aus der Gesamtlänge des Staus kann man die Anzahl der darin stehenden Autos berechnen, wenn man die durchschnittliche Länge eines Autos, die durchschnittliche Spurenzahl sowie den durchschnittlichen Abstand zweier Autos und die Personenzahl pro Auto kennt.
- Es kann nur ein Schätzwert ermittelt werden, weil es sich bei den Daten um Durchschnittswerte handelt.

3 a) Staulänge · Anzahl der Spuren
$\Rightarrow$ hiermit wird die Gesamtlänge der Strecke berechnet, auf der die Autos hintereinander stehen.
b) Länge eines Autos + Abstand zwischen zwei Autos
$\Rightarrow$ hiermit wird die Strecke ermittelt, die ein Auto auf der Autobahn im Stau beansprucht.
c) (Staulänge · Anzahl der Spuren) : (Länge eines Autos + Abstand zwischen zwei Autos)
$\Rightarrow$ hiermit wird die Anzahl der Autos berechnet, die in dem Stau stehen.

d) das Ergebnis aus c) · Anzahl der Personen pro Auto
⇒ nun ergibt sich die Personenzahl im gesamten Stau.
Die Vereinfachung liegt in den durchschnittlichen Angaben, die der Vater vermutet.

anderer Rechenweg:
Man könnte die Schritte a) – d) nacheinander berechnen.
Die Berechnung mit den Daten des Vaters ergibt:

$$\frac{44\,\text{km} \cdot 2 \cdot 3\ \text{Personen}}{0{,}004\,\text{km} + 0{,}002\,\text{km}} = 44\,000\ \text{Personen}$$

Bei 2 Personen pro Auto ergeben sich ca. 29 333 Personen und bei 4 Personen sogar ca. 58 667 Personen. Demnach hat Valerie am besten getippt, obwohl ihr Ergebnis vom „richtigen" Ergebnis trotzdem noch stark abweicht.

4 Praktische Durchführung:
- möglich sind Messungen auf dem Parkplatz der Schule.
- es könnte ein Stau nachgestellt werden.

5 Die Anzahl der Personen würde stark reduziert werden, weil zum einen die Autolänge pro Lkw wesentlich größer ist, demnach in der einen Spur viel weniger Autos stehen würden und zum anderen pro Lkw meistens nur eine Person fährt.

6 Die Berechnung einer Staulänge ist relativ unabhängig von der Jahreszeit und der Autobahn, allerdings könnte die Anzahl der Personen pro Auto in Urlaubszeiten höher sein als in Zeiten ohne Urlaubsverkehr.

Seite 221

1
- Alle drei Gruppen könnten auf direktem Wege zu ihren Zielorten fahren, dann würden sie als Gruppe aber gar nicht zusammen fahren.
- Alle könnten gemeinsam in Richtung Dol-de-Bretagne fahren und sich bei der ersten Kreuzung trennen; so würden sie zwar länger zusammen fahren, der Weg der einzelnen Gruppen wäre aber länger.

2
- Bei direkten Wegen:
  Justus und Mutter: 1,4 cm ≙ 1,4 · 600 000 : 100 = 8400 m
  Valerie: 3,8 cm ≙ 3,8 · 600 000 : 100 = 22 800 m
  Vater: 2,6 cm ≙ 2,6 · 600 000 : 100 = 15 600 m

3

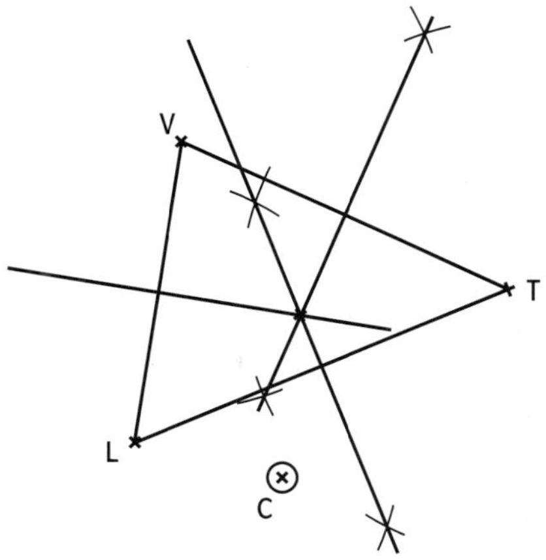

Mit C, L, V und T sind die einzelnen Orte gekennzeichnet. Um zeichnerisch den fairsten Kompromiss zu ermitteln, muss man den Umkreismittelpunkt des Dreiecks LTV ermitteln. Bis zu diesem Punkt (unterhalb von Dol-de-Bretagne) müsste die Familie zusammen fahren, damit sie danach gleiche Entfernungen zu den Endzielen hätte. Dieses Ergebnis ist aber relativ unsinnig, weil alle außer Valerie so einen großen Umweg fahren müssten.

4 „Um 8.45 Uhr startete meine Reise. Die ersten 45 Minuten erhöhte ich langsam meine Geschwindigkeit bis auf 33 km/h. Dann kam ein Anstieg, weshalb ich immer langsamer wurde und um 10 Uhr auf der Anstiegshöhe eine kleine 10-minütige Pause machte. Dieses Hin und Her wiederholte sich mehrfach – zwischendurch erreichte ich bei einer kleinen Abfahrt meine Spitzengeschwindigkeit von 45 km/h. Zwischen 12.20 Uhr und 13.10 Uhr habe ich etwas gegessen – bin also nicht gefahren und zwischen 13.50 Uhr und 15.45 Uhr habe ich mir den Landwochenmarkt angeschaut. Danach bin ich mit verschiedenen Steigungen zu unserem Treffpunkt gekommen (18.10 Uhr)."

Seite 222

1 Justus: 21 km pro h, also 21 000 m pro h,
also 21 000 : 3600 = 5,83 m pro Sekunde
Valerie: 18 km pro h, also 18 000 m pro h,
also 18 000 : 3600 = 5 m pro Sekunde

2 a) Zeichnerische Lösung:

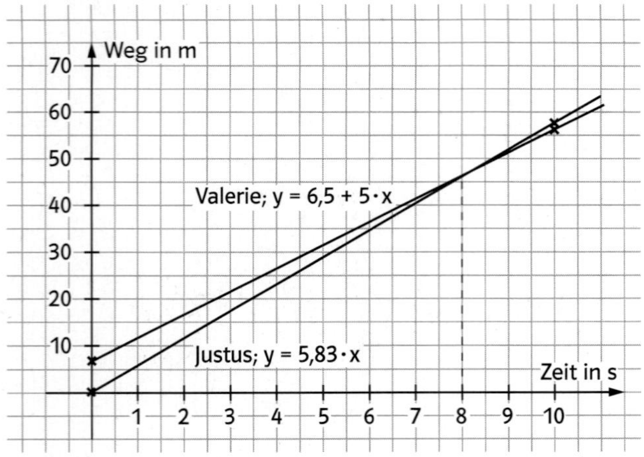

Nach ca. 8 Sekunden schneiden sich die beiden Graphen, hier sind Valerie und Justus auf gleicher Höhe.

b) rechnerische Lösung:

- Justus fährt pro Sekunde $5{,}8\overline{3} - 5 = 0{,}8\overline{3}$ m mehr als Valerie
- insgesamt muss Justus 6,5 m fahren, bis er Valerie eingeholt hat also: $6{,}5 : 0{,}83 \approx 7{,}8$

$\Rightarrow$ Er benötigt demnach 7,8 Sekunden.

3 Nach 7,8 Sekunden ist Valerie $5{,}8\overline{3} \cdot 7{,}8 = 45{,}5$ m gefahren.
Die Kurve kommt zwar „erst" in einer Entfernung von 50 m, aber da der Überholvorgang nach den 45,5 m ja nicht abgeschlossen ist, sind die Bedenken des Vaters berechtigt.

4 b: Bremsweg in m/v = Geschwindigkeit in km/h, also: $b = \left(\frac{v}{10}\right)^2$
durch Messen erhält man den Bremsweg:
$6{,}2\,\text{cm} : 1{,}8\,\text{cm} = 3{,}\overline{4}$; also $3{,}\overline{4} \cdot 5 = 17{,}\overline{2}$ m
$\Rightarrow 17{,}\overline{2} = \left(\frac{v}{10}\right)^2 = \frac{v^2}{100}$, also $1722{,}\overline{2} = v^2$
$\Rightarrow$ durch Ausprobieren: $v \approx 41 \frac{\text{km}}{\text{h}}$ $\left(\text{oder } 42 \frac{\text{km}}{\text{h}}\right)$
Demnach ist der Franzose ca. $41 \frac{\text{km}}{\text{h}}$ gefahren.

5 r: Reaktionsweg in m/v: Geschwindigkeit in $\frac{\text{km}}{\text{h}}$
also: $r = \frac{v}{10} \cdot 3$
$r = \frac{41}{10} \cdot 3 = 12{,}3$ (12,6 m)
Der Reaktionsweg betrug ca. 12,3 m und der Bremsweg ca. 17,2 m. Insgesamt ergibt sich ein Anhalteweg von ca. 29,5 m (29,8 m).

Seite 221

1 Die Gesamtbevölkerung von Deutschland betrug 2002 ca. 80 Mio. Also entsprechen 476 413 Verletzte $476\,413 : 80\,000\,000 = 0{,}00596 \approx 0{,}596\,\%$.

2 Über 42 500 verletzte Kinder im Straßenverkehr. Neue Statistik von 2001.

Wiesbaden Im Jahre 2001 gab es in Deutschland insgesamt 494 775 Verletzte. Davon haben sich 14 % beim Fahrradfahren und über 61 % beim Autofahren verletzt. Am wenigsten Unfälle gab es bei den Bussen (1 %).
Im Vergleich zum Vorjahr ist die Anzahl der Verletzten unter 15 Jahren um 5,7 % zurückgegangen. Das ist eine erfreuliche Veränderung. Die Rückläufe sind bei allen Altersgruppen außer der über 65-Jährigen zu erkennen.

3

- „41 047 Kinder sind 6 % weniger als 2001"
  42 574 – 41 047 = 1527 Kinder weniger
  42 574 ≙ 100 %
  1527 ≙ 3,6 %
  $\Rightarrow$ Diese Aussage wurde falsch berechnet; es müsste „3,6 % weniger" heißen.
- 71 079 – 70 163 = 916 Fahrräderbenutzer
  71 079 ≙ 100 %
  916 ≙ 1,2 %
  $\Rightarrow$ Diese Aussage wurde richtig berechnet (70 000 Kinder (–1 %)).
- 37 101 – 36 343 = 758 Fußgänger
  37 101 ≙ 100 %
  758 ≙ 2 %
  $\Rightarrow$ Diese Aussage wurde richtig berechnet (36 000 Fußgänger (–2 %)).

4 Beispiel für eine Frage:
Um wie viel Prozent hat die Verletztenzahl der unter 15-Jährigen von 2000 auf 2001 abgenommen?
Antwort: Die Abnahme betrug
$\frac{45\,141 - 42\,574}{45\,141} \cdot 100 \approx 5{,}7\,\%$

5 Die Anzahl der Verletzten beim Fahrrad fahren hat um 1,3 % abgenommen – beim Bus fahren sind dies 4 %. Danach hat Justus Unrecht.
Anders betrachtet gab es bei den Fahrradunfällen insgesamt 916 weniger Verletzte – beim Bus fahren gab es lediglich 202 weniger Verletzte. Hiernach hat Justus Recht.